高职高专汽车类教学改革系列教材

汽车文化

刘雅杰　编著

清华大学出版社
北京

内 容 简 介

本教材共分10章，内容包括汽车文化概述、汽车基础知识、汽车的发展历史、汽车企业与品牌、汽车业界名人、汽车运动与赛事、汽车展览、汽车时尚、汽车与社会、汽车的未来，为读者展现了汽车文化的全景画卷，体现了汽车的历史性、知识性和趣味性，对于丰富读者的汽车知识，提高读者对汽车的鉴赏能力和增强读者对汽车的兴趣与爱好等，具有一定的帮助作用。

本教材可以作为高等职业院校汽车相关专业基础课程的教材，也可以作为其他专业公共选修课程的教材，还可以作为广大汽车爱好者学习汽车知识的科普读物。

本书封面贴有清华大学出版社防伪标签，无标签者不得销售。
版权所有，侵权必究。举报：010-62782989，beiqinquan@tup.tsinghua.edu.cn。

图书在版编目(CIP)数据

汽车文化/刘雅杰编著.—北京：清华大学出版社，2023.4
高职高专汽车类教学改革系列教材
ISBN 978-7-302-63151-4

Ⅰ.①汽… Ⅱ.①刘… Ⅲ.①汽车—文化—高等职业教育—教材 Ⅳ.①U46-05

中国国家版本馆 CIP 数据核字 (2023) 第 047763 号

责任编辑：施　猛　张　敏
封面设计：常雪影
版式设计：孔祥峰
责任校对：马遥遥
责任印制：丛怀宇

出版发行：清华大学出版社
　　　　网　　　址：http://www.tup.com.cn，http://www.wqbook.com
　　　　地　　　址：北京清华大学学研大厦 A 座　　邮　　编：100084
　　　　社　总　机：010-83470000　　　　　　　　邮　　购：010-62786544
　　　　投稿与读者服务：010-62776969，c-service@tup.tsinghua.edu.cn
　　　　质　量　反　馈：010-62772015，zhiliang@tup.tsinghua.edu.cn
　　　　课　件　下　载：http://www.tup.com.cn，010-62781730
印 装 者：大厂回族自治县彩虹印刷有限公司
经　　销：全国新华书店
开　　本：185mm×260mm　　印　张：16.25　　字　数：325千字
版　　次：2023 年 6 月第 1 版　　印　次：2023 年 6 月第 1 次印刷
定　　价：49.00 元

产品编号：097389-01

前言

汽车被誉为19世纪最伟大的发明和改变世界的机器之一，它影响着历史的进程，推动了人类社会经济的繁荣与发展，改变了人类的生产和生活方式，影响了人们的思维方式和思想观念，诠释着人类文明的进步与骄傲。自从德国人卡尔·本茨制造出人类历史上的第一辆汽车到现在，虽然汽车经历了130多年的发展历史，但是它仍然具有强大的生命力和无限的发展前景。在不断发展的进程中，汽车凝结着人类的智慧，汇聚着时代的科学技术，伴随着人们对文化与艺术的追求，蕴含着博大精深的人类文化。

随着我们国家全面进入小康社会，汽车产业已经成为国民经济的支柱产业之一，汽车作为热门消费品也走进了千家万户，同服饰文化、餐饮文化、建筑文化等各种文化一样，汽车文化自然而然地走进了人们的生活。传播健康向上的汽车文化，营造良好的汽车文化环境，辩证分析汽车带给人类社会的影响，构建汽车现代文明，推动汽车文化建设，培养学生的职业素养和综合素质，是每一个高等职业教育工作者的责任和义务。本书适用于高等职业院校汽车相关专业培养学生汽车职业素质的基础课程，也适用于其他专业培养学生综合素质的公共选修课程，还是汽车爱好者学习汽车文化知识的科普读物。

本书具有如下几个特色。

第一，本书概略地回顾了汽车的发展历程，分析了汽车发展的现状，正视了汽车对社会的负面影响，憧憬了汽车发展的未来，可以启发读者对人与汽车、汽车与社会、人与人等如何和谐相处与发展的思考。

第二，教材坚持"以人为本"的理念，概述了汽车的诞生与发展进程中的历史事件，注重展现"人"的聪明才智和奋斗精神，强调"人"在改变世界、改变生活、改变自己过程中的决定性作用。

第三，教材坚持正确的思想导向和价值观，将党的二十大精神和思想政治教育内容融汇于教材内容之中，全方位展现了中华人民共和国成立以后，特别是改革开放以来，我国民族汽车工业的建设与发展的伟大成就，弘扬中国人民凝聚在汽车发展进程中的爱国主义思想和自强不息的民族精神，激发人们建设和谐文明的汽车社会的斗志。

第四，教材内容紧扣时代脉搏，密切跟踪汽车发展动态，为读者呈现了最新的汽车资讯。本教材既是传播汽车文化知识的教材，也是一个帮助汽车消费者理性购买和文明使用汽车的实用手册。

第五，教材融知识性与趣味性于一体，史料翔实，内容丰富，图文并茂，可读性强。

本教材在清华大学出版社的鼎力支持下得以出版，在此谨向清华大学出版社和各位编辑表示诚挚的敬意和衷心的感谢！

编者在编写本教材的过程中，借鉴了有关书籍、文章、文献资料等的内容和观点，在此谨向有关作者表示诚挚的敬意和衷心的感谢！由于编者水平有限，书中难免存在不足之处，恳请广大读者批评指正。反馈邮箱：wkservice@vip.163.com。

编　者

2022年6月

目录

第一章　汽车文化概述 ……………… 1

第一节　汽车的定义与分类 …………… 1
一、汽车的定义 ……………………… 1
二、汽车的分类 ……………………… 2

第二节　文化与汽车文化的定义 ……… 7
一、文化的定义 ……………………… 7
二、汽车文化的定义 ………………… 8

复习思考题 …………………………… 9

第二章　汽车基础知识 ………………… 11

第一节　汽车基本原理与构造 ………… 11
一、燃油汽车基本原理与构造 ……… 11
二、混合动力汽车工作原理 ………… 13
三、纯电动汽车工作原理 …………… 14
四、增程式电动汽车工作原理 ……… 15

第二节　汽车的技术参数和性能指标 … 16
一、汽车的技术参数 ………………… 16
二、乘用车的技术性能指标 ………… 23

第三节　汽车标识 ……………………… 28
一、汽车产品型号 …………………… 29
二、车辆识别代号编码 ……………… 31
三、汽车标志 ………………………… 34
四、汽车尾部标识 …………………… 35

第四节　常见的汽车相关名词 ………… 36
一、与汽车技术相关的名词 ………… 36
二、与汽车流通、消费、使用和管理等有关的名词 ……………… 38

复习思考题 …………………………… 44

第三章　汽车的发展历史 ……………… 46

第一节　汽车的诞生与发展 …………… 46
一、汽车的诞生 ……………………… 46
二、汽车的百年发展历程和标志性事件 ……………………… 50

第二节　我国汽车工业的发展历史 …… 55
一、最早传入我国的汽车 …………… 55
二、我国自主生产的第一辆汽车 …… 56
三、新中国第一辆汽车的诞生 ……… 58
四、新中国第一辆轿车的诞生 ……… 59
五、我国汽车工业的几个阶段 ……… 61

复习思考题 …………………………… 64

第四章　汽车企业与品牌 ……………… 66

第一节　欧洲汽车企业与品牌 ………… 66
一、梅赛德斯-奔驰集团股份公司及品牌 ……………………… 66
二、德国大众汽车集团及品牌 ……… 70
三、宝马集团及品牌 ………………… 76
四、标致-雪铁龙集团及品牌 ………… 81
五、菲亚特集团及品牌 ……………… 84
六、雷诺汽车公司及品牌 …………… 88
七、沃尔沃汽车公司及品牌 ………… 89

八、罗孚汽车公司及品牌 ………… 90
　　九、捷豹汽车公司及品牌 ………… 92
　　十、阿斯顿·马丁公司及品牌 …… 93
第二节　美国汽车企业与品牌 ………… 94
　　一、通用汽车集团及品牌 ………… 94
　　二、福特汽车公司及品牌 ………… 99
　　三、克莱斯勒汽车公司及品牌 … 102
　　四、特斯拉公司及品牌 ………… 104
第三节　日本和韩国汽车企业与
　　　　品牌 ………………………… 105
　　一、丰田汽车公司及品牌 ……… 105
　　二、日产汽车公司及品牌 ……… 109
　　三、本田汽车公司及品牌 ……… 111
　　四、三菱汽车公司及品牌 ……… 112
　　五、铃木汽车公司及品牌 ……… 113
　　六、马自达汽车公司及品牌 …… 114
　　七、斯巴鲁汽车公司及品牌 …… 115
　　八、五十铃汽车公司及品牌 …… 115
　　九、现代汽车集团及品牌 ……… 116
　　十、起亚汽车公司及品牌 ……… 117
　　十一、大宇汽车公司及品牌 …… 118
　　十二、双龙汽车公司及品牌 …… 118
第四节　我国汽车企业与品牌 ……… 119
　　一、中国第一汽车集团有限公司
　　　　及品牌 ………………………… 119
　　二、东风汽车集团有限公司及品牌 … 123
　　三、上海汽车集团股份有限公司
　　　　及品牌 ………………………… 125
　　四、中国长安汽车集团有限公司
　　　　及品牌 ………………………… 128
　　五、北京汽车集团有限公司及品牌 … 131
　　六、广州汽车集团有限公司
　　　　及品牌 ………………………… 134
　　七、奇瑞汽车股份有限公司及品牌 … 135
　　八、浙江吉利控股集团有限公司
　　　　及品牌 ………………………… 137
　　九、比亚迪股份有限公司及品牌 … 139
　　十、长城汽车股份有限公司及品牌 … 141
　　十一、华晨汽车集团控股有限公司
　　　　及品牌 ………………………… 143
　　十二、江淮汽车集团股份有限公司
　　　　及品牌 ………………………… 145
　　十三、蔚来汽车有限公司及品牌 … 146
　　十四、理想汽车有限公司及品牌 … 147
　　十五、小鹏汽车科技有限公司
　　　　及品牌 ………………………… 148
　　十六、浙江零跑科技股份有限公司
　　　　及品牌 ………………………… 148
　　十七、赛力斯汽车有限公司及品牌 … 149
　　十八、恒驰新能源汽车集团及品牌 … 149
　　十九、合众新能源汽车有限公司
　　　　及品牌 ………………………… 150
　　二十、深圳腾势新能源汽车有限公司
　　　　及品牌 ………………………… 150
复习思考题 …………………………… 151

第五章　汽车业界名人 ……………… 154
第一节　国外汽车业界名人 ………… 154
第二节　我国汽车业界名人 ………… 169
复习思考题 …………………………… 175

第六章　汽车运动与赛事 …………… 177
第一节　汽车运动 …………………… 177
　　一、汽车运动的起源 …………… 177
　　二、汽车运动的管理机构 ……… 179
第二节　汽车赛事 …………………… 180
　　一、汽车比赛类别 ……………… 180
　　二、世界著名汽车赛事 ………… 181

三、世界著名的赛车手·············188
　　四、我国的优秀赛车手·············190
复习思考题·····························192

第七章　汽车展览··················194

第一节　汽车展会·····················194
　　一、世界著名的汽车展会···········194
　　二、我国著名的汽车展会···········199
第二节　汽车博物馆···················203
　　一、国外的汽车博物馆·············204
　　二、我国的汽车博物馆·············208
复习思考题·····························211

第八章　汽车时尚··················212

第一节　汽车俱乐部和汽车会所······212
第二节　汽车旅馆······················214
第三节　汽车餐厅······················215
第四节　汽车主题电影·················217
第五节　汽车影院······················219
第六节　汽车广告······················220
第七节　汽车传播媒体·················222
第八节　汽车网站······················223
复习思考题·····························226

第九章　汽车与社会··················227

第一节　汽车对社会的影响············227
　　一、汽车的作用······················227
　　二、汽车的危害······················230
第二节　汽车法规······················233
　　一、汽车排放标准···················233
　　二、汽车召回制度···················235
　　三、交通规则·························236
　　四、新中国道路交通管理的
　　　　法治进程·························237
复习思考题·····························240

第十章　汽车的未来··················241

第一节　未来的汽车物质形态·········241
　　一、未来汽车新能源·················241
　　二、未来汽车新材料·················243
　　三、未来概念汽车···················245
第二节　未来的汽车社会···············245
复习思考题·····························248

参考文献····························249

第一章 汽车文化概述

第一节 汽车的定义与分类

一、汽车的定义

随着我国社会经济的发展，购买汽车成为我国城乡居民的普遍消费行为，汽车已经进入了我国的普通家庭，对社会经济发展和人民生活水平提高的影响作用也日益明显。那么汽车是怎样定义的呢？

给汽车一个明确且贴切的定义并不是一件容易的事。不同的国家、不同的民族和不同的语言等对汽车的表示方法和定义也是不同的。

在英文中，car、motor vehicle、motorcar和automobile等都表示汽车，用taxi(计程汽车、出租汽车)、bus (公交车、大客车)、shuttle bus(城际公交车)、coach(大客车，主要指长途车)、truck (卡车) 、van(厢式货车、有篷货车)、lorry (重型卡车)、ambulance (救护车)、fire engine或fire truck(消防车)等表示不同种类或不同用途的汽车。

德国是现代汽车的发源地。德国对汽车的定义是：汽车是使用液体燃料，用内燃机驱动，具有3个或3个以上车轮，用于载运人员或货物的车辆。

美国在汽车的发展过程中曾有突出的贡献,目前的通用公司是世界上最大的汽车公司。美国汽车工程师学会标准SAEJ 687C中对汽车的定义是:由自身动力驱动并配有驱动装置,可在固定轨道以外的道路或区域运送乘客、货物或牵引车辆的车辆。

日本生产的汽车在世界上也享有盛名。日本工业标准JISK 0101对汽车的定义是:装有发动机和操纵装置,可在陆地上行驶,不依靠固定轨道和架线仍能在陆地上行驶的车辆。

我国的汽车工业虽然起步比较晚,但是自20世纪末实施中国特色社会主义市场经济以来,我国的汽车工业飞速和跨越式发展,到2021年末,汽车产销量已经持续十三年排名世界第一。我国国家标准《机动车运行安全技术条件》(GB/7258—2012)对汽车的定义为:由动力驱动,具有4个或4个以上车轮的非轨道承载的车辆,主要用于载运人员或货物、牵引载运货物的车辆或特殊用途的车辆,以及用于专项作业。

依据我国国家标准《机动车运行安全技术条件》(GB/7258—2012)对汽车的定义,汽车必须具备4个条件:

一是由动力驱动。动力可以是各种类型的发动机、电动机,如汽油机、柴油机、燃气发动机等,但人力、畜力和风力等驱动的车不属于汽车。

二是应有4个或4个以上的车轮。两轮或三轮车均不属于汽车,但根据我国公共安全行业标准《机动车类型——术语和定义》(GA802—2014),整车整备质量超过400kg的不带驾驶室的三轮车辆和整车整备质量超过600kg的带驾驶室的三轮车辆,也称为汽车。

三是不依靠轨道承载。故有轨电车不属于汽车。

四是用于载运人员和(或)货物、牵引载运货物的车辆,或有其他特殊用途。用于厂内作业或特种作业的车辆,如推土机、挖掘机、叉车、拖拉机等,均不属于汽车。

二、汽车的分类

(一) 根据汽车产品大类的分类方法划分

根据汽车产品大类的分类方法,汽车分为乘用车和商用车。

我国国家标准《汽车和挂车类型的术语和定义》(GB/T 3730.1—2001)将私人作为代步工具的车辆和公务及商业经营的运输车辆分成两大类,即9座以下(包括9座)的车型为乘用车,9座以上的车型为商用车。乘用车又分为基本乘用车(如轿车)、越野乘用车(如轻型越野车)、专用乘用车(如邮政车、警用车等)、其他乘用车;商用车分为客车和货车。尽管客车也是用于运送人员的车辆,但客车一般不作为私人代步车辆,应归入商用车的类别中。

(二) 根据我国传统对汽车产品类型的分类方法划分

根据我国传统对汽车产品类型的分类方法，汽车分为以下几类：①载货汽车；②越野汽车；③自卸汽车；④牵引汽车；⑤专用汽车；⑥载客汽车；⑦轿车；⑧备用分类号；⑨半挂车。

这种分类方法采用的分类依据是《中国汽车分类标准》(GB 9417—89)。该标准将汽车分为八类[①]，具体如下所述。

1. 载货汽车

载货汽车是以运载各种货物为主要用途的车辆，俗称卡车(见图1-1)。根据厂定最大总质量(GA)的不同，载货汽车又分为微型货车(GA≤1.8t)、轻型货车(1.8t＜GA≤6t)、中型货车(6t＜GA≤14t)、重型货车(GA＞14t)。

图1-1 载货汽车

2. 越野汽车

越野汽车是一种能在复杂道路或无道路的环境下具有较高通过性能的车辆(见图1-2)。根据厂定最大总质量(GA)的不同，越野汽车又分为轻型越野汽车(GA≤5t)、中型越野汽车(5t＜GA≤13t)、重型越野汽车(13t＜GA≤24t)、超重型越野汽车(GA＞24t)。

图1-2 越野汽车

---

① 在《中国汽车分类标准》(GB 9417—89)中，GA为greatest attribute的缩写，表示厂定最大总质量(单位：t——吨)；L表示车长(单位：m——米)；V表示发动机排量(单位：L——升)。

众所周知,最早的SUV从轻型越野车发展而来。SUV的全称是sport utility vehicle,即"运动型多用途车"。SUV起源于美国,在20世纪80年代,SUV是为迎合年轻白领阶层的爱好而在皮卡底盘上发展起来的一种厢体车。SUV车型的离地间隙较大,很多都是四轮驱动,在一定程度上既有轿车的舒适性又有越野车的越野性能。长城汽车公司生产的哈弗H6就是近年来非常畅销的一款SUV(见图1-3)。

图1-3　SUV车型

3．自卸汽车

自卸汽车是带有自卸装置,能够自动倾卸的载货汽车。根据厂定最大总质量(GA)的不同,自卸汽车又分为轻型自卸汽车(GA≤6t)、中型自卸汽车(6t＜GA≤14t)、重型自卸汽车(GA＞14t)、矿用自卸汽车。

4．牵引汽车

牵引汽车是只有动力装置,但没有装载装置,需要牵引挂车才能完成载运活动的汽车。牵引汽车又分为半挂牵引汽车和全挂牵引汽车。

图1-4　牵引汽车

5. 专用汽车

专用汽车是配备特殊的装置，具有专门功能和用途的汽车。根据外形和用途不同，专用汽车又分为厢式汽车、罐式汽车、仓栅式汽车、起重举升汽车、特种结构汽车(消防车、救护车、冷藏车等)、专用自卸汽车等。

6. 载客汽车

载客汽车是能够乘坐9人以上，以运送人员为主要用途的车辆，简称为客车(见图1-5)。根据车长(L)的不同，载客汽车又分为微型客车(L≤3.5m)、轻型客车(3.5m＜L≤7m)、中型客车(7m＜L≤10m)、大型客车(L＞10m)、特大型客车。

图1-5 载客汽车

7. 轿车

轿车是能够乘坐9人及以下的小汽车。轿车是我国关于小汽车的独有叫法。根据发动机排量(V)的不同，轿车又分为微型轿车(V≤1L)、普通级轿车(1L＜V≤1.6L)、中级轿车(1.6L＜V≤2.5L)、中高级轿车(2.5L＜V≤4L)、高级轿车(V＞4L)。

我国对轿车等级的划分，参照了德国的汽车分级标准。在德国汽车分级标准中，把轿车分为A(包括A00、A0)、B、C、D等4个级别。A00级轿车的轴距为2~2.2米，发动机排量小于1升；A0级轿车的轴距为2.2~2.3米，排量为1~1.3升。一般所说的A级车其轴距范围为2.3~2.45米，排量在1.3~1.6升。B级轿车轴距为2.45~2.6米，排量在1.6~2.4升。C级高档轿车的轴距在2.6~3.0米。D级豪华轿车大多外形气派，车内空间极为宽敞，发动机动力也非常强劲，其轴距一般均大于2.8米，排量基本在3.0升以上。

根据厢的数量不同，轿车也可分为三厢式轿车和二厢式轿车。厢是指轿车上相互封闭、用途各异的空间。三厢式轿车由发动机厢(用于安置发动机、变速器、转向系统、制动系统等)、乘员厢(用于乘坐人员)和后备箱组成(见图1-6)。二厢式轿车与三厢式轿车类似,但没有独立的后备箱,而是将乘员厢近似等高度向后延伸,与后备箱合为一体(见图1-7)。

图1-6　三厢轿车

图1-7　二厢轿车

MPV是从旅行轿车演变而来的车型。MPV的全称是multi-purpose vehicle,即多用途车。它集轿车、旅行车和厢式货车的功能于一身,车内每个座椅都可调整,并有多种组合的方式。上汽通用生产的合资品牌别克GL8就是一款比较受消费者喜爱的MPV车型(见图1-8)。

图1-8　MPV车型

8．半挂车

半挂车是只有载运装置,但没有动力装置,依靠牵引车牵引才能行驶的车辆。根据厂定最大总质量(Ga)的不同,半挂车又分为轻型半挂车(GA≤7.1t)、中型半挂车(7.1t＜GA≤19.5t)、重型半挂车(19.5t＜GA≤34t)、超重型半挂车(GA＞34t)。

(三) 根据动力装置的不同来划分

根据动力装置的不同，汽车分为传统的内燃机汽车和新能源汽车。

传统的内燃机汽车是以汽油、柴油作为燃料，用内燃机作为动力装置的汽车。

新能源汽车是指采用非常规的车用燃料作为动力来源(或使用常规的车用燃料、采用新型车载动力装置)，综合车辆的动力控制和驱动方面的先进技术，形成的技术原理先进、具有新技术、新结构的汽车。新能源汽车包括混合动力汽车(hybrid electric vehicle，HEV)、纯电动汽车(battery electric vehicle，BEV，包括太阳能汽车)、增程式电动汽车、燃料电池电动汽车(fuel cell electric vehicle，FCEV)、氢发动机汽车、其他新能源(如高效储能器、二甲醚)汽车等。

第二节 文化与汽车文化的定义

一、文化的定义

在日常的生活中，人们会经常用到"文化"这个词，比如在鼓励青少年要勤奋学习时会说"要努力学习科学文化知识"，这里的"文化"与科学知识具有相同的意思；又比如在介绍某人的学习经历时会说"他是大学文化"，这里的"文化"又有了学历的意思。那文化的定义到底是什么呢？

"文化"的定义分为广义和狭义两种。广义的"文化"指人类在生存、繁衍、发展和社会实践的历程中所创造的物质财富和精神财富的总和。它是人类在生存、生活、生产的实践活动中创造的各种形态的事物所组成的有机复合体，标志着一定社会区域的物质文明和精神文明的发展水平、人们的价值观念和行为规范、特定的组织结构和生活方式。狭义的"文化"指社会意识形态(即政治、法律、知识、信仰、艺术、道德等)及与之相适应的各种社会制度和组织结构(如政府、政党、社团、法庭和学校等)。

"文化"是一种以物质为基础的复杂的社会现象，它包括物质文化、精神文化和文化载体(机制)，或由物质文化、制度文化、精神文化和价值与规范文化组成。一个时代、一个社会，一个国家、一个地区，甚至一个民族都有与其相适应的特殊文化。文化的发展具有不以人的意志为转移的规律，并具有历史连续性、继承性，通过载体遗传、播化、涵化、交融、更新、优化和发展。文化是一定的政治力量和经济基础的反映物并对其产生巨大的反作用。在阶级社会中，文化具有强烈的时代性、继承性和鲜明的阶级性。随着民族的产生和发展，民族文化各具特色。通常文化、文明可互用，物质文化、精神文化可称为物质文明、精神文明。具体来说，"文化"的内容包括历史、地理、风土人情、传统习俗、生活方式、宗教信仰、文学艺术、思维方式、价值观念、审美情趣、精神图腾等。

二、汽车文化的定义

汽车是人类创造出来的伟大的物质财富之一，它从诞生之日起，在人类的生活和社会的发展过程中，发挥着重大的作用。汽车的物质属性(汽车的结构、汽车的车身设计等)、附加在汽车上的意识形态(如汽车政策和相关法律法规、汽车的发展历史、汽车企业和品牌宗旨、汽车消费价值观等)，以及伴随着汽车的诞生和发展而诞生和发展出来的衍生行业或产业(汽车旅馆、汽车竞赛、汽车俱乐部、汽车展览等)等，都属于"汽车文化"的范畴。

根据"文化"的定义，结合汽车的物质财富和精神财富属性以及汽车的衍生作用，可以对汽车文化这样定义：汽车文化是人类在汽车设计、汽车制造、汽车消费和汽车使用过程中，创造出来的各类物质财富、精神财富和衍生现象的总和。

综上，汽车文化的内容包括以下三方面：

(1) 汽车物质文化。汽车是人类创造出来的看得见、摸得着的有形产品，是汽车文化的物质载体，是汽车文化产生和发展的物质基础。汽车诞生的一百三十多年以来，汽车的基本构造、生产材料、车身外形、动力来源等物质性能不断变化，汽车的制造技术不断提高，汽车的功能也不断完善，人类在传承汽车物质文化方面，不断为外表看似冰冷的汽车赋予新的生机和活力。

(2) 汽车精神文化。汽车的发展历史也是人类不断创造和奋斗的历史，汽车业界名人在研制和使用汽车过程中的创业精神和奋斗的故事，成为人类宝贵的精神财富；汽车企业文化和宗旨，体现着企业的社会价值取向，汽车品牌和标志体现着产品的定位，代表着企业和汽车产品的社会形象；汽车政策与法律法规在宏观和社会层面为汽车的发展提供着保障和有利环境；汽车消费观念、汽车的美学和艺术、人们对汽车与人类以及汽车与环境的态度等，都是汽车精神文化内涵的重要组成部分。

(3) 汽车衍生文化。伴随着汽车的诞生与发展，汽车同其他文化种类相结合形成了汽车衍生文化，汽车展览、汽车竞赛、汽车节庆、汽车博览、汽车杂志、汽车收藏、汽车模特、汽车模型、汽车网络、汽车影院、汽车金融、汽车俱乐部等，都从不同的角度体现着汽车文化内容的丰富多彩。

复习思考题

一、单项选择题

1. 根据我国关于汽车的定义，具有(　　)车轮的车辆才可以称之为汽车。
   A. 2个或2个以上　　B. 3个或3个以上　　C. 4个或4个以上　　D. 5个或5个以上

2. 根据我国关于汽车的定义，采用(　　)驱动的车辆可以称之为汽车。
   A. 电池　　　　　　B. 风力　　　　　　C. 人力　　　　　　D. 兽力

3. 根据我国关于汽车的定义，(　　)可以称之为汽车。
   A. 有轨电车　　　　B. 无轨电车　　　　C. 轻轨列车　　　　D. 地铁列车

4. 具有(　　)座位的车型属于乘用车。
   A. 5个及5个以上　　B. 5个及5个以下　　C. 7个及7个以下　　D. 9个及9个以下

5. 一辆具有12个座位的面包车属于(　　)。
   A. 乘用车　　　　　B. 乘务车　　　　　C. 商用车　　　　　D. 商务车

6. 最大总质量是指载货汽车的(　　)。
   A. 最大载质量　　　　　　　　　　　　B. 额定载质量
   C. 汽车整备质量　　　　　　　　　　　D. 额定载质量与整备质量的和

7. 根据我国对汽车的分类方法，SUV车型属于(　　)。
   A. 载货汽车　　　　B. 越野汽车　　　　C. 载客汽车　　　　D. 专用汽车

8. 载客汽车根据(　　)分为微型客车、轻型客车、中型客车、大型客车等。
   A. 座位的多少　　　B. 车身长度的大小　C. 动力的大小　　　D. 最大总质量的大小

9. 以内燃机作为动力装置的轿车，根据(　　)分为微型轿车、普通级轿车、中级轿车等。
   A. 座位的多少　　　B. 车身长度的大小　C. 排气量的大小　　D. 汽车自重的大小

10. 根据我国对汽车的分类方法，MPV车型属于(　　)。
    A. 轿车　　　　　　B. 越野汽车　　　　C. 载客汽车　　　　D. 专用汽车

11. 某个汽车企业的经营宗旨，属于(　　)范畴。
    A. 汽车物质文化　　B. 汽车精神文化　　C. 汽车衍生文化　　D. 汽车企业物质财富

12. 汽车赛事，属于(　　)范畴。
    A. 汽车物质文化　　B. 汽车精神文化　　C. 汽车衍生文化　　D. 汽车品牌文化

二、简述题

1. 简要说明"五菱MINI"是"汽车"。
2. 简要说明"出租车"不属于"商用车"。
3. 简述汽车物质文化的内容。
4. 简述汽车精神文化的内容。
5. 简述汽车衍生文化的内容。

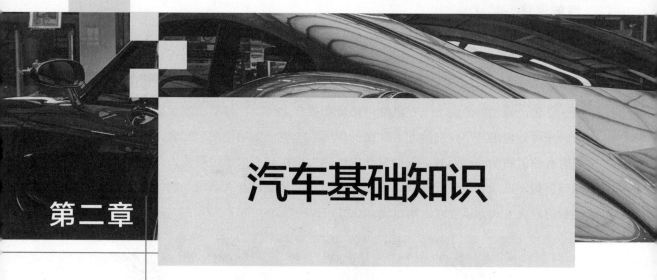

第二章 汽车基础知识

第一节 汽车基本原理与构造

一、燃油汽车基本原理与构造

燃油汽车通过燃料燃烧产生动力,然后通过底盘的传动系驱动车轮使车辆行驶。燃油汽车由发动机、底盘、车身和电气电子设备等4个基本部分组成(见图2-1)。

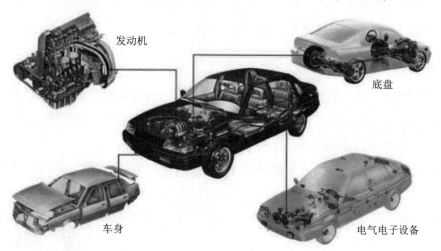

图2-1 汽车总体结构示意

1. 发动机

发动机是汽车的动力装置。燃油汽车发动机是内燃机，应用四冲程内燃机[①]工作原理(见图2-2)，通过可燃混合气在汽缸内燃烧膨胀产生压力，推动活塞运动并通过连杆使曲轴旋转来对外输出功率，然后通过底盘的传动系统驱动车轮使汽车行驶。燃油汽车发动机主要有汽油机和柴油机两种。汽油发动机由两大机构和五大系统组成，即由曲柄连杆机构、配气机构，以及燃料供给系统、冷却系统、润滑系统、点火系统、起动系统组成。柴油发动机的点火方式为压燃式，所以无点火系统。

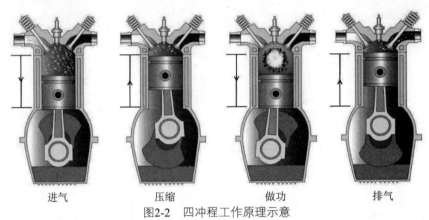

进气　　　　压缩　　　　做功　　　　排气

图2-2　四冲程工作原理示意

2. 底盘

底盘的作用是支承、安装汽车发动机及其各部件、总成，形成汽车的整体造型，并接受发动机的动力，使汽车产生运动，保证正常行驶。底盘由传动系统、行驶系统、转向系统和制动系统四部分组成。

3. 车身

车身安装在底盘的车架上，用以驾驶员、旅客乘坐或装载货物。轿车、客车的车身一般是整体结构，货车车身一般由驾驶室和货箱两部分组成。

4. 电气电子设备

电气电子设备主要由电源系统、发动机启动系统、点火系统、汽车照明及信号系统、仪表及报警系统、空调系统、风窗刮扫系统、防盗系统和辅助电气系统组成。

燃油汽车的优点：传统意义上的燃油汽车从诞生到如今已经一百三十多年，技术成熟，种类繁多，载运能力强，维修和加油方便，保有量、市场占有率和保值率高。

---

① 四冲程内燃机在工作时有四个冲程，这四个冲程分别是进气冲程、压缩冲程、做功冲程、排气冲程，这四个工作冲程内完成一个工作循环。

燃油汽车的缺点：尾气排放和废弃液料对生态环境的污染严重，燃油价格高，行车使用成本高，在一些地区还受牌照办理方面的限制。

二、混合动力汽车工作原理

通常意义上的混合动力是指油电混合动力，包括汽油、柴油和电能的混合。利用电能来减少汽油(或柴油)的消耗是混合动力汽车节油的方式，即利用电动机瞬间高扭矩输出的特性，弥补、改善车辆启动、加速时能量消耗大的问题；同时，利用减速、刹车对电池进行充电，达到能量回收的目的。

混合动力汽车采用能够满足汽车巡航需要的较小的发动机，依靠电动机或其他辅助装置提供加速与爬坡所需的附加动力，以提高车辆的总体效率。传统的燃油汽车，在减速或制动时，给汽车加速的能量作为热量被浪费了。而混合动力汽车可以回收这些能量的绝大部分，并将其暂时贮存起来以供加速时使用。当需要较大的加速度时，混合动力汽车的电动机与发动机同时工作，提供与发动机相当的起步性能。在对加速性要求不太高的场合，混合动力汽车可以单靠电动机驱动行驶，或者单靠发动机驱动行驶，或者两者结合以取得最大的效率。比如在公路上采用巡航模式(即匀速行驶)时，混合动力汽车可以单独依靠发动机驱动行驶；在高速公路上高速行驶时，混合动力汽车的发动机和电动机同时工作，达到效率的最大化；在车流大、行驶缓慢时，混合动力汽车可以单独依靠电动机驱动而不用汽油发动机辅助，达到节省燃油的目的。混合动力汽车工作原理如图2-3所示。

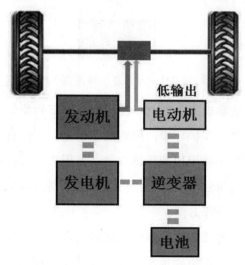

图2-3　混合动力汽车工作原理示意

混合动力汽车的优点：可以有效弥补内燃机低转速扭矩力不足的弱点，加速较快；噪声小、燃油消耗较少，可以大大节省燃料。

混合动力汽车的缺点：动力系统造价成本高，使得混合动力汽车的销售价格比较高；维修费用高。

三、纯电动汽车工作原理

纯电动汽车利用电源、驱动电动机、传动装置、行驶装置等一系列结构，将电能转化为车辆行驶的动能。

纯电动汽车由底盘、车身、蓄电池组、电动机、控制器和辅助设施蓄电池这6部分组成。由于电动机具有良好的牵引特性，蓄电池汽车的传动系统不需要离合器和变速器，车速控制由控制器通过调速系统改变电动机的转速来实现。纯电动汽车工作原理如图2-4所示。

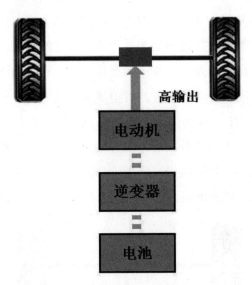

图2-4　纯电动汽车工作原理示意

纯电动汽车的优点：依靠电力驱动，不使用燃料，节约能源；污染排放量几乎是零，属于环保型交通工具，有利于保护环境；用电的费用低，国家目前对于购置和使用电动汽车给予免征车辆购置税和车船使用税的优惠政策，使用成本低；在通过摇号取得办理牌照资格的地区，电动汽车办理牌照不受限制，可以满足消费者购车的迫切性需求；智能化程度比较高，加速性能优越，操作方便。

纯电动汽车的缺点：购置成本和维修成本比较高，特别是电池的更新成本昂贵；目前电动汽车的市场占有率很低，保值率也比较低；受续航里程的影响，不适合连续行驶长距离的里程,并且在寒冷地区其电池消耗大,汽车使用者容易产生续航里程焦虑;电动汽车充电需要使用专门的充电设备,并且充电的时间长,电动汽车使用的便利性比较差。

四、增程式电动汽车工作原理

增程式电动汽车利用发动机和蓄电池轮流为汽车提供动力。当电池的电量充足时,由电池为汽车的驱动系统提供电力;当电池的电量被消耗得差不多的时候,发动机开始启动,参与汽车的供电工作,并为蓄电池充电;电池充满电后,发动机会停止工作,汽车的动力系统所需的电力仍然由电池提供。增程式电动汽车工作原理如图2-5所示。

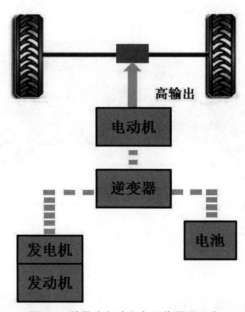

图2-5　增程式电动汽车工作原理示意

增程式电动汽车的优点:起步安静、扭矩大,而且发动机不直接驱动车轮,因此不需要变速箱,避免了起步时可能带来的顿挫感,还降低了制造成本;可以通过发动机为电池充电,可在纯电模式下行驶,使用成本低,并且不会出现缺电抛锚的情况,解决了汽车用户的里程焦虑问题;使用车辆前既可以充满电量,也可以不充电,提高了汽车使用的方便性。

增程式电动汽车的缺点:发动机为电池提供电量,再由电池驱动车轮,在这个过程中会损失一定的能量,工作效率受到一定的影响;没有解决依赖燃油的本质,并且油耗没有进阶性降低,综合性价比不高。

第二节 | 汽车的技术参数和性能指标

一、汽车的技术参数

1. 车身尺寸

汽车的车身尺寸参数包括车长、车宽、车高、轴距、轮距、前悬、后悬、接近角、离去角等。车身尺寸示意如图2-6所示。

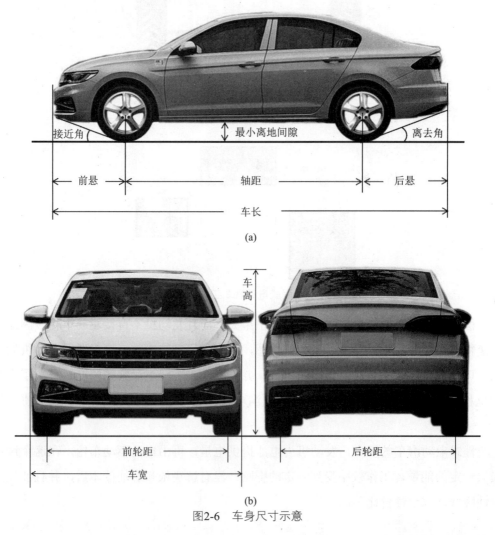

图2-6 车身尺寸示意

(1) 车长。汽车的车长是指长度方向两个极端点间的距离,即从车前保险杠最凸出的位置量起,到车后保险杠最凸出的位置之间的距离。

(2) 车宽。汽车的车宽是指汽车宽度方向两个极端点间的距离,即车身左、右最凸出位置之间的距离。根据汽车行业通用的规则,车身宽度不包含左、右后视镜伸出或折叠后的宽度。

(3) 车高。车高是指从地面算起,到汽车最高点的距离。所谓最高点,也就是车身顶部最高的位置,但不包括车顶天线的长度。

车身尺寸以"长×宽×高"表示,计量单位是毫米(mm)。例如,红旗HS5(智联旗悦版)的车身尺寸为4760mm×1907mm×1700mm,红旗 H9(智联旗畅版)的车身尺寸为5137mm×1904mm×1493mm。

(4) 轴距。轴距是指汽车前轴中心到后轴中心的距离。在车长被确定后,轴距是影响乘坐空间最重要的因素,因为绝大多数的两厢和三厢乘用车的乘员座位都布置在前后轴之间,所以,轴距是影响车辆乘坐舒适性与脚部空间大小的重要因素。例如,红旗HS5(智联旗悦版)的轴距为2870mm,红旗 H9(智联旗畅版)的轴距为3060mm。

(5) 轮距。轮距是指车轮在车辆支承平面(一般是指地面)上留下的轨迹的中心线之间的距离。如果车轴的两端是双车轮,轮距是指双车轮两个中心平面之间的距离。汽车的轮距有前轮距和后轮距之分,两者可以相同,也可以有所差别。

(6) 前悬与后悬。前悬是指汽车在直线行驶位置时,汽车前端刚性固定件的最前点到通过两前轮轴线垂面间的距离;后悬是指汽车后端刚性固定件的最后点到通过最后车轮轴线的垂面间的距离。

2. 汽车质量参数

(1) 整备质量。整备质量也称为汽车自重,是指汽车按出厂技术条件装备完整(如备胎、工具等安装齐备),各种油料、液料添满后的质量。

整备质量是汽车的一个重要设计参数,它是影响燃油汽车油耗和电动汽车电量消耗的一个重要参数,车辆的能耗量与整备质量成正比,即整备质量越大,燃油汽车的耗油量和电动汽车的电量消耗量越大。

(2) 额定载质量。额定载质量是指汽车在硬质良好路面上行驶时所允许的额定装载量。载货汽车的额定载质量是车辆生产厂家标定的国家允许该车型能够装载的最大载质量。乘坐人员的车辆如轿车、越野汽车和载客汽车的额定载质量,是按照每个座位以75kg(包括人员体重和行李重量)为标准乘以额定座位数而折算出来的运行乘载的最大质量。

(3) 最大总质量。最大总质量是整备质量与额定载质量的和。最大总质量是载货汽车的重要参数。我国把最大总质量作为对载货汽车、越野汽车、自卸车等车辆进行分类的依据。

3. 排气量

发动机内的活塞在汽缸中由下止点向上移动到上止点时所让出(扫过)的容积称为汽缸工作容积或汽缸排气量。排气量示意如图2-7所示。对于多缸发动机来说，各汽缸工作容积的总和称为发动机工作容积或发动机排气量，简称为排量，用符号V表示，单位是升(L)。

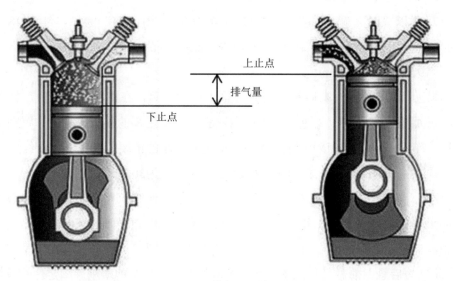

图2-7 排气量示意

燃油轿车类型就是以排量的大小来划分的。发动机排量越大，动力就越强，相对来说，耗油量也越大。例如，红旗HS5(智联旗悦版)的排气量为2.0升，红旗 H9(智联旗畅版)的排气量为3.0升。

4. 最大功率

发动机通过飞轮对外输出的功率称为有效功率。发动机在某种转速条件下所能输出的最大功率称为发动机最大输出功率。最大输出功率直接影响汽车的载质量和车速。由于发动机在不同的转速下所输出的功率不等，标记其输出功率时必须同时注明对应的转速。

功率的单位是千瓦(kW)，但在表示汽车功率时，有时用马力(PS——德语pferdestärke的缩写)这个计量单位来表示，1千瓦约等于1.36马力。例如，红旗HS5的最大功率为165千瓦(5600转/分)，最大马力为224马力(5600转/分)。

纯电动汽车的最大功率是电动机在某种转速条件下对外输出的最大有效功率。纯电动汽车有单电动机和双电动机等不同的类型，整车的最大功率以各个电动机的总功率表示。例如，特斯拉Model 3(单电机、后轮驱动版)的电动机最大功率为202千瓦；蔚来EC6(双电机、465km运动版)的前电动机的最大功率为160千瓦，后电动机的最大功率为240千瓦，整车电动机的最大总功率为400千瓦。

5．最大扭矩

扭矩是发动机通过飞轮对外输出的转矩。发动机在某种转速条件下所能产生的最大扭矩称为最大扭矩。最大扭矩与最大输出功率相似，也对应特定的转速。最大扭矩会影响汽车的爬坡能力、加速性能、油耗量及牵引力等，用M表示，单位是牛顿·米(N·M)。例如，红旗HS5的最大扭矩为340牛顿·米(2000～4000转/分)。

纯电动汽车最大扭矩也以各个电动机的总扭矩表示。例如，特斯拉Model 3(单电机、后轮驱动版)的电动机最大扭矩为404牛顿·米；蔚来EC6(双电机、465km运动版)的电动机的总扭矩为610牛顿·米。

6．最高车速

最高车速是指汽车在水平良好的路面上所能达到的最高行驶速度，单位是千米/时(km/h)。最高车速与排气量一般成正比关系，即排气量越大，最高车速也越高。此外，最高车速与汽车的自身重量、发动机技术水平等因素有关。例如，红旗HS5(智联旗悦版)的最高车速为210千米/时，红旗 H9(智联旗畅版)的最高车速为245千米/时。

7．加速时间

加速时间是指汽车由静止开始起步加速到某一行驶速度的时间，一般用100千米/时的加速时间来表示，即汽车由静止开始起步加速到速度为100千米/时所需要的时间，故也称为百千米加速时间，单位为秒。该时间越短，说明汽车的加速能力越强，也表明汽车的动力性越强。例如，红旗 H9(智联旗畅版)的百千米加速时间为7.1秒。

电动汽车的动力直接来自电能驱动电动机，而电动机的扭矩大，百千米加速时间非常短。例如，蔚来EC6(双电机、465km运动版)的百千米加速时间为5.4秒，特斯拉Model 3(高性能全轮驱动版)的百千米加速时间只有3.4秒。

8．最大爬坡度

汽车的最大爬坡度是指汽车满载时在良好路面上可以克服的最大坡度，用以表明汽车的爬坡能力。

汽车的爬坡度并不是指路面与水平面的角度，而是坡路的高度差与水平距离的百分比，即实际坡路角度的斜率(正切值)。如图2-8所示，坡路的角度为θ，最大坡度=$(H \div L) \times 100\% = \tan\theta \times 100\%$。

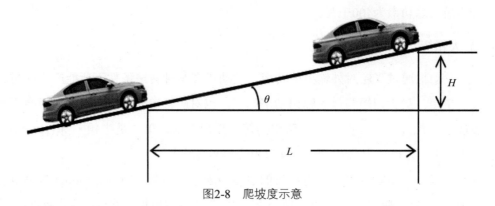

图2-8 爬坡度示意

例如，某型号汽车的最大爬坡度是30%，表示该汽车最大爬升路面与水平面的角度的斜率是30%，通过查反三角函数表可知，实际的角度为16°42"。所以，汽车的最大爬坡度是100%就意味着该车可以爬升角度为45°的坡路。

实际上，也可以省略最大爬坡度的百分比符号，仅用数字表明百分比坡度。如果某辆汽车的说明书上的汽车爬坡度直接标注为角度，就是指此车可爬越的最陡的路面的角度。但根据汽车行业的有关规定，只有百分比坡度的标注方式才是符合标准的。经常在城市和良好公路上行驶的家用汽车的最大爬坡度在18%左右(坡度的角度约为10°)，而真正意义上的越野汽车的最大爬坡度在60%左右(坡度的角度约为30°)。

9．百千米燃油消耗量

百千米油耗量是指汽车在道路上行驶时每百千米平均燃料消耗量。某辆汽车的百千米实际油耗是通过消耗这区间的燃油量(升)除以所行驶的里程(千米)得到的，数值的大小不仅与汽车的技术水平和质量有关，也与行驶的区域、路况、天气等客观环境有关，还与驾驶者的操作熟练程度和驾驶经验有关。常见的百千米油耗分为理论油耗、多工况道路循环油耗、工信部综合油耗等。

(1) 理论油耗。理论油耗是指厂方在规定的温度、风向、风速等客观环境中，车辆在平坦路面或在底盘测功机上保持某一速度(一般为60千米/时、90千米/时、120千米/时)，然后通过排气分析仪和碳平衡法(通过分析尾气中碳元素的含量来判断汽油油耗的多少)，最终测算出某车型的实验室百千米油耗数据。因为多数车辆的经济车速为90千米/时，所以对外公布的理论油耗大多为90千米/时的百千米等速油耗。

(2) 多工况道路循环油耗。多工况道路循环油耗是指汽车在道路上按照规定的车速和时间规范地反复循环行驶时所测定的燃油经济性指标，也称为道路循环油耗。在车速和时间规范中，规定每个循环包含各种行驶工况，并规定了每个循环中的换挡时刻、制动与停车时间，以及行驶速度、加速度及制动减速度的数值。因此，用这种方法测定的燃油消耗量比较接近汽车实际的燃料消耗水平。

(3) 工信部综合油耗。我国工业和信息化部(以下简称"工信部")从2010年1月1日起，建立了轻型汽车燃料消耗量公示制度，要求汽车生产企业除了在工业和信息化部的网站上公示汽车燃料消耗量外，还必须在车辆出厂前在车身上粘贴实际油耗标识(在购车后，消费者可自行撕下该标识)，使消费者对所购买车辆的油耗情况一目了然。国产汽车在通告上发布或在标识上标明的燃料消耗数据是经工信部指定的检测机构并按照统一的检测方法检测得到的，进口汽车则经国家质量监督检验检疫总局(现为国家市场监督管理总局)指定的检测机构检测。因此，行业内将按照工信部要求而进行公示和标示的燃油消耗量称为"工信部综合油耗"。工信部综合油耗包括受检汽车在市区、市郊、综合三种工况下的油耗数据，即在公示时分别标明汽车在城市工况、郊区工况和综合工况下的燃油消耗量。

10. 百千米电能消耗量

百千米电能消耗量是纯电动汽车在道路上行驶时每百千米平均电能消耗量。某辆电动汽车的百千米实际电能消耗量是通过这区间的电能消耗量(千瓦时)除以所行驶的里程(千米)得到的。

例如，某电动汽车的百千米电能消耗量为20千瓦时，以每千瓦时电费价格为1元(实际电费不足1元)计算，平均每千米电费只有0.2元；一辆紧凑型燃油汽车的百千米油耗为10升，燃料价格按8元(实际不止8元)计算，平均每千米燃油费用为0.8元。很明显，从乘用车的能耗成本上看，电动汽车的经济性远远好于燃油汽车。

11. 续航里程

电动汽车的续航里程是指动力蓄电池在充满电量的状态下车辆可以连续行驶的总里程。规定条件工况下所测得的电动汽车的续航里程，称为标定续航里程，标定工况目前指GB/T 18386所规定的工况。我国目前各种型号电动汽车在说明书中标明的续航里程，采用的是工信部续航里程。工信部纯电续航里程是指工信部委托有关评测机构对纯电动汽车或插电式混合动力汽车在综合工况下测定的利用电池能量可行驶的最长里程。

续航里程与电池容量、快充时间和慢充时间等参数，不仅是反映电动汽车整车质量的重要参数，同时也是评价消费者使用车辆是否安心、方便和快捷重要参数。电动汽车实际的续航里程与电池质量和容量、整车自重、行驶环境、驾驶习惯等若干因素有关。

12. 轮胎规格

轮胎尺寸示意如图2-9所示。轮胎侧面通常标有由数字和字母组成的轮胎型号，表明轮胎的规格。国际标准的轮胎规格由6个部分组成，分别是轮胎宽度、轮胎断面的扁平比、轮胎类型代号、轮辋直径、负荷指数、许用车速代号。

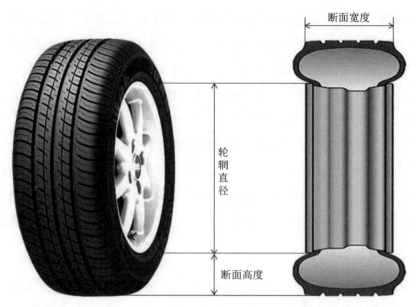

图2-9 轮胎尺寸示意

轮胎宽度是指轮胎断面的宽度，单位是毫米(mm)；轮胎断面的扁平比是指断面的高度与宽度的百分比；轮胎类型代号一般为R，表示子午线轮胎；轮辋直径的单位是英寸(in)，轮辋俗称轮圈，是在车轮上周边安装和支撑轮胎的部件；负荷指数是指一条轮胎所能承受的最大负荷，以数字的形式表示，表明轮胎承受负荷的能力(负荷指数及对应承载质量见表2-1)；许用车速表示对车辆速度的极限限制(许用车速标识及对应许用车速见表2-2)。

表2-1 负荷指数及对应承载质量列表(部分)

负荷指数	75	80	85	90	91	92	95	100
承载质量/kg	387	450	515	600	615	630	690	800

表2-2 许用车速标识及对应许用车速列表

许用车速标识	N	P	Q	R	S	T	U	H	V	W	Y
许用车速/(km/h)	140	150	160	170	180	190	200	210	240	270	300

例如，某轮胎的型号为205/55 R16 91 V，其中，205表示轮胎断面宽度为205mm；55表示轮胎断面的扁平比为55%；R表示轮胎类型为子午线轮胎；16表示轮辋直径为16in；91表示每条轮胎能够承载的负荷指数为615kg；V表示许用车速为240km/h。

二、乘用车的技术性能指标

1. 动力性

汽车的动力性是指汽车在良好路面上直线行驶时由汽车受到的纵向外力决定的所能达到的平均行驶速度。汽车是一种高效率的运输工具,其运输效率的高低在很大程度上取决于汽车的动力性。所以,动力性是汽车各种性能中最基本、最重要的性能。汽车动力性主要由汽车的最高车速、加速时间和最大爬坡度这三个指标来反映。此外,燃油汽车的排气量、最大功率和最大扭矩也是反映汽车动力性的常用参数。

我们经常会看到轿车尾部有Turbo或者T的标识,即表明该车采用的发动机是涡轮增压发动机。涡轮增压的英文名字为Turbo,一般来说,涡轮增压的主要作用就是增加发动机进气量,从而提高发动机的功率和扭矩,让汽车"更有劲儿"。一台发动机装上涡轮增压装置后,其最大功率与未装增压装置的时候相比可以提高40%,甚至更高,这也就意味着同样一台发动机在经过增压之后能够产生更高的功率。以常见的1.8T涡轮增压发动机为例,经过增压之后,发动机动力可达到2.4L发动机的水平,但是耗油量与1.8L发动机相比并没有高多少。从另外一个层面来说,就是能够提高燃油经济性和降低尾气排放量。

2. 操控性

汽车的操纵性是指汽车对驾驶员操纵和控制的响应能力,是汽车被操纵和控制以及带给驾驶者驾驶乐趣的能力,也可以理解为对一辆汽车的控制难度(当然越容易越好)和乐趣。操纵和控制汽车的难易程度和乐趣,实际上是驾驶者在驾驶过程中的一种主观性的心理感受,虽然因人而异,但与汽车技术的客观性密切相关。衡量汽车的操控性时,主要是比较汽车的转向系统、变速系统和制动系统的技术特点。

(1) 转向系统。现在的家庭自用汽车基本都配备电子助力转向系统。电子助力转向的英文全称是Electronic Power Steering,缩写为EPS,它利用电动机产生的动力协助驾驶者进行动力转向,所以也称为电动助力转向系统。EPS的工作原理是,汽车在转向时,转向传感器会"感觉"到转向盘的力矩和拟转动的方向,这些信号会通过数据总线发给电子控制单元,电控单元会根据传动力矩、拟转的方向等数据信号,向电动机控制器发出动作指令,电动机就会根据具体的需要输出相应大小的转动力矩,从而产生助力转向。如果不转向,系统就不工作,处于休眠状态等待调用。电动助力转向的工作特性会使驾驶者的方向感更好,转向时更轻松,特别是在高速行驶时更加平稳。

(2) 变速系统。燃油汽车的变速系统有手动挡、自动挡以及无级变速和手自一体等类型。MT表示手动挡,AT表示自动式。手动挡汽车具有比同款自动挡汽车价格低、燃料消耗低、维修保养费用低、具有辅助制动功能和具有驾驶乐趣等优点,但也存在操作烦琐和驾驶人员易劳累、换挡时容易产生顿挫感、起步时易熄火和坡路起步时对操作的要求高等缺点。自动挡汽车具有操作简单和轻松、行驶平稳而不会出现顿挫感、起步不会熄火和坡路起步操作方便等优点,但也存在比同款手动挡汽车价格高、燃料消耗高、维修保养费用高、踩错踏板易发生交通事故和缺少驾驶乐趣等缺点。

(3) 制动系统。制动系统分驻车制动器和行车制动器两种,前者在停车时使用,后者用于行车时控制车速。按结构的不同,行车制动器可分为盘式制动器、鼓式制动器等形式。

盘式制动器有一个和轮胎固定并同速转动的圆盘,制动时利用油压推动制动卡钳中的活塞产生制动力,并和圆盘接触产生摩擦,最终使车辆停下。它的工作原理很像自行车,通过闸皮摩擦轮圈最终使车停下。盘式制动器的优点:制动卡钳、制动盘全部暴露在空气中,所以热衰退现象并不明显,长时间制动后依然可以获得很好的制动效果;由于制动系统没有密封,制动磨损的碎屑不会沉积在制动器上,盘式制动的离心力可以将水、灰尘等污染物向外抛出,以维持一定的清洁度;制动盘在受热之后尺寸有所改变,但并不会使踩制动踏板的行程增加;与鼓式制动器相比,盘式制动器的构造简单,且容易维修。盘式制动器的缺点:与鼓式制动器相比,盘式制动器的来令片与制动盘之间的摩擦面积较小,所以制动的力量也较小。如果想加大制动力,只能增大制动盘的直径或提高制动系统的油压。此外,盘式制动器的制造和维修成本较高。

鼓式制动器拥有一个形状类似铃鼓的铸铁件,它与轮胎固定并同速转动。制动时,不同于盘式制动器"夹住"制动盘,鼓式制动器通过油压将位于制动鼓内的制动来令片往外推,使制动来令片与随着车轮转动的制动鼓的内面发生摩擦,从而产生制动效果。鼓式制动器的优点:制造成本低,维修保养也非常便宜,小型汽车多采用这样的设计;排水性较好,因为整个制动系统都在一个相对密闭的空间中,所以不易受到水和泥沙的影响;以相同力量踩下制动踏板时,因为鼓式制动器的接触面积更大,所以获得的制动力也会更大,而在没有助力制动的情况下,这种效果更加明显。鼓式制动器的缺点:热衰退性很差,因为存在于一个相对封闭的环境,制动时产生的热量不能及时散去,所以长时间制动后,制动效果明显变差;由于鼓式制动器的制动来令片密封于制动鼓内,导致制动来令片磨损后的碎屑无法散去,影响制动鼓与来令片的接触面,从而影响制动性能。

3. 通过性

汽车的通过性是指汽车在额定载质量下能以足够快的车速克服各种障碍顺利通过各种道路的能力。影响该能力的因素有汽车的尺寸、最小转弯半径、最小离地间隙、接近角、离去角等参数。

最小转弯半径是指方向盘转到极限位置，使汽车作最大幅度回转时，汽车前外轮在地面上所划出的轨迹半径。转弯半径越小，汽车的机动性能越好。最小离地间隙是指汽车满载静止时，支撑平面(路面)与汽车中间区域最低点之间的距离，反映汽车无碰撞通过凹凸不平地面的能力。接近角是指汽车静载时，水平面与切于前轮轮胎外缘的平面之间的最大夹角。接近角越大，汽车越不容易发生触头失效[①]。离去角是指汽车静载时，水平面与切于最后车轮轮胎外缘的平面之间的最大夹角。离去角越大，汽车越不容易发生拖尾失效[②]。

4. 安全性

汽车的安全性是指汽车在行驶中避免事故、保障行人和乘员安全的性能，一般分为主动安全性和被动安全性两种。

汽车的主动安全性又称积极安全性，是指为了防止或减少发生交通事故而在汽车制造过程中运用新技术的程度，包括防止失控、防止追尾、防止驾驶员疲劳、改善视野和人体工程等安全装置。目前，市场上的家用汽车几乎都装有ABS(antilock-brake-system，制动防抱死系统)。此外，EBD(electronic brake-force distribution，制动力电子分配系统)、EBA(electronic brake assist，电子控制制动辅助系统)、ESP(electronic stablity program，电子稳定装置)、ASR(accelerate slip regulation，驱动防滑控制系统)等新的电子技术也被广泛应用。这些安全装置可以有效保证汽车制动时的效果或汽车在特殊路段的行驶稳定性，大大提高了汽车的安全性。

汽车的被动安全性又称消极安全性，是指一旦发生交通事故尽可能减少乘员伤亡的能力，包括结构吸能性、内饰软化、安全防护装置及安全玻璃等。例如安全带、安全气囊、吸能安全车身和保险杠等都属于反映被动安全性的装置。

5. 经济性

汽车的经济性是指从买一辆新车到其正常报废之前所有相关的经济投入，即全寿命使用成本。汽车的使用成本可以用以下公式来表示

汽车全寿命使用成本=购置成本+使用费用(燃油汽车的燃油费、电动汽车的电费、轮胎费、维修费、保养费、保险费和缴纳的车船使用税等)-报废残值

(1) 购置成本。汽车的购置成本是顾客在购买汽车和注册时发生的总支出，具体包括汽车购置价格、选装设备和装饰品费用、缴纳的车辆购置税等。

[①] 车辆前端触及地面而不能通过的情况，称为"触头失效"。
[②] 车辆尾部触及地面而不能通过的情况，称为"拖尾失效"。

汽车购置价格受汽车品牌、畅销程度等市场因素的影响，也受汽车变速箱类型、汽车等级等质量因素的影响。选装设备和装饰品一般都不是汽车销售时的标准配置，消费者可以根据自己的喜好在交车时选择安装，主要包括汽车座垫和脚垫、汽车玻璃贴膜、底盘装甲、倒车雷达或影像系统、电子导航系统、车载电话、车载冰箱等。车辆购置税是购买新车时法定需要缴纳的税金，纳税额与汽车价格成正相关。

(2) 使用费用。使用费用包括燃油汽车的燃油费(电动汽车的电费)、轮胎费用、维修保养费用、保险费用和缴纳的车船使用税等。

在汽车的使用费用中，燃油费用占使用成本的绝大部分，因此，燃油消耗水平是衡量燃油汽车经济性的重要指标。而电动汽车的电费在现行的价格水平下远远低于燃油汽车的燃油费用，即电动汽车的经济性要好于相应级别的燃油汽车。

汽车在正常行驶时，轮胎必然会发生磨损，磨损到一定程度必须予以更换。汽车轮胎是根据汽车行驶一定的里程或年限而进行更换的，而轮胎的价格并不低，所以在汽车使用寿命周期内，轮胎费用也是使用成本的一个组成部分。轮胎的价格取决于轮胎的规格和品牌等因素。

衡量一辆汽车维修保养费用的指标是零整比。零整比是指某品牌汽车的零配件价格与整车价格的比值。不同的汽车品牌、车型之间的维修价格差异较大，尤其是在相同价格区间内，各车型间相同部位、相同功能配件的价格差异巨大，而配件价格的高低直接决定了维修成本的高低。即使新车的价位相同，如果消费者购买了零整比系数较高的车型，就意味着在后续使用过程中可能需要支付相对较高的维修保养成本。所以说，零整比越大，汽车的经济性越差。

保险费用、车船使用税等都是在使用汽车期间每年的必要支出。汽车商业保险费用与车辆购置价格及投保金额成正相关；燃油汽车的车船使用税的缴税数额与排气量成正相关，电动汽车目前享受国家的免征车船使用税优惠政策。

(3) 报废残值。报废残值是指已经达到报废标准的汽车在变卖时可以回收的残余价值。

6．舒适性

汽车的舒适性是指汽车具有的给驾驶员与乘员带来舒服安逸及精神愉悦感觉的能力。评价汽车舒适性的指标包括行驶平顺性、车内环境、座椅感受、操作方便性等。

(1) 行驶平顺性。汽车的行驶平顺性是指汽车在一定的行驶环境中以一定的速度行驶时，能够保证驾驶者与乘车人不会因车身振动而引起不舒适和疲劳的感觉。汽车在行驶中，由于路面不平，汽车会产生振动和颠簸，当这种振动和颠簸达到一定程度时，将引起驾驶者和乘车人疲劳、头晕等不舒服的生理反应。而悬挂装置可以降低汽车的振动和颠簧，提高汽车的行驶平顺性。悬挂装置可分为非独立悬挂和独立悬挂。

非独立悬挂系统是以一根车轴(或结构件)连接左右两轮的悬挂方式。非独立悬挂的优点：左右轮在弹跳时会相互牵连，轮胎角度的变化量小，轮胎的磨耗小；在车身高度降低时，不容易改变车轮的角度，使操控的感觉保持一致；构造简单，制造成本低，容易维修；占用的空间较小，可降低车底板的高度。非独立悬挂的缺点：左右轮在弹跳时，会相互牵连，从而降低乘坐的舒适性；因构造简单，设计的自由度小，操控的稳定性较差。

独立悬挂系统是每一侧的车轮都单独通过弹性悬挂系统悬挂在车架或车身下面的悬挂方式。独立悬挂系统的优点：质量轻，能够减少车身受到的冲击，并提高车轮的地面附着力；可用刚度小的较软弹簧，改善汽车的舒适性；可降低发动机位置，从而降低汽车重心，进而提高汽车的行驶稳定性；左右车轮单独跳动，互不相干，能减小车身的倾斜和震动。不过，独立悬挂系统存在结构复杂、成本高、维修不便的缺点，同时因为结构复杂，会侵占一些车内乘坐空间。现代轿车大多采用独立悬挂系统，按其结构形式的不同，独立悬挂系统又分为横臂式、纵臂式、多连杆式、烛式以及麦弗逊式悬挂系统等。

麦弗逊式悬挂系统是轿车应用较广泛的前悬挂之一，由螺旋弹簧、减震器、三角形下摆臂组成，绝大部分车型还会加上横向稳定杆。简单来说，其主要结构就是由螺旋弹簧套在减震器上组成，减震器可以避免螺旋弹簧受力时向前、后、左、右偏移的现象，限制弹簧只能作上下方向的振动，并可以用减震器的行程长短及松紧来设定悬挂的软硬及性能。麦弗逊式悬挂系统的主要优点是结构简单、占用空间小、响应较快、制造成本低等；主要缺点是横向刚度小、稳定性不佳、转弯侧倾较大。麦弗逊式悬挂系统主要适用于中小型轿车、中低端SUV等车型的前轮。

(2) 车内环境。车内环境是指汽车驾驶室内的空气质量、噪声污染和车内温度等状况。汽车内部相对封闭，车内一些装置和装饰会释放甲醛，所以车内的空气质量与汽车内部的装置和装饰的材料品质有关。汽车内部装置和装饰采用环保材料制成，可以减少甲醛和其他有害气体的释放。此外，增强空调滤清器的质量和效果以及乘员厢的密闭性，也会尽量减少车外污染空气的影响。

天窗给驾驶者带来了不少便利。首先，汽车天窗改变了传统的换气形式，风吹进来形成一股气流，将车厢内的污浊空气抽出去。汽车高速行驶时，空气分别从车的四周快速流过，当天窗打开时，车的外面就形成一片负压区，由于车内外气压不同，就能将车内污浊的空气抽出，达到换气的目的，让车厢内始终保持空气清新。其次，在雨雾天气环境中，有了天窗，车内玻璃的除雾也更加快捷。

汽车噪声来自发动机、轮胎及发生松动的零件等，乘员厢与发动机厢之间的密闭性、隔音材料、吸音材料、轮胎质量以及汽车的装配质量等，都会影响车内噪声的大小。

汽车内部温度是舒适性的重要指标。车内温度取决于车外温度、空气流量以及太阳辐射的大小。当车外温度超过20摄氏度时，车内要达到舒适温度只能靠冷风降温。

(3) 座椅感受。人们对座椅的感受涉及座椅的包裹性、座垫弹性、柔软度、腿部承托性、前后排调节角度以及后排中央扶手、中间头枕等方面。很多消费者在选择汽车配置的时候，往往挑选价格较高的皮革作为座椅的面料，以显示汽车的豪华，而不考虑价格相对低廉的普通织物。有关科学研究结果显示，最舒适、最安全的座椅面料是普通织物。普通织物的面料透气性好、摩擦力大、柔和，比较符合人体需要。坐在普通织物面料的座椅上，夏天不会有潮湿、黏腻的感觉，冬天也不会有冰冷、僵硬的感觉。如今，配置真皮座椅的车型越来越多，但是到了冬季，座椅表面冷冰冰，让人感觉很不舒服，即便有空调也要等水温升上来才能发挥作用，因此电加热座椅对车主来说是一种非常实用的配置，特别是在我国北方销售的一些高端轿车，电加热座椅是一项标准配置。好的电加热座椅不仅升温快、温度可任意调节，也可减轻乘坐人员疲劳、缓解腰酸腿疼症状，还可避免因寒风入侵所引发的疼痛。

电动座椅广泛应用在高端汽车上，具有便利性和舒适性两大优点。驾驶者通过键钮操纵，既可以将座椅调整到最佳位置上，使驾驶者获得更好的视野，享受易于操纵方向盘、踏板、变速杆等操纵件的便利，也可以获得更舒适和更习惯的乘坐角度。

(4) 操作方便性。操作方便性是指汽车具有的方便驾驶者操作，降低劳动强度或减轻疲劳程度，进而提高舒适性的能力。操作方便性表现为一些技术装置的差异，如自动挡汽车的方便性优于手动挡汽车，自动空调的方便性优于手动空调等。除此之外，多功能方向盘、电动助力转向系统、定速巡航系统等都是体现操作方便性的装置。例如，定速巡航系统(cruise control system，CCS)，又称为定速巡航行驶装置、速度控制系统、自动行驶系统等。在驾车行驶过程中，驾驶员可以启动巡航定速，之后无须再踩油门，车辆即按照一定的速度前进。在定速巡航启动后，驾驶员可通过定速巡航的手动调整装置对车速进行小幅度调整。汽车装配定速巡航系统可大大降低驾驶汽车的劳动强度，提高驾驶汽车的舒适性。

第三节 汽车标识

标识，是一个汉语词汇，读音是biāo shí时，意思是标示识别，也指用来识别的记号；读音是biāo zhì时，意思通"标志"，作名词时，意为"表明特征的记号或事物"，作动词时,意为"表明某种特征"。汽车标识是用来识别汽车厂家和车辆技术特征等的图案和记号的总称,主要包括汽车产品型号、车辆识别代号编码、汽车标志、汽车尾部标识等。

一、汽车产品型号

汽车产品型号是我国使用的用于识别生产厂家、车辆类别和车辆技术特征的一种汽车标识。在国家标准《汽车产品型号编制规则》(GB9417—88)中,规定了我国生产汽车的汽车型号编制规则,如下所述。

汽车产品型号由企业名称代号、车辆类别代号、主参数代号、产品序列号组成,如汽车产品型号为EQ1141,其中EQ代表生产企业名称为东风汽车集团有限公司,第一个1代表汽车类型为载货汽车,后面的14代表最大总质量为14吨,最后的1代表生产序号该车为第二代产品;必要时,汽车产品型号要附加企业自定代号,如汽车产品型号为BJ2020S,其中BJ代表北京汽车制造厂,2代表越野车,02代表最大总质量为2吨,0代表该车为第一代产品,S为企业自定代号。对于专用汽车及专用半挂车,汽车产品型号还应增加专用汽车分类代号。汽车型号编制规则及顺序如图2-10所示。

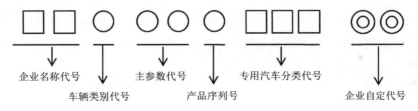

图2-10 汽车型号编制规则及顺序

1. 企业名称代号

企业名称代号位于产品型号的第一部分,用代表企业名称的汉语拼音字母表示。例如,CA表示中国第一汽车集团有限公司(简称"一汽");EQ表示东风汽车集团有限公司(简称"东风");TJ表示天津汽车制造厂;BJ表示北京汽车制造厂。

2. 车辆类别代号

车辆类别代号位于产品型号的第二部分,用一位阿拉伯数字表示。数字"1"代表载货汽车,数字"2"代表越野车,数字"3"代表自卸汽车,数字"4"代表牵引汽车,数字"5"代表专用汽车,数字"6"代表客车,数字"7"代表轿车,数字"9"代表半挂车。

3．主参数代号

主参数代号位于产品型号第三部分，用两位阿拉伯数字表示。载货汽车、越野汽车、自卸汽车、牵引汽车、专用汽车的主参数代号为车辆的最大总质量(吨)。当最大总质量大于100吨时，允许用三位数字表示。

客车及半挂车的主参数代号为车辆的长度(米)。当车辆长度小于10米时，应精确到小数点后一位，并以长度的10倍数值表示。

轿车的主参数代号为发动机的排量(升)，应精确到小数点后一位，并以排量的10倍数值表示。

专用汽车及专用半挂车的主参数代号，若其值与定型底盘原车的主参数之差不大于原车的10%，还沿用原车的主参数代号。

主参数不足定位数时，在参数前以数字"0"占位。

4．产品序列号

产品序列号位于产品型号的第四部分，用一位阿拉伯数字表示，由1、2等依次使用，空缺或为数字"0"时表示第一代产品。

5．专用汽车分类代号

专用汽车分类代号位于产品型号的第五部分，用反映车辆结构特征的三个汉语拼音字母表示。X表示厢式汽车，G表示罐式汽车，Z表示专用自卸汽车，T表示特种结构汽车，J表示起重举升汽车，C表示仓栅式汽车。

6．企业自定代号

企业自定代号位于产品型号的最后部分，当同一种汽车的结构略有变化而需要区别时，用数字或拼音字母表示，位数由企业自定。

汽车产品型号举例如下。

CA1091，表示一汽生产的第二代载货汽车，最大总质量为9吨(9310千克)。

EQ2080，表示东风生产第一代越野车，最大总质量为8吨(7720千克)。

TJ6481，表示天津汽车厂生产的第二代车长为4.8米(4750毫米)的客车。

TJ7100，表示天津汽车厂生产的第一代轿车(夏利)，发动机排量为1.0升(0.993升)。

CA7460，表示一汽生产的轿车，发动机排量为4.6升，为第一代产品。

JG5090XBW，表示济南汽车改装厂生产的第一代厢式保温汽车，系采用EQ1090汽车底盘改装而成，同样底盘的冷藏车的产品型号为JG5090XLC。

二、车辆识别代号编码

车辆识别代号编码(vehicle identification number，VIN)由一组字母和数字组成，共17位。经过排列组合，VIN可以使30年内生产的汽车不重号，由于全世界范围内的各大公司的车型生产年限一般不超过20年，17位的数字和字母足够使用。

VIN是识别汽车身份不可缺少的工具，所以被称为"汽车身份证"。我国颁布的《车辆识别代号管理规则》于1997年1月1日生效，1999年后生产的车辆必须拥有车辆识别代号。

VIN中可以识别出汽车的生产国家、制造厂家、汽车类型、品牌名称、车型系列、车身型式、发动机型号、车型年款、安全防护装置、检验数字、装配工厂名称、出厂顺序号码等。

VIN对用户同样具有十分重要的作用。车辆管理部门在办理牌照时将其输入计算机，以备必要时调用，如受理报案、处理交通事故、保险索赔、查获被盗车辆等。在汽车修理行业，由于计算机普遍用于管理和故障诊断，许多测试仪表和维修设备中都储存17位的VIN数据，可以作为修理的依据。在汽车配件经营方面，VIN也起重要作用，如在用户购买零件时先通过17位VIN确认车型年款，就会避免出售错误、错装现象的发生。

需要说明的是，各国VIN编排规则并不相同，甚至同一国家各大公司采用的字母含义也不尽相同。

此号码一般位于仪表板与前风挡玻璃左下角的交界处，但也有位于散热器框架上方的(如韩国现代汽车)，还有位于发动机舱防火墙板上的(如日系车)，还有部分欧洲车型将此编码压制在一块细长条状的金属板薄片上，或印制用胶纸粘贴在发动机与车身前隔板交界的下方。

车辆识别代号由17位组成，可分为三个部分：第一部分是世界制造厂识别代码(WMI)，第二部分是车辆特征说明(VDS)，第三部分是车辆指示(VIS)，如图2-11所示。

图2-11 车辆识别代号编码规则

1．WMI(世界制造厂识别代码)

WMI为车辆识别代号(VIN)的第一部分，用以标识车辆的制造厂。WMI代号由三位字码组成，WMI代号中仅应使用阿拉伯数字和大写罗马字母(字母I、O及Q不能使用)。

WMI代码的第1位字码是由国际代理机构分配的、用以标明一个地理区域的字母或数字字码，根据预期的需求，可以为一个地理区域分配一个或多个字码。WMI代码中第1位字码的对照如表2-3所示。

表2-3　WMI代码中第1位字码对照

Value	Country	中文名
1，4 or 5	United States	美国
2	Canada	加拿大
3	Mexico	墨西哥
6	Australia	澳大利亚
9	Brazil	巴西
J	Japan	日本
K	Korea	韩国
L	China	中国
R	Taiwan	中国台湾
S	England	英国
T	Swizerland	瑞士
V	France	法国
W	Germany	德国
Y	Sweden/Finland	瑞典/芬兰
Z	Italia	意大利

WMI代码的第2位字码是由国际代理机构分配的、用以标明一个特定地理区域内的一个国家或地区的字母或数字字码，根据预期的需求，可以为一个国家或地区分配一个或多个字码。通过第1位和第2位字码的组合使用可以确保对某个国家或地区的唯一识别。根据预期需要，可以给一个国家指定几个字码，如美国，10～19，1A～1Z；加拿大，2A～2W；墨西哥，3A～3W；德国，W0～W9。国际代理机构已经为每一个国家分配了第1位及第2位字码的组合，其中分配给中国的字码组合为L0～L9、LA～LZ、H0～H9、HA～HZ。

WMI代码第3位是由授权机构分配、用以标明特定车辆制造厂的字母或者数字字码。通过第1位、第2位和第3位字码的组合使用可以确保对车辆制造厂的唯一识别。

我国WMI代码第1位字码为"L"，表示中国，第2、3位字码表示制造厂。例如，前3位字码LFV表示中国一汽大众公司，LSG表示中国上汽通用公司，LVH表示中国东风本田公司，LVG表示中国广汽丰田公司。另外，对年产量少于500辆的汽车制造厂，规定WMI的第3位字码用数字9表示，并在VIS的第3、4、5位字码由国家机构指定，以便区别。

2. VDS

VDS为车辆识别代号(VIN)的第二部分,由六位字码组成(即VIN的第4位至第9位)。

VIN代码的第4位字码到第8位字码表示车辆主要技术参数和性能特征;第9位字码是检验位代码,均由汽车制造厂自定。乘用车一般可标明的内容有车辆品牌、种类、系列、车身类型、发动机类型等,载货汽车和多用途车可表示品牌、种类、系列、车身类型(如自卸、牵引、厢式、搅拌等)、底盘类型等。

3. VIS

VIS是车辆识别代号的第三部分,由八位字码组成(即VIN的第10位至第17位)。

VIS的第1位字码(即VIN的第10位)代表年份,代码按表2-4的规定使用(30年循环一次)。

表2-4 车型年份表示方法

年份	代码	年份	代码	年份	代码
2001	1	2011	B	2021	M
2002	2	2012	C	2022	N
2003	3	2013	D	2023	P
2004	4	2014	E	2024	R
2005	5	2015	F	2025	S
2006	6	2016	G	2026	T
2007	7	2017	H	2027	V
2008	8	2018	J	2028	W
2009	9	2019	K	2029	X
2010	A	2020	L	2030	Y

VIS的第2位字码(即VIN的第11位)代表装配厂。若无装配厂,制造厂可规定其他内容。

如果某类型汽车年产量超过500辆,则VIS的第3位字码到第8位字码(即VIN的第12位字码到17位字码),表示生产顺序号;如果某类型汽车年产量小于500辆,则VIS的第3位字码到第5位字码与WMI中的第3位字码一起表示一个制造厂,VIS的第6位字码到第8位字码(即VIN的第15位至第17位)用来表示生产序号。

例如"JT8VK13T1GO164393"中,"J"表示日本,"T"表示丰田品牌,"8"表示乘用车,"V"表示发动机型式为3VZ-FE3.0LV6,"K"表示汽车系列为ES300,"1"表示具体车型为UCF10ES300,"3"表示汽车的分级为ES300型,"T"表示车身类型为4门溜背式,"1"表示检验位,"G"表示车型年份为2016年,"O"表示装配厂位于日本,"164393"表示生产顺序号。

三、汽车标志

1. 汽车标志的含义

标志(Logo)是表明事物特征的记号。标志由文字、图形、字母、数字、三维标志、声音、颜色组合,或上述要素的组合所构成。特点鲜明、容易辨认和记忆、含义深刻、造型优美等是对标志设计的基本要求。

商标是用来区分经营者的品牌或服务与其他经营者的商品或服务的标志。商标是由文字、图形、字母、数字、立体标志、颜色组合或上述元素的组合构成的具有显著特征的标志。经商标管理部门批准注册的商标为"注册商标",受法律保护。

我们平常所说的汽车标志(简称车标)实际是指汽车商标。汽车商标是指汽车企业为了区分本企业生产的汽车与其他汽车品牌而在汽车上使用的专门标志。在现代社会,绝大多数的汽车商标都是注册商标。

2. 汽车商标的种类

汽车标志一般有如下几种。

(1) 直接用汽车品牌的名称作为汽车标志或标志的主要元素。例如,解放牌汽车的汽车标志是毛泽东书写的"解放"两个汉字;北京汽车的汽车标志是汉语拼音"BEIJING"的艺术变形;福特汽车的汽车标志是以英文"Ford"的艺术变形作为标志的主体。

(2) 以汽车品牌的第一个字(或字母)的艺术变形图案作为汽车标志或标志的主要元素。例如,中华汽车的标志的主体是"中"的艺术变形;雷克萨斯的汽车标志的主体是Lexus中的"L"的艺术变形。

(3) 将汽车品牌名称或含义的简称或缩写字母的艺术变形作为汽车标志或标志的主要元素。例如,比亚迪汽车是以"build your dreams"的缩写字母"BYD"的艺术变形作为标志;大众汽车标志的主要元素源自"volkswagen werk"的缩写字母"V"和"W"。

(4) 以象征物件作为汽车标志或标志的主要元素。例如,法拉利汽车标志以跃起的"马"作为标志的主体;兰博基尼汽车标志的主体是准备攻击的"牛"。

(5) 以抽象的图形作为汽车标志或标志的主要元素。例如，东风汽车标志的主体是"双飞燕"；长安汽车标志的主体是"羚羊角"；奥迪汽车标志是"四个圆环"。

(6) 以竖立在发动机面板上的立体雕塑为标志。例如，红旗汽车的"红旗"雕塑标志；劳斯莱斯汽车的"女神"雕塑标志；捷豹汽车的"美洲豹"雕塑标志。

四、汽车尾部标识

汽车尾部标识是指在乘用车的后备厢盖板的纵立面或后车门上，镶嵌的汽车标志、中文、英文、英文字母和数字等，表明汽车的品牌、厂家、车型名称和技术特征等。

国产自主品牌和合资品牌的汽车一般在汽车尾部标识中用中文表示生产厂家，如吉利汽车、奇瑞汽车、比亚迪、华晨宝马、一汽大众、东风本田等。厂家名称有的标注在左侧，有的标注在右侧。进口汽车一般在尾部标识中没有厂家名称。

大多数进口汽车和中外合资生产的国外品牌的车型名称以英文表示并标注在汽车尾部，例如A6(奥迪)、X5(宝马)、JETTA(一汽大众捷达)、CRUZE(上海通用科鲁兹)等；个别进口汽车的车型名称也以品牌原属国的文字标注。国产自主品牌汽车的车型名称以中文、英文、字母加数字等方式表示，如骏捷(中华)、TIGGO(奇瑞瑞虎)、EC820(帝豪)、F3(比亚迪)等。

汽车尾部标注的字母，主要表明发动机的结构或技术特点。例如，T表示发动机带涡轮增压；FSI表示采用燃油分层喷射技术的汽缸直喷自然吸气发动机；TSI表示双增压(涡轮和机械增压)分层喷射技术(进口汽车)，带涡轮增压的汽缸直喷发动机(国产汽车)；VVT表示连续可变气门正时技术。

汽车尾部标识中的数字，有的表示排气量，有的表示车型系列，有的表示扭矩等级，还有的表示加速G值。例如，1.6、1.8、2.0、2.4等，表示排气量；奥迪"Q3"和"Q5"、中华"H320"和"H330"等，表示车型系列；凌渡汽车尾部的"330"表示发动机最大扭矩区间为300～350(N·m)，对应的扭矩等级为330；奥迪汽车尾部的30TFSI中的"30"表示加速G值是30，加速时间约为9.27秒(汽车由静止起步，加速到100千米/时，换算成27.8米/秒，除以加速G值30，即得汽车百千米/时加速时间)。

关于汽车尾部标识，目前尚无统一的标准。汽车品牌和生产厂家不同，汽车尾部标识的含义也不尽相同。所以，对于具体的车型，应以有关品牌或厂家的官方解释为准。

第四节 常见的汽车相关名词

一、与汽车技术相关的名词

1. 智能汽车

智能汽车是一个集环境感知、规划决策、多等级辅助驾驶等功能于一体的综合系统，它集中运用了计算机、现代传感、信息融合、通信、人工智能及自动控制等技术，是典型的高新技术综合体。智能汽车是在普通汽车的基础上增加了先进的传感器（雷达、摄像）、控制器、执行器等装置，通过车载传感系统和信息终端实现与人、车、路等的智能信息交换，使车辆具备智能的环境感知能力，能够自动分析车辆行驶的安全及危险状态，并使车辆按照人的意愿到达目的地，最终实现替代人来操作的目的。

智能汽车是利用多种传感器和智能公路技术实现的汽车自动驾驶，智能汽车要配备导航信息系统、全球卫星定位系统、道路状况信息系统、车辆防撞系统、紧急报警系统、无线通信系统和自动驾驶系统等。

智能汽车是智能交通的重要组成部分，它的初级阶段是具有先进驾驶辅助系统（advanced driver assistance system，ADAS），终极目标是无人驾驶汽车，智能汽车与网络相连便成为智能网联汽车。

2. 无人驾驶汽车

无人驾驶汽车也称为自动汽车、机器人汽车、自动驾驶汽车，是一种能够感知环境并在很少或完全没有人工输入的情况下行驶的汽车。无人驾驶汽车结合了多种传感器来感知周围环境，例如雷达、激光雷达、声呐、全球定位系统、里程计和惯性测量单元等。可以说，无人驾驶汽车是传感器、计算机、人工智能、无线通信、导航定位、模式识别、机器视觉、智能控制等多种先进技术融合的综合体。

3. 智能网联汽车

智能网联汽车（intelligent connected vehicle，ICV）是一种跨技术、跨产业领域的新型汽车体系。从广义上讲，智能网联汽车以车辆为主体和主要节点，融合现代通信和网络技术，使车辆与外部节点实现信息共享和协同控制，以达到车辆安全、有序、高效、节能行驶的新一代车辆系统；从狭义上讲，智能网联汽车是搭载先进的传感器、控制器、执行器等装置，融合现代通信与网联技术，实现V2X(智能交通技术，vehicle to everything)智能信息共享，具备复杂环境感知、智能决策、协同控制和执行等功能，可实现安全、舒适、节能、高效行驶的新一代汽车。

4．概念汽车

概念汽车可以理解为未来汽车，是指汽车厂商利用概念汽车向人们展示新颖、独特、超前的构思，反映着人类对先进汽车的梦想与追求。随着时代的进步，概念汽车的目标已经从原来的追求高科技、强动力向目前的低耗能、零污染转变。

概念汽车包括两种：一种是能跑的真正汽车，即比较接近于批量生产，其先进技术已步入试验并逐步走向实用化，一般在5年左右可投产的概念汽车；另一种是概念模型，展示未来发展的研究设想，设计超前，但因环境、科学技术水平、制造能力和生产成本等原因，近期或将来都不会投产的概念汽车。

5．NCAP

NCAP是英文new car assessment programme的缩写，意为新车评价规范。NCAP最早出现在美国，由美国国家公路交通安全管理局牵头组织实施，随后欧洲和日本制定了相关的NCAP。目前全球最具权威性和最严格的欧洲Euro NCAP由国际汽车联合会牵头，其性质是不依附于任何汽车生产企业的独立的第三方机构，所需经费由欧盟提供，不定期对已上市的新车进行碰撞试验。

鉴于Euro NCAP对消费者购车选择产生的巨大影响，欧洲主流汽车品牌对Euro NCAP成绩非常重视，部分企业在新车样车碰撞结果不佳时甚至主动对产品进行改进，并进行二次测试，以求达到一个满意的碰撞结果。目前欧洲的Euro NCAP对新车的安全性评价用星级来表示，星级越高(最高为五星)，安全性越好。

我国目前实施的新车安全性评价规范有两个，分别是中汽研(中国汽车技术研究中心)的C-NCAP(中国新车评价规程)和中保研(中保研汽车技术研究院有限公司)的C-IASI(中国保险汽车安全指数)。中汽研的C-NCAP标准参考的是欧洲Euro NCAP标准，主要测试项目有乘员保护、主动安全和行人保护等；中保研的C-IASI标准参考的是美国公路安全保险协会(Insurance Institute for Highway Safety，IIHS)的标准，测试项目除了车内乘员、车外行人和辅助安全等，还有耐撞性与维修经济性这一项，测试结果直接与车辆保险费率挂钩。

6．汽车排放标准

汽车排放标准是指为了抑制汽车从废气中排出的CO(一氧化碳)、HC+NOx(碳氢化合物和氮氧化物)、PM(微粒，碳烟)等有害气体的产生，国家或国际性的经济组织制定的控制汽车排放的强制性标准。

欧洲汽车排放标准是由联合国欧洲经济委员会(United Nations Economic Commission for Europe，UNECE或ECE)的排放法规和欧洲经济共同体(European Economic Community，EEC)的排放指令共同加以实现的。排放法规由ECE参与国自愿认可，排放指令是EEC参与国强制实施的。欧洲从1992年起开始实施欧Ⅰ标准(欧Ⅰ型式认证排放限值)，目前实施的是2014年起开始实施的欧Ⅵ标准(欧Ⅵ型式认证和生产一致性排放限值)。

我国在借鉴欧洲标准的基础上，陆续制定和实施了中国排放标准，于1999年颁布、2000年开始实施的《轻型汽车污染物排放限值及测量方法(Ⅰ)》即国Ⅰ标准，等效采用欧盟93/59/EC指令，参照采用98/77/EC指令部分技术内容，等同于欧Ⅰ标准。目前，我国实施的是2016年颁布、2020年7月1日开始实施的《轻型汽车污染物排放限值及测量方法(中国第六阶段)》，即国Ⅵ标准。

二、与汽车流通、消费、使用和管理等有关的名词

1．汽车4S店

4S店是集整车销售(sale)、零配件(sparepart)、售后服务(service)、信息反馈(survey)为一体的汽车销售店。汽车4S店与汽车制造厂商直接对接，负责对某品牌汽车的专卖、保养、修理和进行更换零部件维修等工作，还帮助顾客办理汽车消费信贷、投保汽车保险、办理汽车牌照等业务。

汽车4S店按照国家《汽车销售管理办法》的有关规定而设立，一般一个品牌在一个地区分布一个或相对等距离的几个专卖店，按照生产厂家的统一店内外设计要求建造。汽车4S店与汽车生产厂家之间建立了紧密的产销关系，具有购物环境优美、品牌意识强等优势，是我国汽车消费者购置汽车的主要场所。

2．汽车召回

汽车召回是指投放市场的汽车由于设计或制造方面的原因存在不符合有关法规、标准，有可能导致安全及环保问题的缺陷，汽车制造商必须及时向国家有关部门报告该产品存在问题、造成问题的原因、改善措施等，提出召回申请，经批准后对在用车辆进行改造，以消除事故隐患的过程。汽车召回的内容包括制造商向国家有关部门报告并经批准后，应以有效的方式通知销售商、修理商、车主等有关方关于缺陷的具体情况以及消除缺

陷的方法等事项,并由制造商组织销售商、修理商等通过修理、更换、退货等具体措施来消除其汽车产品缺陷。

汽车召回可分为两种情况:一种是主动召回;另外一种是指令召回。主动召回是指汽车制造商获知汽车产品可能存在缺陷的,应当立即组织调查分析,确认汽车产品存在缺陷主动实施的召回;指令召回是指国家产品质量监督部门经调查认为汽车产品存在缺陷而指令汽车制造商必须实施的召回。

汽车召回与"三包"("包修、包换、包退"的简称)从法律依据、目的、对象、程序等方面是存在明显区别的。汽车召回的主要依据是《中华人民共和国产品质量法》《缺陷汽车产品召回管理规定》等法律法规,而汽车"三包"的主要依据是《中华人民共和国产品质量法》《中华人民共和国消费者权益保护法》等法律;汽车召回的目的是消除汽车存在的缺陷可能导致的安全或环保隐患,汽车"三包"是汽车制造商和销售商履行质量保证责任;汽车召回的对象是某批次出厂汽车存在的共性的、系统性的质量缺陷,包括已经销售出去的和没有销售出去的汽车,而汽车"三包"的对象是所有的已经销售出去的汽车存在的个别的、偶然性的质量问题的汽车;汽车召回的程序是向主管部门报告或接到主管部门指令,制造商委托销售商或修理商完成缺陷部件的修理、更换和退货等活动,而汽车"三包"无须向主管部门报告,一般由销售商根据制造商的委托具体负责解决存在的质量问题。

3. 车辆购置税

车辆购置税是以在中国境内购置规定车辆为课税对象、在特定的环节向车辆购置者征收的一种税。

《中华人民共和国车辆购置税法》规定,在中华人民共和国境内购置汽车、有轨电车、汽车挂车、排气量超过一百五十毫升的摩托车的单位和个人,应当缴纳车辆购置税。车辆购置税实行一次性征收,纳税人(购置汽车的单位和个人)在向公安机关交通管理部门办理车辆注册登记前,到税务机关缴纳。车辆购置税的税率为百分之十。

国产汽车的计税价格为纳税人实际支付给销售者的全部价款,不包括增值税税款部分;进口车辆的计税价格,为关税完税价格加上关税和消费税;自产自用应税车辆的计税价格,按照纳税人生产的同类应税车辆的销售价格确定,不包括增值税税款;纳税人以受赠、获奖或者其他方式取得自用应税车辆的计税价格,按照购置应税车辆时相关凭证载明的价格确定,不包括增值税税款。

除了对在《中华人民共和国车辆购置税法》中规定的种类和用途的车辆免征车辆购置税外,在特定时期,根据国民经济和社会发展的需要,国家还对规定的车辆实施减征或者免征车辆购置税的政策。例如，2022年6月1日至12月31日，我国实施对价格不超过30万元的2.0升及以下排量的乘用车(燃油乘用车)减半征收车辆购置税的优惠政策。又如，目前对规定种类的新能源汽车实施车辆购置税的免征政策。

4．车船税

车船税是对行驶于我国公共道路的车辆和航行于国内河流、湖泊或领海的船舶依法征收的一种税。

《中华人民共和国车船法》规定，在中华人民共和国境内依法在车船管理部门登记的规定的车辆、船舶的所有人或者管理人，应当缴纳车船税。

新购买的车辆由所有人或者管理人在到车辆管理部门办理登记手续之前缴纳车船税，以后每年缴纳一次，直到车辆报废注销登记为止。车船税由税务机关征收，但目前纳税人不需要到税务机关缴纳，而是在投保交通事故责任强制保险时，由保险公司代为征收。

车辆的具体适用税额由省、自治区、直辖市人民政府依照国务院制定的《车船税税目税额表》规定的税额幅度确定。车船税税目税额(乘用车部分)如表2-5所示。

表2-5　车船税税目税额表(乘用车部分)

排气量	年基准税额/元
1.0升(含)以下的	60～360
1.0～1.6升(含)的	300～540
1.6～2.0升(含)的	360～660
2.0～2.5升(含)的	660～1200
2.5～3.0升(含)的	1200～2400
3.0～4.0升(含)的	2400～3600
4.0升以上的	3600～5400

纯电动乘用车和燃料电池乘用车不属于车船税征税范围，对其不征车船税。

5．机动车交通事故责任强制保险

机动车交通事故责任强制保险简称交强险，是由保险公司对被保险机动车发生道路交通事故造成受害人(不包括本车人员和被保险人)的人身伤亡、财产损失，在责任限额内予以赔偿的强制性责任保险。

机动车交通事故责任强制保险是我国首个由国家法律规定实行的强制保险制度。根据《中华人民共和国道路交通安全法》《中华人民共和国保险法》制定的《机动车交通事故责任强制保险条例》规定，在中华人民共和国境内道路上行驶的机动车的所有人或者管人，应当投保机动车交通事故责任强制保险。

新购买的车辆由所有人或者管理人在到车辆管理部门办理登记手续之前投保交通事故责任强制保险，以后每年续保一次，直到车辆报废且注销登记为止。

首次投保机动车交通事故责任强制保险，按中国银行保险监督管理委员会制定的基础保险费率表(见表2-6)规定的标准缴纳保险费，保险期限为一年。如果在保险有效期限内被保险机动车没有发生道路交通违法行为和道路交通事故，下一年度续保时，享有降低保险费率的优待；在此后的年度内，被保险机动车仍然没有发生道路交通安全违法行为和道路交通事故的，保险公司继续降低其保险费率，直至最低标准。被保险机动车发生道路交通安全违法行为或者道路交通事故的，保险公司应当在下一年度提高其保险费率。多次发生道路交通安全违法行为、道路交通事故，或者发生重大道路交通事故的，保险公司还要加大提高其保险费率的幅度。在道路交通事故中被保险人没有过错的，不提高其保险费率。

表2-6 交强险基础费率(部分)

车辆大类	车辆明细分类	保险费/元
家庭自用车	家庭自用汽车6座以下	950
	家庭自用汽车6座及以上	1100
非营业汽车	企业非营业汽车6座以下	1000
	企业非营业汽车6~10座	1130
	机关非营业汽车6座以下	950
	机关非营业汽车6~10座	1070
营业客车	营业出租租赁6座以下	1800
	营业出租租赁6~10座	2360
非营业货车	非营业货车2吨以下	1200
	非营业货车2~5吨	1470
营业货车	营业货车2吨以下	1850
	营业货车2~5吨	3070

投保了交通事故责任强制保险的机动车，获得保险公司签发的交通事故责任强制保险单和保险标志。目前，这些纸质单据已经基本实现了电子化。

交通事故责任强制保险责任内的事故和损失，保险公司在责任限额内予以赔偿。责任限额是指被保险机动车发生道路交通事故，保险公司对每次保险事故所有受害人的人身伤亡和财产损失所承担的最高赔偿金额。交强险实行分项责任限额，即交强险总的责任限额(每次事故的最高赔偿额)为20万元，其中死亡伤残赔偿限额为18万元，医疗费用赔偿限额为1.8万元，财产损失赔偿限额为2000元。被保险人在交通事故中无责任的情况下，死亡伤残赔偿限额为1.8万元，医疗费用赔偿限额为1800元，财产损失赔偿限额为100元。

6．机动车保险

机动车保险也称机动车商业保险，是指保险人(即保险公司)与被保险人(或投保人)根据有关保险条款自愿签订保险合同，对于自然灾害和发生道路交通事故造成的被保险机动车的车辆损失、车上人员的伤亡和第三者的人身伤亡、财产损失等，由保险人根据保险合同的约定在责任限额内予以赔偿的商业保险。

机动车保险分为主险和附加险。主险是指可以独立投保的险种，主要包括机动车损失保险、机动车第三者责任保险、机动车车上人员责任保险等。附加险是指依赖于特定的主险而存在的保险险种，即不能独立投保。也就是说，附加险是在投保了特定的主险的基础上方可投保的险种，对主险的保险责任起到补充作用。附加险有附加绝对免赔率特约条款、附加车轮单独损失险、附加新增加设备损失险、附加车身划痕损失险、附加修理期间费用补偿险等。

现行的《中国保险行业协会机动车商业保险示范条款(2020版)》规定了各个保险险种的保险费标准和计算方法，投保人自愿选择保险险种和相应的保险限额并交纳保险费，保险合同生效。在续保时，如果上一保险期间内没有发生过保险理赔事项，保险公司也会有一定的保险费优待。

发生保险责任内的事故和损失，保险公司在各个保险险种的投保限额内进行赔偿，并根据被保险人的责任不同，规定了不同比例的绝对免赔率，但投保了附加绝对免赔率特约条款(也称不计免赔特约险)的除外。对于第三者责任保险的赔偿，先在交通事故责任强制保险的分项赔偿限额内不分责任(即没有免赔率)先行进行赔偿，超出交强险责任限额的部分，在第三者责任保险的投保金额内进行赔偿。

7．机动车安全技术检验

机动车安全技术检验，俗称机动车年检，是指有关机构按照相关法律法规的要求，对申请登记注册的新车和已经登记注册的车辆进行的安全技术和尾气排放等方面的强制性检查与核验活动。汽车检验的目的在于检查汽车的主要技术状况，督促加强汽车的维护保养，使汽车经常处于完好状态，确保汽车行驶安全和符合环保要求。

《中华人民共和国道路交通安全法》规定，准予登记的机动车应当符合机动车国家安全技术标准。申请机动车登记时，应当接受对该机动车的安全技术检验。但是，经国家机动车产品主管部门依据机动车国家安全技术标准认定的企业生产的机动车型，该车型的新车在出厂时经检验符合机动车国家安全技术标准，获得检验合格证的，免予安全技术检验。对登记后上道路行驶的机动车，应当依照法律、行政法规的规定，根据车辆用途、载客载货数量、使用年限等不同情况，定期进行安全技术检验。对符合机动车国家安全技术标准的，公安机关交通管理部门应当发给检验合格标志。目前纸质的检验合格标志已基本实现电子化。

我国现行的关于家用汽车的检验规定是，新车登记注册前，检验机构进行外观查验和车辆主要技术信息的核验、备案，无须在汽车检测线上检验；车辆登记注册到使用不足6年的，也无须在汽车检测线上检验，每两年在确保无交通违法行为或已处理完毕交通违法事宜后，在公安部"交通安全综合服务管理平台"或"交管12123"(手机App)上，自行申领电子化的检验合格标志；第6年和第8年，需要到专门的检验机构进行安全技术和环保排放等检验，检验合格后领取纸质(或电子化)的检验合格标志；从第10年开始，家用汽车每年需要检验一次。专门的检验机构是社会性机构，检验内容和费用执行公安交通管理部门统一制定的标准。

8．机动车强制报废

机动车强制报废是指根据机动车使用和安全技术、排放检验状况，国家对达到报废标准的机动车实施强制报废的制度。

《中华人民共和国机动车强制报废标准规定》中规定，商务、公安、环境保护、发展改革等部门依据各自职责，负责报废机动车回收拆解监督管理、机动车强制报废标准执行有关工作。

已注册机动车有下列情形之一的，即符合强制报废条件：①出租、营运、教练等用途的汽车使用年限达到规定的标准(小、微型非营运载客汽车、大型非营运轿车、轮式专用机械车无使用年限限制)；②经修理和调整仍不符合机动车安全技术国家标准对在用车有关要求的；③经修理和调整或者采用控制技术后，向大气排放污染物或者噪声仍不符合国家标准对在用车有关要求的；④在检验有效期届满后连续3个机动车检验周期内未取得机动车检验合格标志的。

国家对达到一定行驶里程的机动车引导报废，例如，小、微型非营运载客汽车和大型非营运轿车行驶60万千米，中型非营运载客汽车行驶50万千米，大型非营运载客汽车行驶60万千米等。

进行报废的机动车，其所有人可以将机动车交售给报废机动车回收拆解企业，由报废机动车回收拆解企业按规定进行登记、拆解、销毁等处理，并将报废的机动车登记证书、号牌、行驶证交公安机关交通管理部门注销。

9. 汽油标号

汽油标号是指实际汽油的抗爆性与标准汽油的抗爆性的比值。

汽油在汽缸内容易不正常燃烧产生爆燃、爆震,所以需要在汽油中加入添加剂来提高汽油的抗爆性。标准汽油由异辛烷和正庚烷组成。异辛烷的抗爆性好,其辛烷值定为100;正庚烷的抗爆性差,在汽油机上容易发生爆震,其辛烷值定为0。如果汽油的标号为95,则表示该标号的汽油与含异辛烷95%、正庚烷5%的标准汽油具有相同的抗爆性。所以说,汽油标号实际是表示该标号燃油辛烷值的大小,辛烷值越大,抗爆性能就越好。高标号汽油的价格通常要高一些,但并不表明高标号汽油的质量和纯净度一定比低标号汽油的高。

汽油标号与发动机压缩比直接相关,压缩比越大,应该使用与之相适应的较高标号的汽油;反过来说,汽油的标号大,抗爆震性也越高,使用该标号汽油的汽车发动机的压缩比也应该高,发动机的经济性和动力性才能得到提高。

复习思考题

一、单项选择题

1. 内燃机汽车发动机应用的是( )工作原理。
   A. 一冲程　　　　B. 二冲程　　　　C. 三冲程　　　　D. 四冲程
2. 纯电动汽车的动力装置是( )。
   A. 发动机　　　　B. 发电机　　　　C. 内燃机　　　　D. 电池
3. 燃油汽车的排气量越大,产生的功率就越( ),燃油消耗也越( )。
   A. 大、小　　　　B. 小、大　　　　C. 大、大　　　　D. 小、小
4. 用我国目前的能源价格来衡量,行驶百千米里程能源消耗价值量最低的是( )。
   A. 汽油发动机汽车　　　　　　　　B. 柴油发动机汽车
   C. 纯电动汽车　　　　　　　　　　D. 油电混合动力汽车
5. 汽车的爬坡度是指( )。
   A. 爬升路面的角度　　　　　　　　B. 爬升路面的坡度
   C. 爬升高度与行驶的水平距离的比值　　D. 爬升高度与行驶距离的比值
6. 加速时间是反映汽车( )的指标。
   A. 动力性　　　　B. 操控性　　　　C. 安全性　　　　D. 经济性

7. 最小离地间隙是反映汽车( )的指标。

A. 动力性　　　　B. 操控性　　　　C. 安全性　　　　D. 通过性

8. ABS(制动防抱死系统)是( )装置。

A. 主动安全　　　B. 被动安全　　　C. 主动操控　　　D. 被动操控

9. 行车自动巡航系统是反映汽车( )的装置。

A. 操控性　　　　B. 经济性　　　　C. 安全性　　　　D. 舒适性

10. 某个汽车的产品型号为CA1041，表示该车型是( )

A. 载货汽车　　　B. 越野汽车　　　C. 载客汽车　　　D. 轿车

11. 汽车VIN(车辆识别代号编码)由( )位字母和数字组成。

A. 15　　　　　　B. 16　　　　　　C. 17　　　　　　D. 18

12. 某个汽车VIN的第一位是字母L，表示该汽车的生产国家是( )。

A. 中国　　　　　B. 美国　　　　　C. 德国　　　　　D. 英国

13. 我国目前实施的是汽车排放( )号标准。

A. Ⅳ　　　　　　B. Ⅴ　　　　　　C. Ⅵ　　　　　　D. Ⅶ

14. 我国目前对购买燃油汽车的消费者要征收一次性的( )。

A. 增值税　　　　B. 消费税　　　　C. 车船税　　　　D. 车辆购置税

15. 法律规定，在我国境内道路上行驶的汽车必须投保( )。

A. 交通事故责任强制保险　　　　　　B. 机动车商业保险

C. 意外伤害险　　　　　　　　　　　D. 财产损失险

二、简述题

1. 简述内燃机四冲程的工作原理。

2. 简述纯电动汽车的工作原理。

3. 简述混合动力汽车的工作原理。

4. 简述增程式电动汽车的工作原理。

5. 汽车的动力性指标有哪些？

6. 汽车的操控性装置有哪些？

7. 汽车的安全性装置有哪些？

8. 在汽车的哪些部位可以看到VIN？

9. 简述交通事故责任强制保险的要点。

10. 简述燃油汽车车船税的征收标准。

第三章 汽车的发展历史

第一节 汽车的诞生与发展

一、汽车的诞生

车轮是中华民族首先发明的,人类历史上第一辆车也是我们祖先发明出来的。在我国古代神话、传说和史书上,都有黄帝造车之说。据《宋史·舆服志》中记载:"黄帝与蚩尤战于涿鹿之野,蚩尤起大雾,军士不知所向,帝遂作指南车。"所以,黄帝又称轩辕氏。轩,指有围篷的车;辕,指车前面驾驭牲畜的杆。

车原来是人力车,后来发展为兽力车。公元13世纪前后,马车制造技术通过丝绸之路传到欧洲。16世纪的欧洲进入文艺复兴的前夜,科学技术突飞猛进,马车的制造技术也得到进一步提高。早期马车只有两轮,结构上只有轮、轴、货箱和车辕。后来出现了双轴四轮马车,安有转向盘,车身出现了活动车门和封闭式结构,车身和轴之间用弹簧连接。各国成立了马车运输公司,马车路建设迅速,驿站先后建立,世界各地从事马车运输的人数相当可观,马车的大量发展是欧洲成为汽车诞生地的主要原因之一。

13世纪中期,英国哲学家、自然学家罗吉尔·培根在著作中写道:"我们大概能制造出比用一群水手使船航行更快的机械；我们似乎也可以造出不借用任何畜力就能以惊人的速度奔跑的车辆；进而我们也可以造出用翅膀像鸟儿一样飞翔的机械。"但是直到大约400年后，车辆动力问题才被提到议事日程上来。

1420年，有人制造出了滑轮车(见图3-1)，依靠人在车上拉动绳子，滑轮带动车子前进，但相当劳累，举步维艰，比步行还慢。

意大利美术家、科学家、技师达·芬奇于1482—1499年间，设想在车上安装能水平旋转的圆盘，通过齿轮带动车轮转动(见图3-2)。用什么力量带动其旋转呢？发条机构可以积蓄力量，但他只进行了理论探讨，无实际的研究，设想也未得到人们的重视。

图3-1　滑轮车　　　　　　　　　　图3-2　达·芬奇设计车辆的手稿

1600年，荷兰人西蒙·斯蒂芬发明了借助风力使车辆行驶的双桅风帆车(见图3-3)。

1649年，德国纽伦堡有一位钟表匠汉斯·郝丘，制造了一台发条式的车辆(见图3-4)，速度不到1.6公里/小时，行进230米就必须将钢制发条卷紧一次，上劲不容易，强度大，未能得到发展。当时的瑞典王子卡尔·古斯塔夫一见倾心，出于猎奇心理把它买了过去。

图3-3　斯蒂芬发明的双桅风帆车　　　　图3-4　郝丘制成的发条车

1712年，苏格兰铁匠纽可门制成了用水蒸汽的热力推动活塞而产生动力的蒸汽机(见图3-5)，是人类有效利用热能转化为机械能的第一次伟大尝试。但这种蒸汽机效率太低，耗煤量太大，因此没有得到推广。

当时英国格拉斯哥大学维修教学仪器的工人瓦特在修理纽可门蒸汽机的过程中，发现大蒸汽机比小蒸汽机的效率高得多的规律。他在大学研究力学的教授布莱克的指导下，弄懂了小蒸汽机的汽缸表面积比大汽缸的表面积大，所以在对冷凝气体加热时要消耗更多的热能。瓦特决定把冷凝工序放到汽缸外专门制造的冷凝器中进行，同时对活塞和汽缸进行精密加工，以减少热能的损耗。通过布莱克的介绍，瓦特认识了发明镗床的威尔金森，威尔金森把镗炮筒的技术应用在汽缸镗制中。1765年，瓦特蒸汽机(见图3-6)诞生，效率比纽可门蒸汽机的效率高5倍，煤耗减少了四分之三。1874年，瓦特蒸汽机进入大规模生产阶段并在世界推广，人类进入了蒸汽机时代。

图3-5　纽可门蒸汽机

图3-6　瓦特蒸汽机

1763年，法国38岁的居尼奥开始研究蒸汽汽车，并得到了法国陆军大臣肖瓦兹尔公爵的支持，得到2万英镑作为资金，制造出世界上第一辆具有实用价值的蒸汽汽车(见图3-7)。这辆汽车车身用硬木制成框架，有三个一人多高的铁轮支撑，前面放一个50升的锅炉，后边是两个容积为11加仑(约40升)的汽缸，锅炉产生的蒸汽进入汽缸，推动活塞上下运动，由简单的曲拐把活塞的运动传给前轮，前轮成为主动轮，并且承担转向的功能。由于前轮压着沉重的锅炉，操纵转向杆很费劲，试车时不断发生事故，一次转弯时撞在兵工厂的墙上，车被撞得七零八落。1771年，他制成更大型的汽车，可以牵引4—5吨的重物。这辆汽车是汽车发展史的第一个见证，目前保存在巴黎国立工艺学院，法国也被公认为蒸汽汽车的诞生地。

图3-7　蒸汽汽车

1860年，法国人勒努瓦制成煤气二冲程内燃机(见图3-8)，做功方式与蒸汽机相似，在活塞的第一行程中，把煤气和空气吸入到汽缸中，在行程中途用火花塞将混合气点燃，气体爆发膨胀做功，推动活塞对外做功，活塞回程中排除废气。由于混合气没有压缩，发动机的热效率很低，只有4.5%。这台发动机于1862年成功地安置在马车的底盘上进行试验，这是内燃机走向实用的第一步。与此同时，法国铁道技师罗夏发表了四冲程发动机理论，这种发动机有吸气、压缩、做功、排气四个工作过程，理论上效率提高很多。

1876年，德国人奥托根据罗夏的理论制成第一台煤气四冲程内燃机(见图3-9)，叫奥托内燃机，并于1877年取得专利权。从此，人类进入了新的内燃机时代。

图3-8　勒努瓦制成的煤气二冲程内燃机

图3-9　奥托四冲程内燃机

1881年，法国工程师古斯塔夫·特鲁夫发明了用铅酸电池作为动力的三轮车(见图3-10)。

1885年10月，德国人卡尔·本茨(Carl Benz)制造出装有单缸二冲程内燃机的三轮汽车(见图3-11)；与此同时，同是德国人的戈特利布·戴姆勒(Gottlieb Daimler)研制了装有四冲程汽油机的四轮汽车(见图3-12)，这两个人被公认为汽车工业的鼻祖。1886年1月29日，本茨向德国专利局申请了发明汽车的专利，同年的11月2日专利局正式批准发布。本茨获得的汽车专利证书如图3-13所示。因此，1886年1月29日被确定为汽车诞生日，1886年被确定为汽车元年。

图3-10　特鲁夫发明的电动三轮车

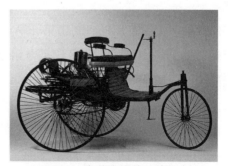
图3-11　本茨发明的三轮汽车

图3-12 戴姆勒发明的四轮汽车
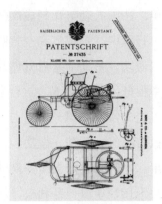
图3-13 本茨获得的汽车专利证书

二、汽车的百年发展历程和标志性事件

汽车的发展历程共分为汽车发明实验阶段、汽车技术不断完善阶段、汽车技术迅速发展阶段和汽车高科技广泛应用阶段。

1．汽车发明实验阶段(1886—1910年）

1886年1月29日，卡尔·本茨向德国专利局递交三轮汽车的发明专利；11月2日，德国向卡尔·本茨颁发了汽车专利证书；奥托宣布放弃自己所获得的四冲程发动机专利，任何人都可根据需要随意制作。

1887年，卡尔·本茨将他的第一辆汽车卖给了法国人埃米尔·罗杰斯，这是世界上第一辆现代汽车的销售。

1888年，英国人邓禄普发明了充气轮胎。

1889年，德国人戴姆勒在他的汽车上采用装有滑动小齿轮的4速齿轮传动装置；6月9日，戴姆勒的V型发动机在德国获得专利，后来卡尔·本茨在自己的汽车上采用了这种类型的发动机，并付给戴姆勒3.7万马克专利费；法国人标致研制成功齿轮变速器和差速装置。

1891年，美国芝加哥研制出第一辆电动汽车；法国人潘赫德和莱瓦索尔采用发动机前置后轮驱动的结构型式，并设计了专用底盘(这一结构奠定了汽车传动的基本形式，在相当长的时间内被全世界广泛仿效)。

1892年，美国人杜里埃发明了喉管型喷雾化油器。

1893年，德国人狄塞尔在其论文《转动式热机原理和结构》中，首次论述了柴油发动机原理。

1894年，狄塞尔展出他的第一台商品型柴油发动机；法国人米其林兄弟发明了充气式橡胶轮胎。

1895年，世界上第一本汽车杂志《无马时代》在美国出版发行；法国人莱瓦索尔研制出用手操纵的齿轮变速传动装置；美国首次举行汽车比赛，获得冠军者用9小时跑完50英里(80.45千米)的路程。

1896年，美国人亨利·福特研制成功2缸4轮汽车；美国出版物中首次使用"汽车"(automobile)单词；美国人将油灯用于汽车照明；英国人首次使用石棉制动片；德国首次使用汽车计程表；伦敦首次举办国际汽车博览会，展出了小轿车、客货两用车和电动汽车；德国人杜茨成为经营出租汽车的鼻祖。

1897年，英国兰切斯特牌汽车采用了高压润滑系统，发明人由此而获得专利；狄塞尔制成压缩点火式1.1千瓦柴油发动机，热效率高达26%，令世界为之震惊。

1898年，美国人富兰克林研制出顶置气门4缸风冷式发动机；法国人雷诺将万向节首先用于汽车传动，并发明齿轮式主减速器传动装置，取代了链条传动。

1899年，带有整体水箱的蜂窝式散热器、分挡变速器和脚踏式加速器首先由戴姆勒应用在汽车上。

1900年，全金属车身在英国问世；德国人波尔舍研制出带曲面挡风板的汽车；德国的奔驰公司以钢材代替木材制作车架；倾斜式圆形方向盘首次在德国使用。

1901年，德国博世公司发明了高压磁电机点火装置；美国奥兹莫比尔牌汽车首先使用转速表；低压磁电机点火系统被德国戴姆勒公司采用。

1902年，英国人发明了盘式制动器并获得专利；法国人雷诺发明了鼓式制动器并获得专利；后桥独立式悬架被法国人装于赛车；磨擦式减震器在英国开始使用；用两个前轮的转动代替轴的转动的艾利奥特转向原理开始应用；荷兰人斯帕伊卡设计了四轮驱动的赛车。

1903年，法国研制出第一台V型发动机；美国古德伊尔轮胎公司获无内胎轮胎专利；英国生产全钢车身的轿车。

1904年，气压制动系统开始采用；美国凯迪拉克牌汽车装用防盗点火系统；美国研制出防刺漏式轮胎；英国希思发明液压制动系统。

1905年，法国研制出封闭式驱动桥；法国研制出轮胎压力计。

1906年，带弹簧的保险杠问世；前轮制动器在德国问世；美国别克公司将蓄电池作为轿车的标准配备；扭力杆式减震器问世。

1907年，美国汽车制造商协会公布汽车功率计算公式，该公式后来被一些国家作为汽车征税的依据；法国汽车采用乙炔车灯。

1908年，美国福特公司的T型车问世；轮胎刻纹机在美国问世；电喇叭被美国人在汽车上应用。

1909年美国四轮驱动公司生产四轮驱动的战船牌小客车。

2．汽车技术不断完善阶段(1911—1940年)

1911年，美国举行500英里汽车赛，获胜汽车首次安装了后视镜；法国人标致设计出四轮制动器；电灯被美国人用于汽车照明。

1912年，自动起动器被凯迪拉克汽车首次装用；双凸轮顶置式发动机在瑞士问世；美国别克V12型发动机采用了铝制活塞；轮胎材料中加炭黑可以提高耐磨性的实验获得成功。

1913年，美国福特公司开始使用流水线生产汽车；四门轿车问世；曲面挡风玻璃问世；汽车前大灯被置于挡泥板上；汽车销售首次采用分期付款；结构和形式沿用至今的现代加油站在美国建成；意大利人卡斯塔纳提出流线型概念。

1914年，全钢车身的道奇牌客车问世；云母材质绝缘体的火花塞在英国问世。

1915年，可拆卸式轮辋代替了嵌入式轮辋；箱型车身的T型车问世。

1916年，倾斜式挡风玻璃流行，手动刮水器被装于汽车；美国人开始使用停车灯。

1918年，美国人麦克姆·罗西德制成四轮液压制动器并获专利；英籍德国人阿克曼申请平行连杆式转向机构专利，后来法国人琼特将其改为梯形连杆式。

1919年，高效制动器装车并使用。

1920年，雪铁龙和蓝旗公司开始采用钢板冲压盘式车轮；通用公司在车内安装顶灯。

1921年，林肯汽车将转向信号装置列为标准配备；镀镍技术被应用于散热器和车灯；四乙基铅在汽油中具有抗爆作用被发现；可调式汽车座椅问世。

1922年，空气滤清器、油量指示器被应用于汽车；蓝旗汽车采用了V6型发动机和四轮独立悬挂装置；橡胶悬挂装置在美国问世。

1923年，戴姆勒公司发明自动喷漆装置；意大利菲亚特公司推出调式方向盘。

1924年，美国杜邦公司推出新型快干漆；富兰克林研制出离合器中的减震装置；莫来石瓷材质绝缘体的火花塞在美国问世；德国博世公司开始生产电动刮水器；双丝式前大灯问世。

1925年，销售汽车开始配备千斤顶、停车信号灯、水箱锁盖、行李架、反光镜、烟灰盒、点烟器和温度计等汽车附属装置。

1926年，美国研制出汽油辛烷值测定表，使汽油的抗爆性有了衡量标准；驱动桥高度降低及双曲线齿轮的采用使汽车重心得以降低；通用公司将汽车大灯变光开关由方向盘移到了地板上，改用脚操纵；凯迪拉克汽车使用防碎玻璃。

1927年，真空自动增压器问世；通过采用在钢制部件中充填毛织物和射流消声的方法使汽车得以消音；空气滤清器、汽油滤清器、机油滤清器、曲轴箱换气装置和后视镜等被纷纷采用；液力制动器问世。

1928年，同步变速器用于凯迪拉克汽车。

1929年，汽车尾灯开始安装；美国将收音机作为汽车的选装用品。

1930年，超低压轮胎问世，提高了汽车在松软路面行驶的性能；镀锡活塞问世；戴姆勒公司将液力耦合器用于汽车，改变了传统的机械传动方式。

1931年，采用独立悬架的汽车问世；离心式、真空式点火提前角自动调节装置由美国克莱斯勒公司研制成功。

1932年，圆环形挡泥板被采用。

1933年，非贯通式汽车通风系统研制成功。

1934年，雪铁龙前轮驱动汽车问世；半自动变速器问世。

1935年，手动按钮式齿轮变速器问世；德国西门子公司开始生产氧化铝瓷材质绝缘体火花塞。

1936年，由刚制扭力杆和双管路紧急制动系统组成的新型安全装置问世。

1938年，空调装置被美国人用于汽车；人们对汽车升力现象开始注意。

1939年，奥兹莫比尔汽车采用了液压－机械联合传动系统。

1940年，克莱斯勒公司研制出安全轮辋，它可保证轮胎被刺穿后不脱离轮辋；封闭式汽车前大灯问世。

3．汽车技术迅速发展阶段(1941—1960年)

1941年，四速半自动变速器及液压联轴器由克莱斯勒公司研制成功。

1944年，美国通用公司生产水陆两用汽车。

1946年，后置发动机客车问世；全钢客货两用车问世；米其林公司研制出子午线轮胎；轿车首次装用无线电话。

1948年，曲面挡风玻璃问世；无内胎式轮胎问世；奔驰轿车首次装用电动车窗。

1949年，克莱斯勒汽车采用点火钥匙起动；福特公司推出V8船型轿车。

1950年，英国陆虎公司推出世界上第一台采用燃气涡轮发动机的汽车；第一台直喷式柴油机问世。

1951年，克莱斯勒公司推出具有半球形燃烧室的V8S发动机。

1952年，转向助力器装车使用；美国人开始采用座椅安全带。

1953年，玻璃纤维薄板加钢筋构成的车身问世；美洲虎汽车装用盘式制动器；晶体管被应用于汽车点火系。

1954年，三角转子式发动机问世；燃油喷射式发动机问世。

1955年，电控门锁问世。

1956年，四大灯照明系统被采用。

1957年，美国林肯汽车采用组合车身；带冷却片的制动毂问世。

1958年，无级变速器问世。

1959年，英国推出的"迷你"牌小型汽车，该车采用前轮驱动和横置式发动机；控制污染的曲轴箱通气阀研制成功。

1960年，凯迪拉克推出"一次性底盘润滑油"；雷鸟牌轿车采用外摆式转向轮；克莱斯勒公司制成实用型汽车交流发电机。

4. 汽车高科技广泛应用阶段(1961年至今)

1961年，奔驰汽车采用了带前后伺服助推装置的盘式制动器；合成橡胶轮胎问世，其寿命比普通橡胶轮胎提高一倍以上。

1962年，聚酯树脂轮胎线研制成功；法国研制出碘钨汽车前灯。

1963年，内部带有备胎的轮胎问世，该轮胎能在外胎爆裂以后，利用备胎继续行驶160千米以上；楔形汽车问世。

1964年，美国通用旗下庞蒂克公司的强力牌轿车开创了采用涡轮发动机的新时代；福特公司采用计算机辅助设计新车型；自动变速箱上的选择按钮按照"倒车－空挡－驱动－低速－高速"的顺序实现了标准化；福特公司开始采用电控喷漆新工艺；半球形燃烧室问世。

1966年，美国采用可折叠式方向盘；英国人设计出车内空气排出系统，该方式后来被普遍采用。

1967年，通用公司推出使点火钥匙与报警器相配合的防盗装置；隐蔽式挡风玻璃刮水器开始流行；德国博世公司研制出了D型电子控制燃油喷射系统。

1968年，废气排出控制系统成为各种汽车上的标准设备。

1970年，奔驰公司研制出模拟防抱死制动系统；丰田公司建成多用汽车风洞。

1971年，雪佛兰公司推出全铝发动机；日本本田公司研制出复合涡流控制燃烧式发动机(compound vortex controlled combustion，CVCC)，该机装有催化式排气净化器，其排气净化水平达到美国1975年开始实施的《净化空气法案》标准。

1973年，美国克莱斯勒公司制成电子点火器；德国博世公司研制出了L型电子控制燃油喷射系统。

1975年，美国汽车开始采用电控燃油喷射系统；博世公司研制出了带氧传感器的发动机闭环控制系统。

1976年，奔驰公司改建成全尺寸现代化汽车风洞，气流速度高达270千米/时。

1978年，日本研制出复合燃料的汽车，即内燃机—电动汽车。

1979年，巴西生产出以酒精为燃料的汽车；德国博世公司研制出集电子点火和电控汽油机为一体的数字式发动机管理系统。

1980年，西班牙试制出太阳能汽车。

1981年，日本研制出可原地转向的汽车；福特公司研制出以甲烷为燃料的汽车，每升甲烷可行驶11.5千米。

1982年，福特公司的双涡轮V8型高速发动机获得普利克斯大奖；汽车的空气动力学性能已成为汽车的重要设计指标。

1983年，涡轮增压发动机技术被广泛使用；铜芯火花塞问世。

1984年，林肯公司的大陆型和马克Ⅱ型轿车采用了可调整的空气悬架系统，成为美国市场上的一流轿车；美国研制出全塑料发动机，自重84千克。

1985年，美国出产的豪华型轿车普遍采用了防抱死制动系统；日本日产公司和马自达公司开发出后轮转向汽车。

第二节 我国汽车工业的发展历史

一、最早传入我国的汽车

1901年底，有一个中文名字叫李恩时(Leinz)的匈牙利商人，将两辆美国制造的奥兹莫比尔牌汽车，经由香港运抵了上海。1902年1月30日，上海公共租界工部局决定给这两辆车颁发临时牌照，每月缴纳两银元，准予在街道右侧行驶，标志着汽车自从1886年诞生后过了15年才传入我国。最早传入我国的汽车如图3-14所示。

1902年11月9日，慈禧太后在北京举办68岁寿典，袁世凯为慈禧太后呈献了一辆由美国图利亚汽车公司于1896年制造的图利亚(DURYEA)牌汽车。关于慈禧太后与汽车的故事一直存有争议，对这段历史也存在不同的记载。《清宫琐记》这本书中就曾明确写道：慈禧因为司机要坐在她前面开车，就从未坐过这辆汽车。《北京志》的相关章节也有记载称：因司机无法按照慈禧的"圣谕"跪着开车，慈禧不愿"屈尊"乘坐。尽管慈禧太后是否乘用这辆汽车的故事存在争议，但是这辆汽车的存在却是一个客观事实。目前，这辆汽车存放在北京颐和园内的一个展馆中。(见图3-15)

图3-14 最早传入我国的汽车

图3-15 袁世凯献给慈禧太后的汽车

二、我国自主生产的第一辆汽车

中国人自己制造汽车是在20世纪20年代末，首先提出制造汽车的是张学良。张学良20多岁从海外留学回来，对中国没有自己的汽车制造业深有感触。进口汽车不仅价格昂贵，还常常因维修、配件这些事情无法开动，成为一个摆设。张学良因此心里早有建立中国自己的汽车制造业的想法。

1928年12月29日，张学良宣布东北易帜。内战一停，武器需求量随之减少，奉天(沈阳)迫击炮厂厂长李宜春等人建议化"兵"为"工"，利用厂里现有的设备生产民用品，并提出首先制造载重汽车。这个建议正符合了张学良自主生产汽车的心愿。

1929年5月，张学良将奉天迫击炮厂改名为辽宁迫击炮厂(即后来的民生工厂)。他将辽宁迫击炮厂结余的4万余元(旧币)拨出，作为研制汽车所用材料的试验费；随后又拨款70万元，作为国产汽车的试制和生产费用。工厂聘请了美籍技师麦尔斯为总工程师，并聘请国内外大学和专科毕业的技术人员担任工厂的重要职务。当时工厂里共有职工207人，其中职员30人，工人177人。

当时国内无人能独立完成汽车设计，李宜春不得不采用仿制方法。1929年8月，李宜春从美国购进瑞雷牌载货汽车散件，后将该车拆卸、测绘，对部分零件部件另行制造。历时两年，1931年5月31日，国产第一辆汽车——民生牌75型载货汽车终于问世(见图3-16)。为了庆祝第一辆国产汽车的问世，辽宁迫击炮厂举行了隆重的庆祝大会。

该车载重量为1.82吨，长头、棕色，采用6缸水冷汽油发动机，65马力，前后轮距4.7米，前后4轮为单胎，最高车速为每小时40千米。自行设计的缓冲式后轴也有自己的特点，水箱分为4部，即使一部损坏，汽车仍能照常行驶。

图3-16 民生牌汽车

除发动机、后轴、电气装置、轮胎等用原车零件外，设计人员对其他零件均进行了重新设计制造。当时有人做了统计：在全车666种零件中，有464种是自制的，202种是进口的(主要是发动机、电器件、精密齿轮、轴承等)，"国产化"率高达70%。在国内机械工业水平极低的条件下，能够达到这一水平，相当不易。

民生牌汽车的诞生在国内引起很大反响。为纪念建会10周年，上海市展览会(相当于今天的上海国际车展)向李宜春发出了邀请，强烈要求展出第一辆国产汽车。1931年9月12日，在中华全国道路建设协会主办的上海市展览会上，民生汽车成为全场的"明星"。它被放在展厅中央，前保险杠上用中、英两种文字写着："载重后行驶粗劣之路能力极强，驶平坦之途速率增大。"并附带主要零部件的挂图以及自制与外购零部件一览表。

正当人们为中国人有了自己的汽车而欢欣鼓舞时，"九一八"事变爆发了，沈阳沦入日寇的铁蹄之下，民生工厂被日军侵占，即将完成的首批汽车及零件被日军全部拖走，中华民族汽车制造工业就这样被扼杀在萌芽阶段。

消息传来，参观展会的人们群情激奋，当即举行了汽车大游行，300多辆汽车浩浩荡荡，行进在上海的大街上，抗议日本侵占我国东北。辽宁代表们悲愤地给民生汽车披上了黑纱，车头上用电灯泡拼出4个大字："国产汽车！"

中国第一辆国产民生牌75型载货汽车，填补了中国汽车制造工业的空白，掀起一股民族汽车制造工业热浪，激发了全国民众抗日救国的信念和爱国主义热情。民生牌汽车在展会上亮相，对当时的政治和经济，均起到了积极的推进作用。

展会期间和会后，中华全国道路建设协会曾先后通过两个决议案，对民生牌汽车予以嘉奖和推广，并致电张学良将军："以民生之自制汽车，为展会增光，迫击炮厂虽被日军强占，中途停顿，望本革命精神牺牲一切，对日反抗，恢复工厂，加工制造，以应时需。"

三、新中国第一辆汽车的诞生

到1949年10月1日中华人民共和国成立,我国共进口汽车7万余辆,保有量5.1万辆。汽车配件、轮胎、汽油也需进口。当时中国的汽车技术状况很差,有一首打油诗"一去二三里,抛锚四五回,修理六七次,八九十人推",对中华人民共和国成立前我国的汽车状况作了真实写照。

1949年12月,毛泽东主席访问苏联(苏联解体后为俄罗斯)期间,曾经参观了制造吉斯汽车的斯大林汽车制造厂。当他看见高大的厂房里,一辆辆汽车驶下装配线时,他把手指往地下一指,对身边的随行人员一字一句地说:"我们也要有这样的大工厂!"

1950年1月,周恩来总理在与苏联政府商谈援华建设项目时,将"建设汽车制造厂"的设想纳入了苏联援华"156项工程"之中。1953年6月9日,毛泽东主席亲自签发了《中共中央关于力争三年建设长春汽车厂的指示》。这是毛泽东主席第一次为建一个工厂而签发文件。

1953年7月15日,新中国第一个汽车工业基地——第一汽车制造厂在吉林省长春市的一片荒郊上举行了奠基仪式,由毛泽东主席亲自题写的"第一汽车制造厂奠基纪念"的白玉基石,被安放在厂区中心广场上。

为生产出新中国的第一辆汽车,技术人员自制的汽车零件有2335种,各种工装(制造过程中所用的各种工具的总称)、非标图纸达十多万张,描图员就有100多人。当年建设一汽共投入资金6亿元,相当于全国人民6亿人一人一块钱。在全国的大力支援下,仅用了3年时间,就修建完成建筑面积702 480平方米的各种厂房,铺设管道86 290米,电缆47 178米,安装设备7552台,制造工装2万多套,一个年产3万辆的现代化汽车厂拔地而起。一汽人不仅掌握了汽车制造的基础知识,还学会了土建施工、机械加工、汽车驾驶等多种技术,为汽车厂的建成投产奠定了基础。

1956年7月13日,也就是汽车厂建厂三周年的前两天,由中国人自己制造的12辆CA10型解放牌卡车(见图3-17)缓缓驶下了装配线。新中国第一辆汽车诞生了,标志着中国不能制造汽车的历史结束了。第一辆汽车下线之前,有人建议把一汽的产品命名为"毛泽东号",但毛泽东欣然命笔,写下了雄浑有力的"解放"二字。它不仅寓意着思想的解放,生产力的解放,也表达着我们国家将不再被别人在技术上"卡脖子"的自由。"解放"不仅是一台卡车的名字,也是民族汽车品牌的一面旗帜。

图3-17　解放牌汽车

7月14日，长春市处处红旗招展、锣鼓喧天，12辆崭新的汽车从长春第一汽车制造厂浩浩荡荡驶向市区，成千上万人涌上街头，只为看一眼中华人民共和国成立后我们自己生产的汽车。8月21日，38辆解放牌汽车运抵北京天安门广场，首都人民纷纷来到天安门广场，参观解放牌汽车。10月1日，这批解放牌汽车参加了国庆阅兵和游行活动。

初期的解放牌汽车为后桥驱动，安装6缸直列水冷四冲程汽油发动机，最大功率为70千瓦，载重达4吨，最高车速为76千米/时，百千米油耗为26升。第一代解放牌汽车直到1986年停产，总销量近130万辆，几乎占了当时全国汽车销量的一半，为新中国的建设做出了巨大贡献。

四、新中国第一辆轿车的诞生

1956年4月25日，即在解放牌CA10型汽车即将面世的前几个月，中央政治局召开扩大会议讨论《论十大关系》，毛泽东主席说道："什么时候能坐上我们自己制造的小汽车来开会就好了。"1957年，第一机械工业部给第一汽车制造厂下达了生产轿车的任务。

开发国产轿车，当时的条件堪称"四无"，即无资料、无经验、无工装、无设备，当时的一汽，基本上是一整套生产卡车的建制，一切都要白手起家。一汽的设计师们在工具车间挤出一块场地，热火朝天地干起了国产轿车来。他们根据一些国外样车着手制造，发动机是以德国"奔驰-190"型轿车发动机为样机制造的；变速箱是我们自己设计制造的三挡机械变速器；底盘则参考法国"西姆卡"的基本结构，进行了部分改进；整车开发流程则来自苏联。按照设计，整个车身的制造和各种钣金件的加工，几乎完全采用手工工艺按照图纸要求敲打成型。设计师们对国产轿车的车身做了大胆的设想和构思。车头标志为一条金色的龙，因为龙是中国的象征。龙身表面要镀24K纯金；车身侧面要镶嵌毛泽东书写的"中国第一汽车制造厂"字样；车身后大灯设计为中国古代宫廷中使用的红纱灯，俗称"宫灯"形状。这样的设计，既表现了我们民族的特色，又体现出与外国车的明显区别和与众不同。

1958年2月，毛泽东主席亲临第一汽车制造厂视察，广大干部和职工受到了巨大的精神鼓舞。同年4月，一汽组建了制造轿车的突击队，开始了整车组装的最后冲刺。5月12日，车头镶有金龙腾飞标志的第一辆中国人自主生产的轿车(见图3-18)诞生了！毛泽东当年对国际形势曾有一个著名论断——"东风压倒西风"，所以，一汽人给自己的轿车起了个响亮的名字——"东风"！

图3-18　东风牌轿车

东风牌小轿车的生产编号为CA71，CA为生产厂家(一汽)的代码，7为轿车的编码，1就表示第一辆；发动机为4缸顶置气门，最大功率为52千瓦，百千米耗油为10升，最高设计时速达128千米/时。

1958年5月21日，东风牌小轿车被开到了北京中南海的怀仁堂后花园，毛泽东主席和其他领导人参观和试乘了东风轿车。毛泽东主席坐上轿车，由司机驾驶绕着花园开了两圈，下车后毛泽东高兴地说："好啊！坐上我们自己的小汽车了！"东风牌轿车的诞生，使我们中华民族结束了一个历史，又创造了一个历史。

东风牌轿车属于中级轿车，无法满足国家对高级轿车的需求。于是，一汽决定试制高级轿车。随后，"乘'东风'，展'红旗'"的口号在一汽全厂叫得响亮。1958年8月1日，新中国第一辆高级轿车"红旗"试制成功(见图3-19)。

该车采用流线型车身，通体黑色，装有V型8缸发动机，最大功率147千瓦，最高车速达185千米/时。车身采用了扇面形状作为水箱面罩，两边附有带梅花窗格式的转向灯装饰板，保险杠防撞块为云头形，发动机罩前端是一面迎风飘扬的红旗标志，尾灯为宫灯造型，轮胎装饰罩的造型沿周采用中国建筑的云纹，内外装饰富有民族风格。从此，"红旗"成为中华民族轿车的开端，并蜚声海外，被意大利国际著名造型大师誉为"东方艺术与汽车工业技术结合的典范"。

图3-19 第一辆红旗牌轿车

1959年初，红旗牌轿车被定为向中华人民共和国成立10周年国庆献礼车型，为确保红旗牌轿车赶快上马，一汽决定停止生产东风牌轿车。同年9月，一汽生产的首批30余辆红旗牌高级轿车和2辆检阅车送往北京。中华人民共和国成立10周年那天，两辆"红旗"检阅车用于领导人检阅陆、海、空三军，6辆"红旗"轿车列队进入游行队伍中，接受了领袖和人民的检阅。1960年，红旗牌汽车参加了德国莱比锡国际博览会，被列入世界名车品牌。

1965年9月，红旗三排座高级轿车试制成功并投产，首批20辆被送抵北京为中央领导换车。从此，红旗高级轿车成为国家级礼宾车，不仅展示出中国汽车工业的建设成就，还代表着共和国的形象，是中国人心目中真正的"国车"，人们称它为"大红旗"。1988年后，一汽开始制造面向普通消费者的红旗轿车，俗称"小红旗"。

五、我国汽车工业的几个阶段

1. 创立阶段

1950—1965年，是我国汽车工业的创立阶段，建立起了像一汽这样的现代化汽车企业，汽车生产实现零的突破，奠定基础。1966年前，我国汽车工业共投资11亿元，形成了"一大四小"5个汽车制造厂，年生产能力近6万辆、9个车型品种。1965年底，全国民用汽车保有量近29万辆，其中国产汽车17万辆(一汽累计生产15万辆)。

除了第一汽车制造厂生产出的解放牌货车和东风牌、红旗牌轿车外，其他几个汽车制造厂相继生产出如下品牌和车型的汽车。

1958年，南京汽车制造厂生产出跃进牌2.5吨货车；上海汽车制造厂生产出排量为2.2升的凤凰牌中级轿车(1965年改名为上海牌)和1吨三轮载货汽车。

1961年，北京汽车制造厂生产出北京牌212吉普车(排量2.4升，四轮驱动)。

1963年，济南汽车制造厂生产出黄河牌8吨重型货车(12升额定功率103千瓦柴油机)

1965年，上海汽车制造厂生产出交通牌4吨中型货车；北京汽车制造厂生产出北京牌2吨轻型130货车。

2．成长阶段

1965年，开始第二汽车制造厂的建设。1966—1980年，即从第二汽车制造厂的建设到改革开放初，是我国汽车工业成长阶段。与一汽靠苏联援建不同，二汽是完全靠中国人自己的力量建设的大型汽车制造厂。通过自主能力，我国形成了以"卡车为主"的汽车产业布局。1980年，我国生产汽车22.2万辆，全国民用汽车保有量169万辆，其中载货汽车148万辆。

这个时期，我国汽车制造厂生产出如下品牌和车型的汽车。

1970年，天津汽车制造厂生产出15吨矿用自卸车。

1971年，北京汽车制造厂生产出20吨矿用自卸车；四川汽车制造厂生产出红岩CQ261重型7吨越野车、T25矿用自卸车、GLM型12吨载货车和TCO牵引车等4个重型汽车产品。

1975年，上海汽车制造厂生产出交通牌32吨自卸车；第二汽车制造厂生产出东风牌2吨越野车。

1978年，陕西汽车制造厂生产出延安牌250越野车(5吨)；第二汽车制造厂生产出东风牌140(5吨货车)。

3．开放合作阶段

1981—1999年，是我国汽车工业的开放合作阶段。此阶段，我国从计划经济体制向市场经济体制转型，汽车工业顺应国家改革开放大势，调整商用车产品结构，改变"缺重少轻"的生产格局；通过开放合作，轿车工业开始起步，汽车产业形成较为完整的工业体系。

这个时期，我国汽车工业的主要事件和出产的汽车品牌及车型如下所述。

1983年，上海汽车制造厂组装出产合资品牌桑塔纳牌轿车。

1984年，北京汽车和克莱斯勒合作成立北京吉普汽车公司，出产合资品牌切诺基越野车。

1985年，上海大众汽车公司成立；广州标致汽车公司出产合资品牌标致牌轿车、MPV、皮卡等车型。

1986年，天津汽车制造厂和日本大发公司合作，出产自主品牌夏利牌轿车。

1988年，长安机器厂和日本铃木公司合作，出产合资品牌奥拓牌微型轿车。

1991年，一汽大众汽车有限公司成立，并出产合资品牌捷达牌轿车。

1992年，东风汽车公司(原第二汽车制造厂)和法国雪铁龙汽车公司合作，出产自主品牌富康牌轿车。

1992年，我国汽车厂数达124个，汽车生产量达106万辆，汽车厂数为历史上最高值。

1997年，上海通用汽车公司出产合资品牌别克系列轿车。

1998年，广州本田汽车公司出产合资品牌雅阁系列轿车。

此外，还有中韩悦达起亚汽车公司生产1.4升普莱特轿车；中意合资南亚汽车公司生产菲亚特小型轿车；中日合资天津丰田汽车公司生产1.3升威驰轿车；中美合资长安福特汽车公司生产1.6升嘉年华轿车等。

4．快速发展阶段

2000年至今，是我国汽车工业的快速发展阶段。进入21世纪以来，我国的汽车工业尤其是轿车工业技术进步的步伐大大加快，新车型层出不穷，科技新步伐加快，整车技术特别是环保指标大幅度提高，与国外汽车巨头的生产与营销合作日益深入，引进国外企业的资金、技术和管理的力度不断加深，同时企业组织结构调整稳步前进。

2002年以后，一汽丰田、东风日产、北京现代、华晨宝马、海南马自达、广汽丰田、长安福特等合资汽车公司，奇瑞、哈飞、昌河、华晨中华、东南、吉利、比亚迪、长城、长安等自主品牌公司相继成立。

2009年，我国政府针对全球金融危机，出台了向汽车产业倾斜的优惠政策，如车辆购置税减半、汽车下乡、以旧换新等，大大推动了我国汽车工业和汽车贸易的飞跃发展，汽车产销量一举跃居世界第一位。汽车产销量分别为1 379.10万辆和1 364.48万辆，同比增长48.30%和46.15%。其中，乘用车产销量分别为1 038.38万辆和1 033.13万辆，同比增长54.11%和52.93%；商用车产销量分别为340.72万辆和331.35万辆，同比增长33.02%和28.39%。

2017年，我国汽车生产与销售量分别为2901.8万辆和2887.9万辆，达到历史上的最高水平。

2021年，我国汽车生产与销售分别完成2608.2万辆和2627.5万辆，同比分别增长3.4%和3.8%，结束了自2018年以来连续三年下降趋势。其中，乘用车产销2140.8万辆和2148.2万辆，同比增长7.1%和6.5%，同样结束了自2018年以来连续三年下降趋势。

新能源汽车成为汽车行业最大亮点，其市场发展已经从政策驱动转向市场拉动新发展阶段，呈现市场规模、发展质量双提升的良好局面。2021年，新能源汽车产量为354.5万辆，累计销售352.1万辆，市场渗透率达到13.4%，同比增长1.6倍左右，连续7年位居全球第一，创造了2016年以来的最快增速，其中私人消费占比接近80%，可持续发展能力进一步提升。

新能源汽车的质量品牌快速提高，纯电动乘用车平均续驶里程从2016年的253千米提高到2021年的400千米以上，消费者质量满意度与燃油汽车持平，中国品牌新能源乘用车销量占新能源乘用车销售总量的74.3%。

2021年，全年实现新能源汽车出口31万辆，同比增长3倍多，超过了历史累计出口总和。同时，产业发展配套环境也进一步优化，截至2021年底，我国累计建成充电站7.5万座，充电桩261.7万个，换电站1298个，在全国31个省市自治区设立动力电池回收服务网点超过1万个。

2021年，中国品牌乘用车销量达954.3万辆，同比增长23.1%，市场份额44.4%，上升6.0个百分点。

汽车企业方面，2021年，上汽、长城、长安、奇瑞、比亚迪、东风、一汽、广汽等中国传统品牌乘用车销量均实现两位数增长率，而造车新企业总贡献94.7万辆的销量，同比增长215%，其中，蔚来、理想、小鹏、合众等企业的销量增长率高达三位数。

中国汽车主流品牌通过近几年的发展，在技术、产品力等方面已有较大突破。中国汽车品牌技术能力已经全面构建，从整车、车身、底盘、发动机、变速器，包括自动变速器，都已经完全具备了自主的研发能力。

产品创新持续不断，中国品牌现在已经形成了造型美、颜值高、技术配置高、新技术应用多等品牌特征，满足了中国市场消费者升级的需求。

产品质量方面，中国汽车品牌达到甚至已经超过了一些国际品牌的水平。以千车故障率为例，国际上大多数品牌千车故障率在8~10，而现在中国品牌有的千车故障率在5~7这样一个优秀水平，已经超越了平均水平，特别是中国品牌在服务方面还凸显出高效、快捷等优势。

复习思考题

一、单项选择题

1. 世界上第一辆蒸汽汽车诞生于（　　）。
   A. 中国　　　　B. 法国　　　　C. 德国　　　　D. 英国
2. 第一台四冲程内燃机诞生于（　　）。
   A. 中国　　　　B. 法国　　　　C. 德国　　　　D. 英国

3. 世界公认的汽车诞生日是(   )。

A. 1885年1月29日　　B. 1885年10月29日　　C. 1886年1月29日　　D. 1886年11月2日

4. 新中国第一辆汽车的诞生时间是(   )。

A. 1953年7月15日　　B. 1956年7月13日　　C. 1958年5月12日　　D. 1958年5月21日

5. 新中国第一辆汽车的诞生地是(   )。

A. 北京　　　　　　　B. 上海　　　　　　　C. 天津　　　　　　　D. 长春

6. 新中国第一辆轿车的诞生时间是(   )。

A. 1953年7月15日　　B. 1956年7月13日　　C. 1958年5月12日　　D. 1958年5月21日

7. 新中国第一家中外合资汽车企业是(   )。

A. 北京吉普　　　　　B. 一汽大众　　　　　C. 上海大众　　　　　D. 东风本田

8. 我国的汽车产销量于(   )年跃居世界第一位。

A. 2007　　　　　　　B. 2008　　　　　　　C. 2009　　　　　　　D. 2010

二、简述题

1. 简述人类关于汽车的发明和探索的历史性事件。

2. 汽车诞生日是哪一天？确定的原因是什么？

3. 简述新中国第一辆汽车的诞生历程。

4. 简述新中国第一辆轿车的诞生历程。

5. 简述我国汽车发展的现状。

第四章 汽车企业与品牌

第一节 欧洲汽车企业与品牌

一、梅赛德斯–奔驰集团股份公司及品牌

1. 公司简介

梅赛德斯-奔驰集团股份公司(Mercedes-Benz Group AG)是世界上资格最老的汽车公司,也是世界十大汽车公司之一。梅赛德斯-奔驰集团股份公司(以下简称奔驰公司)在国内有6个子公司、国外有23个子公司,公司总部位于德国斯图加特。奔驰公司总资产超过500亿美元,每年的净利润达12亿美元,雇员40万人。奔驰公司年产汽车近百万辆,但为了保证高质量和"物以稀为贵",轿车只限量生产55万辆。奔驰公司的企业宗旨是"精美、可靠、耐用"。

奔驰公司创立于1926年,是由卡尔•本茨创立的奔驰汽车公司和戈特利布•戴姆勒创立的戴姆勒汽车公司合并而来,合并后的名字叫戴姆勒-奔驰汽车公司,主要产品有轿车、载重汽车、专用汽车和客车等。

1998年，戴姆勒-奔驰汽车公司与美国克莱斯勒汽车公司合并，成立了戴姆勒-克莱斯勒集团公司，一跃成为当时世界上第二大汽车制造商。

2007年，戴姆勒-克莱斯勒集团公司完成分拆，公司改名为戴姆勒股份公司。

2022年2月，戴姆勒股份公司更名为梅赛德斯-奔驰集团股份公司。

梅赛德斯-奔驰是梅赛德斯-奔驰集团股份公司的一个品牌。"Mercedes"(梅赛德斯)在西班牙语中有幸运、幸福和优雅等含义，1900年12月22日，第一台挂有"Mercedes"车标的汽车上市。1912年，戴姆勒汽车公司注册了梅赛德斯的商标权，后来成立的戴姆勒-奔驰公司也将戴姆勒汽车公司的产品全部命名为梅赛德斯-奔驰。

2. 汽车品牌及标志

奔驰公司旗下目前有梅赛德斯-奔驰(Mercedes-Benz)、迈巴赫(Maybach)、Smart等品牌。

1) 梅赛德斯-奔驰

梅赛德斯-奔驰标志的演变过程如图4-1所示。

图4-1　梅赛德斯-奔驰的汽车标志的演变

1883年，卡尔·本茨成立了以自己的名字命名的奔驰公司，于1885年10月生产出世界汽车史上的第一辆汽车，并于1886年获得了专利。1893年，奔驰公司以"ORIGINAL BENZ"和齿轮图案提交了商标申请，作为奔驰汽车的标志。标志上的英文直译为"原版奔驰"，通过这个标志展示出奔驰公司生产出第一辆汽车的自豪感。

1909年，奔驰公司修改了原来的汽车标志，新标志将旧标志中的文字内容精简到只剩下"BENZ"四个字母，而老标志中突出机械感的齿轮状外圈也被月桂花环代替。在很多赛车运动中，月桂花环是给获胜车手的奖励，将月桂用到新商标里无疑与当时公司在赛车运动中的优异表现有直接关系。

而在奔驰公司与戴姆勒公司合并之前，戴姆勒与威廉·迈巴赫于1890年11月28日联手创立了戴姆勒汽车公司。1899年，戴姆勒汽车公司使用公司名称的缩写"DMG"作为公司商标；1902年6月23日，又开始使用MERCEDES(梅赛德斯)这个商标。

1909年，三叉星标志首度出现。三叉星的标志来源于戴姆勒给他妻子的信，他认为他画在家里房子上的这颗星会为他带来好运。关于这个"三叉星"标志的含义，广为流传的说法是，它表现了戴姆勒本人在海、陆、空各个领域发展的抱负。

1916年，戴姆勒汽车公司又注册了一个新版本的三叉星标志，这个标志在原有的三叉星标志基础上加上了一个圆形外圈，并在圆环底部加入"MERCEDES"字样，同时在圆环的其余空白位置分别加入四颗小的"三叉星"，其用意仅仅是为了填补商标上的空白位置。从该标志的整体样式上来看，这枚新版的梅赛德斯标志也是日后的梅赛德斯-奔驰标志的雏形。

1926年6月28日，奔驰汽车公司与戴姆勒汽车公司正式合并为戴姆勒-奔驰汽车公司，而根据戴姆勒汽车公司对其旗下汽车产品的命名方式，新公司生产的汽车产品就顺理成章地被命名为Mercedes-Benz(梅赛德斯-奔驰)。使用这样的命名是因为梅赛德斯与奔驰分别来自两家不同的公司，可体现两家公司的平衡与相互的尊重。合并后新公司的标志完美地融合了两家公司合并前各自标志中的元素，在保留了梅赛德斯标志中的圆形和三叉星设计的前提下，又在三叉星外面的圆边框中加入了来自奔驰公司标志的月桂花环元素，而MERCEDES跟BENZ的英文字母也被分别置于圆边框的上下端。

1933年，梅赛德斯-奔驰汽车公司设计并开始使用一款"简化版"的标志，这款标志上没有任何文字，只是简单保留了三叉星外加一个圆圈，而这个标志中的三叉星明显比之前的要修长很多。1989年，该标志又经过了一次立体化的处理并沿用至今(见图4-2)。

图4-2 梅赛德斯-奔驰的汽车标志

奔驰三叉星徽的寓意是奔驰公司向海陆空三个领域发展。三叉星代表陆上、水上和空中的机械化和合体。

2) 迈巴赫

1890年，威廉·迈巴赫与戴姆勒共同创立了戴姆勒汽车公司，威廉·迈巴赫也是"梅赛德斯"这个品牌的创始人之一。1907年，威廉·迈巴赫离开戴姆勒汽车公司，于1909年与儿子卡尔·迈巴赫创建了迈巴赫发动机公司，并于1919年缔造了迈巴赫品牌。1960年，迈巴赫发动机公司被戴姆勒-奔驰公司收购。目前迈巴赫是梅赛德斯-奔驰旗下的豪华轿车品牌之一。

迈巴赫汽车标志由两个交叉叠加的M围绕在一个球面三角形里组成(见图4-3)。品牌创建伊始的两个M代表的是maybach motorenbau(迈巴赫发动机)的缩写,而现在两个M代表的是Maybach Manufaktur(迈巴赫手工制造)的缩写。两个M交叉叠加在一起的造型,具有父子齐心、其利断金的寓意。

图4-3　迈巴赫的汽车标志

3) Smart

在20世纪80年代初,梅赛德斯-奔驰汽车公司就开始研究汽车与城市交通的关系。他们发现面临越来越拥挤的城市道路,路面资源与汽车数量增长的矛盾将日益尖锐,让城市交通来适应汽车是死路一条,只有让汽车来适应城市交通才是出路。正是从"未来的城市汽车"的观念出发,1994年奔驰汽车公司与瑞士的Swatch公司(世界上最大的钟表制造公司)合资成立MCC(Micro Compact Car)公司,合作开发了"SMATCHMOBILE"的超微型紧凑式汽车。后来奔驰与Swatch公司分开,奔驰接收了Swatch公司占有的19%的MCC股份,成为唯一的大股东,继续主持MCC公司的工作。奔驰汽车公司确定超微型紧凑式汽车在法国生产,并定名为"Smart"(见图4-4)。

Smart的汽车标志如图4-5所示。Smart中的S代表了斯沃奇(Swatch),M代表了戴姆勒集团(Mercedes-Benz),而art则是英文中艺术的意思,合起来可以理解为,这部车代表了斯沃奇和戴姆勒合作的艺术,而Smart车名本身在英文中也有聪明伶俐的意思,这也契合了Smart公司的设计理念。

图4-4　Smart汽车

图4-5　Smart的汽车标志

二、德国大众汽车集团及品牌

1. 公司简介

德国大众汽车集团成立于1937年3月28日,由费迪南德·波尔舍(Ferdinand Porsche,Porsche表示人的姓名时习惯上用波尔舍,表示汽车品牌时用保时捷)创立,是德国最大的企业,是一个在全世界许多国家都有生产厂的跨国汽车集团,总部位于德国沃尔夫斯堡。德国大众汽车集团2020年拥有员工66.26万人,年营业额为2539.65亿美元,在2021年《财富》世界500强排行榜中排第10。大众公司的口号是"车之道,为大众"。

德国大众汽车集团主要的子公司有德国大众公司、德国奥迪汽车公司、捷克斯柯达汽车、保时捷集团、西班牙西雅特公司等,目前拥有大众、保时捷、奥迪、斯柯达、兰博基尼、宾利、西雅特、斯堪尼亚、曼恩、布加迪等汽车品牌。

2. 汽车品牌及标志

1)大众

Volkswagen是大众的德语名称。Volks在德语中为"国民"的意思,Wagen在德语中意思为"汽车",全名的意思即"国民汽车"。大众的汽车标志由字母V和W(分别是Volks和Wagen的首个字母)以及圆圈组成,标志像是由三个用中指和食指做出的表示胜利的"V",表示大众公司及其产品必胜。

大众汽车标志的主要演变过程如图4-6所示。

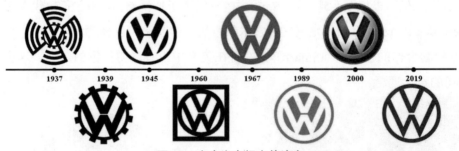

图4-6 大众汽车标志的演变

1937年最早的大众标志的图案中,除了有V和W这两个字母外,还有齿轮;1939年,取消了万字符,保留了齿轮图案;1945年又取消了齿轮图案,进行了艺术化处理,使中间的字母变得更宽,辨识度非常高,线条简洁,比例也很协调,并使用了15年。1960年,大众标志在原来图案的基础上加了一个方框,原因是一个崭新的标志有助于他们树立一个更加国际化的品牌形象。1967年,大众标志被再次更换,方形边框从此消失,并且再也没有出现过。1989年,图案在1945年版的基础上,采用白色字母和蓝色背景。2000年,大众的新标志进行了立体化设计(见图4-7)。2019年,开始使用全新的扁平化标识设计的汽车标志(见图4-8)。

图4-7　立体化的大众汽车标志　　　　　图4-8　扁平化的大众汽车标志

2) 保时捷

保时捷汽车公司是1930年由大众公司的创始人费迪南德·波尔舍在斯图加特建立的,1953年,费里·波尔舍(费迪南德·波尔舍之子)设计了保时捷的汽车标志。保时捷汽车公司以生产高级跑车在世界车坛而著名。在保时捷汽车标志(见图4-9)中,跃动的黑马象征保时捷汽车惊人的爆发力。历史上,斯图加特早在16世纪就是名马产地,保时捷标志的左上方和右下方是鹿角的图案,表明该地也曾是狩猎的场所。右上方和左下方的黄色条纹是成熟麦穗的颜色,意味着肥沃的土地和带给人们的幸福,红色则象征着人们的智慧;黑、红、黄三色也是德国国旗的颜色。正中央"STUTTGART"字样,代表保时捷公司的所在地是斯图加特。

图4-9　保时捷汽车标志

3) 奥迪

奥迪汽车以4个圆环作为标志,是因为在1932年奥迪公司与霍希公司、漫游者公司以及DKW公司(即小奇迹公司)等三家公司合并,成立了"汽车联盟股份公司",每一个圆环代表一个公司,四个圆环同样大小,并列相扣,代表四家公司地位平等、团结紧密,整个联盟牢不可破。奥迪汽车标志如图4-10所示。

图4-10 奥迪汽车标志

奥迪汽车公司的创始人奥古斯特·霍希(Auguse Horch)曾在奔驰公司任职，1899年，他离开奔驰公司，成立了以自己的名字命名的奥古斯特·霍希汽车公司。1909年，由于在一次发动机试验中失败，霍希和霍希公司其他投资者发生激烈争吵，生性桀骜的霍希一怒之下离开了以他名字命名的公司，并在原来公司的马路对面成立了新的奥古斯特·霍希公司。两家相同名称的公司很快对簿公堂，互告对方侵权。经过法院的判决，官司以霍希本人败诉而告终。1910年，当霍希得知自己的公司必须改名时，他急忙到他的追随者菲肯彻尔家中与其他下属开会商量公司改名事宜。由于霍希公司先下手为强地注册了一大堆与霍希(Horch)相近或相似的名字，他们讨论了半天仍没有找到能用的名字。这时，一直在角落写拉丁文作业的菲肯彻尔的儿子突然喊出来："爸爸，奥迪！为什么不叫奥迪呢？"在座的人立刻茅塞顿开。原来，霍希(Horch)在德文中的意思是"听"，而拉丁文的"听"则念作"奥迪(Audi)"，实际意思是一样的，但奥迪更响亮、更干脆。因此，新公司就改名为奥迪汽车公司，奥迪品牌从此诞生。1910年，奥迪汽车公司生产出了第一辆奥迪牌汽车。1966年，大众公司拥有了汽车联盟股份公司的全部股份，奥迪汽车公司成为德国大众汽车集团的子公司，奥迪汽车也成为大众旗下的豪华汽车品牌之一。

4) 斯柯达

1895年，机械师瓦茨拉夫·劳林(Vaclav Laurin)和商人瓦茨拉夫·克莱门特(Vaclav Klement)在捷克的布拉格近郊，共同创建了劳林-克莱门特公司(L&K公司)。L&K公司最初以生产和维修自行车为主。1899年，L&K公司开始生产摩托车，成为世界上生产机动车最早的工厂之一。1905年，L&K公司转向生产汽车，出产的第一辆汽车Voiturette(意思是小型汽车)在1906年的布拉格车展中亮相。1919年，L&K公司加入以从事农业机械、飞机发动机及卡车生产的斯柯达·佩尔森(Skoda Pilsen)集团，从此开始生产以斯柯达为品牌的汽车。1991年，斯柯达被德国大众汽车集团收购，成为德国大众集团旗下的品牌。

斯柯达汽车标志的图案几经演变。1933年，斯柯达汽车标志图案由鸟翼、箭构成主体部分，外部是一个圆环；1991年，鸟翼和箭的主体部分变小，加宽了圆环并填充黑色，并标注了"SKODA"和"AUTO"字样，鸟翼和箭添加了绿色(见图4-11)。车标中的圆环象征着斯柯达是世界上无可挑剔的产品；圆环上标注着的公司名称"SKODA"，代表公司百余年的历史和传统；鸟翼象征着技术进步的产品行销全世界；向右飞行着的箭，则象征着先进的工艺；绿色，则表达了对资源再生和环境保护的重视。2011年，斯柯达汽车开始使用新车标(见图4-12)，取消了原来商标图案中的字母，黑色圆环取消颜色并缩小宽度，变成立体化的圆环，增大了绿色鸟翼和箭的尺寸，使车标更简洁和具有辨识度。

图4-11　原斯柯达汽车标志

图4-12　新斯柯达汽车标志

5) 兰博基尼

兰博基尼汽车公司是意大利人费鲁吉欧·兰博基尼(Ferrucio Lamborghini)于1963年在意大利圣亚加塔·波隆尼(注：博洛尼亚的一个小镇)创立的，兰博基尼公司现已成为全球顶级跑车制造商及欧洲奢侈品标志之一。

费鲁吉欧·兰博基尼年轻时曾是意大利皇家空军的一名机械师，工作的原因，费鲁吉欧对机械原理非常熟悉。第二次世界大战之后，大量的军用物资被遗弃，费鲁吉欧·兰博基尼开始使用这些剩余军用物资制造拖拉机，并成立了最初的兰博基尼公司，主营业务是制造拖拉机、燃油器和空调系统。由于对机械原理和机械制造的精通，以及极佳的商业头脑，兰博基尼公司成为当时最大的农用机械制造商。

事业成功的费鲁吉欧·兰博基尼极为喜欢跑车，拥有包括阿尔法·罗密欧、蓝旗亚、玛莎拉蒂、梅赛德斯-奔驰等多款名车。1958年，费鲁吉欧·兰博基尼拥有了自己第一辆法拉利250 GT汽车，而兰博基尼最终转为制造自己的汽车也是源于这辆法拉利250 GT汽车。驾驶法拉利250 GT参加汽车比赛的费鲁吉欧·兰博基尼，遇到了车辆离合器问题，导致比赛车辆失控，误伤观赏赛车的民众。兰博基尼因此向法拉利公司投诉，然而，法拉利汽车公司创始人恩佐·法拉利非但不理睬，还认为费鲁吉欧·兰博基尼没能力驾驶法拉利250 GT，只适合驾驶农业机械车辆。后来，费鲁吉欧·兰博基尼在自己公司仓库里找到一个合适的备用配件，将其安装在法拉利250 GT上，解决了法拉利250 GT存在的问题。此后，对跑车极度热衷的费鲁吉欧·兰博基尼开始考虑生产可以满足自己需求和比法拉利更好的跑车。

1963年，兰博基尼的汽车公司正式成立，并使用了一头浑身充满了力气、正准备向对手发动猛烈攻击的犟牛的图案作为公司和汽车的标志(见图4-13)，表达出费鲁吉欧·兰博基尼不甘示弱的牛脾气；也因为公司生产的汽车都是大功率、高速的运动型汽车，这头犟牛还体现了兰博基尼公司产品的挑战极限、高傲不凡和豪放不羁的特点。

1998年，兰博基尼公司被奥迪公司收购。目前，兰博基尼是德国大众旗下的一个品牌。

图4-13 兰博基尼汽车标志

6) 宾利

宾利汽车公司是一家豪华汽车制造商，成立于1919年8月，创始人是英国人华特·欧文·宾利(Walter Owen Bentley)，公司总部位于英国克鲁。宾利于1997年被德国大众汽车集团收购，成为大众旗下的一个豪华品牌。2002年开始，宾利取代了劳斯莱斯作为英国皇室唯一指定的汽车品牌，并且成为英女王登基50周年庆典的座驾。

宾利车标(见图4-14)设计运用简洁圆滑的线条，晕染、勾勒形成一对飞翔的翅膀，整体恰似一只展翅高飞的雄鹰。中间的字母"B"为宾利汽车创始人的姓氏Bentley的首字母，既具有帝王般的尊贵气质，又起到纪念初创者的作用。

图4-14 宾利汽车标志

7) 西雅特

西雅特(Seat)汽车公司是西班牙最大的汽车公司，1950年成立于巴塞罗那。1983年，德国大众汽车公司买下了西雅特汽车公司的大部分股份，与另一合资者——西班牙政府共同经营西雅特汽车公司。

西雅特汽车公司以中、小型轿车为主。西雅特汽车标志图案(见图4-15)是公司名称"Seat"的简写和艺术化处理，代表企业形象与品牌设计高度统一，强调了西雅特的品牌价值——设计至上、动感驾驭、年轻心态、高效节能、值得信赖、平易近人。

图4-15 西雅特汽车标志

8) 斯堪尼亚

斯堪尼亚公司是瑞典的货车及巴士制造厂商之一，于1891年在瑞典南部的马尔默成立。斯堪尼亚公司为全球领先的重型卡车和巴士制造商之一，并凭借技术领先的模块化系统成为商用汽车行业盈利能力最强的公司。2020年3月，在品牌金融(Brand Finance)发布的"2020全球最有价值的100个汽车品牌"排行榜(Automobiles 100 2020)中，斯堪尼亚排名第35。

1911年，斯堪尼亚公司与VABIS公司合并，成立斯堪尼亚-VABIS公司；1969年，斯堪尼亚-VABIS与萨博(Saab)合并，成立了萨博-斯堪尼亚有限公司；1995年，斯堪尼亚再次成为一家独立的公司；2008年，德国大众成为斯堪尼亚的主要股东。目前斯堪尼亚汽车公司是大众集团旗下的子公司。

斯堪尼亚汽车标志也几经变化，目前的汽车标志图案(见图4-16)的中央是一头戴着王冠的狮身鹰首兽，外围图案是踏板和曲柄的形状。狮身鹰首兽形象起源于瑞典南部斯堪尼亚省的盾形徽章。狮子的身躯代表公司实力和竞争能力的强大，鹰首代表生产技术的先进性和适应市场的敏捷性，王冠代表产品质量的优越和品牌的尊贵。

图4-16　斯堪尼亚汽车标志

9) 曼恩

德国曼恩(MAN)集团是世界500强企业，是世界主要卡车、客车和柴油发动机制造商之一，总部设在德国慕尼黑。德国曼恩集团发展至今已经有超过260年的历史。1758年，圣安东尼炼铁厂在德国奥伯豪森建立，德国曼恩的根基也由此建立并快速增高。1897年，在曼恩工作的鲁道夫·狄赛尔(Rudolf Diesel)发明了世界上第一台柴油发动机。2020年3月，在品牌金融(Brand Finance)发布的"2020全球最有价值的100个汽车品牌"排行榜(Automobiles 100 2020)中，曼恩排名第41位。目前曼恩是大众汽车集团旗下的汽车品牌。

曼恩的标志(见图4-17)就是MAN这三个字母，其中，"M"表示机器(Machine)的意思，"A"表示工厂所在的城市——奥格斯堡(Augsburg)，"N"表示工厂的名称是纽伦堡，MAN的整体意思是在奥格斯堡以及纽伦堡生产的机械。作为企业标志时，MAN既代表可靠性、创新力、动力和开放，又代表能力强大、国际化以及可持续性发展。

图4-17 曼恩汽车标志

10) 布加迪

布加迪汽车公司是意大利人埃多尔·布加迪(Ettore Bugatti)于1909年在法国创建,专门生产运动跑车和高级豪华轿车。

布加迪是世界著名的豪华跑车品牌,它的每一辆车都可誉为世界名车。1990年,意大利工业家罗曼诺·阿蒂奥利买得了布加迪商标所有权,并在意大利重建布加迪汽车公司,生产了举世闻名的EB110系列超级跑车,但是由于经营不善,公司于1995年不幸破产。1998年,布加迪汽车公司被德国大众集团收购,现归属大众旗下。

布加迪标志的整体图案(见图4-18)是个椭圆形状,图案的中央是在红颜色的背景上标着"BUGATTI",是创始人埃多尔·布加迪的姓氏,上部反写的E和B组成的图案是埃多尔·布加迪英文缩写的艺术化处理,周围一圈的红色小圆点象征滚珠轴承。

图4-18 布加迪汽车标志

三、宝马集团及品牌

1. 公司简介

宝马集团中文全称为巴伐利亚发动机制造厂股份有限公司(德文:Bayerische Motoren Werke AG,即BMW),在中国内地与香港地区拥有宝马的注册商标,是一家世界知名的德国高级汽车与机车制造厂,总部与发源地位于德国巴伐利亚州的首府慕尼黑。

1913年,BMW的创始人卡尔·斐德利希·拉普(Karl Friedrich Rapp)利用慕尼黑近郊原本制造脚踏车的工厂厂房,设立了拉普发动机制造厂(Rapp-Motorenwerke),从事航空用发动机的制造。同年,古斯塔夫·奥托(Gustav Otto)也在附近创立了古斯塔夫奥托航空机械制造厂(Gustav Otto Flugmaschinenfabrik)。古斯塔夫是著名的发明奥托内燃机的尼可劳斯·奥古斯特·奥托(Nikolaus August Otto)的儿子。

古斯塔夫·奥托稍后与人合资,在1916年3月7日创立了巴伐利亚飞机制造厂(Bayerische Flugzeug Werke, BFW),并且将自己创立了三年的工厂并入这家新厂。同年,拉普也获得银行家卡米罗·卡斯提李奥尼(Camillo Castiglioni)与马克思·弗利兹(Max Friz)的资助大幅扩张规模,但却因为评估错误导致营运不善,致使拉普在1917年时黯然离开。他的合伙人找到奥地利的金融家佛朗兹-约瑟夫·帕普(Franz-Josef Popp)合作接下了发动机厂的业务,在1917年7月20日将工厂改名为巴伐利亚发动机制造股份有限公司(Bayerische Motoren Werke GmbH, BMW),由帕普担任首任的总裁。当时时值第一次世界大战期间,身为军需供应厂商的BMW特别在慕尼黑市郊的欧伯维森菲尔德(Oberwiesenfeld)军机场附近设置了大型的工厂,持续地替军方制造军机引擎直到1918年。1918年8月13日,BMW改制为股票公开上市的股份公司(BMW AG),由此确立了蒸蒸日上的公司规模。

1922年,BMW合并了BFW,成为今日我们所熟悉的宝马集团。但在追溯该公司历史时,公司的官方说法是以BFW的创建时间为准,也就是将1916年3月7日作为BMW的创建日。

宝马集团是德国最成功的汽车和摩托车制造商之一,也是德国规模最大的制造工业公司之一。宝马集团拥有BMW、MINI和Rolls-Royce三个品牌,这些品牌占据了从小型车到大型豪华轿车各个细分市场的高端,使宝马集团成为世界上唯一的一家专注于高档汽车领域的汽车和摩托车制造商。作为一家跨国公司,宝马集团在全球13个国家拥有24个生产基地,并在140多个国家拥有销售网络。

2. 汽车品牌及标志

1) 宝马

宝马汽车标志的演变过程如图4-19所示。

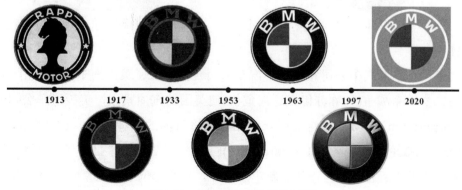

图4-19 宝马汽车标志演变过程

目前人们熟悉的宝马汽车标志最早出现在1917年10月，它在原来的拉普发动机制造厂(Rapp-Motorenwerke)使用的徽标的基础上，保留了圆形形状，除了两个外环边线替换成金色的以外，还用金色的字母BMW替换了原来的字母RAPP，并取消了字母MOTOR；徽标内圈蓝白相间的图案表示公司的所在地(蓝白相间的图案是巴伐利亚州旗的主要元素)。1929年，在一幅宝马的广告宣传画中，通过旋转的飞机螺旋桨展示出宝马的徽标，第一次把宝马标志与飞机螺旋桨联系在一起；1933年起，宝马对标志进行了小幅修改。修改后的新标志相比1917年版，加粗了双圆金色边框与字体，使其看起来更加沉稳、高贵；1942年，宝马的出版物《飞机发动机新闻》中的一篇文章里，渲染了宝马徽章是旋转螺旋桨的这种说法。从此，蓝白相间的宝马标志被赋予了新的含义，即代表公司的前身是飞机发动机制造厂。

1953年，宝马又一次对其车标进行了修改，设计上完全弃用了金色的双圆边框与字母的金色配色，改用了白色的双圆边框、白色的"BMW"字母，并将中间的图案也变成浅蓝色，看起来更加年轻化。1963年，宝马第三次修改车标，改动幅度依旧非常小，将老车标中的浅蓝色扇形部分重新改回天蓝色，过时的字体也替换掉了。修改后的新车标更加动感，不仅年轻化，又多了些许科技感。宝马第四次修改车标是在1997年，这次修改幅度同样不大，仅是在旧版车标的基础上加入了三维立体效果(见图4-20)，不仅保留了之前老车标的所有特点，而且更加醒目、动感，更加现代化。2020年，宝马又推出了扁平化加透明设计的新宝马标志(见图4-21)，保留了经典的圆形结构，将已经使用了超过100年的黑色外环变为透明，同时车标整体采用扁平化的设计，整体看来更加简洁。

图4-20　立体化的宝马汽车标志

图4-21　扁平化的宝马汽车标志

2) MINI

1952年，莫里斯汽车公司和奥斯丁汽车公司合并组成了英国汽车公司。由于1956年爆发的第二次中东战争(又称苏伊士运河危机)使英国的汽油紧张，英国汽车公司(British Motor Corporation，BMC)决定生产一种比较经济省油的小型汽车。1957年3月，当时的BMC公司总裁伦纳德·洛德(Leonard Lord)吩咐汽车设计主管亚历克·伊兹高尼(Alec Issigonis)停止手头所有的工程，开始新车的设计。新车定位于普通家庭，售价低于500英镑，当时折合成美金约790元。亚历克的设计出发点非常明确：用尺寸最小的汽车轻松搭载4个成人和一些行李物品。1959年的8月26日，第一辆Mini在BMC问世。这辆小型汽车巧妙地将变速箱与发动机的相对位置安排妥当，合理地利用空间，减少了车体尺寸；同时采用小得不能再小的10英寸的车轮以及带橡胶材质的独立悬挂系统，减少了部件的体积；排量为850毫升，最大功率为25千瓦，长3米、宽1.41米、高1.35米的超级紧凑造型在车坛立即引起轰动。

英国的约翰·库珀(John Cooper)则是其中一个对Mini十分感兴趣的人。约翰·库珀从1946年开始经营自己的汽车专业改装公司，它打造的赛车曾于1959年和1960年两次获得F1世界冠军。约翰·库珀是亚历克·伊兹高尼的好朋友，他建议亚历克建造更高性能的Mini，那样会令Mini在市场更具竞争力。BMC采纳了约翰·库珀这位赛车改装专家的意见，并和他一起研究升级Mini的方案。在经过一系列的改装和测试后，1961年10月，世界上第一辆Mini Cooper面世，当时以奥斯汀(Austin)和莫里斯(Morris)两个名字上市的Mini Cooper采用997毫升排量的发动机，引擎曲轴和引擎盖都经过特别改装，输出功率达到40千瓦。BMC还特地组建了车队参加世界汽车比赛，后来几次对Mini Cooper进行升级，并多次在汽车比赛中获得冠军。

1980年，BMC改名为奥斯汀·莫里斯集团(Austin Morris Group)，Mini的名字也改成了Austin Mini。1988年，罗孚(Rover)集团入主奥斯汀·莫里斯集团，Austin Mini改名为Rover Mini。1994年，宝马汽车公司收购了罗孚公司。2001年，经过宝马重新设计的全新Mini问世了，并把名字改成字母大写的MINI。

2001年，宝马公司以Rover Mini Classic Edition末代版当时的车标为雏形，设计出人们所熟悉的MINI立体化汽车标志(见图4-22)。2018年至今，MINI开始使用扁平化的汽车标志(见图4-23)。

图4-22　立体化的MINI汽车标志

图4-23　扁平化的MINI汽车标志

3) 劳斯莱斯

1906年，劳斯莱斯汽车公司由查理·劳斯(Charles Rolls)和亨利·莱斯(Henry Royce)在英国创立。1907年，第一辆劳斯莱斯牌汽车——银魂(Silver Ghost)首次露面于巴黎汽车博览会，其金色钟顶形散热器非常引人注目，直到今天这一造型依然是劳斯莱斯不可替代的设计元素。除了独特的外观，Silver Ghost还拥有领先于时代的技术：强制润滑，7升6缸发动机输出功率可达35千瓦，最高车速达110千米/时，这在当时绝对是一项世界纪录。

劳斯莱斯与众不同之处就在于它大量使用了手工劳作,在人工费相当高昂的英国,这必然会导致生产成本的居高不下,这也是劳斯莱斯价格惊人的原因之一。直到今天,劳斯莱斯的发动机还完全是手工制造。

现在,劳斯莱斯汽车的年产量只有几千辆,品牌的成功得益于它一直秉承了英国传统的造车艺术:精练、恒久、巨细无遗。

1998年,德国宝马汽车集团以10亿马克(约合5.71亿美元)的价格,收购了劳斯莱斯汽车制造公司,使这个世界上最顶级的豪华汽车品牌归于宝马旗下。

劳斯莱斯的汽车标志包括两个部分:双"R"图案的平面标志(见图4-24)和"飞天女神"(也叫欢庆女神)的立体雕塑标志(见图4-25)。

图4-24　劳斯莱斯汽车平面标志

图4-25　劳斯莱斯汽车雕塑标志

在平面标志的图案中,两个字母"R"分别取自查理·劳斯(Charles Rolls)和亨利·莱斯(Henry Royce)姓氏的第一个字母"R",两个"R"重叠在一起,象征着你中有我,我中有你,体现了两人融洽及和谐的关系。

立体雕塑标志"飞天女神"标志则是源于一个浪漫的爱情故事。英国保守党议员约翰·蒙塔古(John Montagu)是当时名噪一时的人物。蒙塔古拥有英国贵族的身份,富有的他对爱情有着与生俱来的文艺般的执著和浪漫情怀。蒙塔古疯狂地爱着他的女秘书艾琳娜·桑顿(Eleanor Thornton),在购买一辆劳斯莱斯后,他要求查理·劳斯为他的爱车制作一个明显的标志,其制作费用由自己承担。蒙塔古又找到了英国画家兼雕刻家查理·赛克斯(Charles Sykes),希望将桑顿的形象设计成车标。蒙塔古将自己城堡中120间房子的两个改造为一个雕刻工作室,漂亮的桑顿作为模特供查理·赛克斯观察雕刻。蒙塔古要求每一个雕塑上面都要使用几块实心的纯银,经过几星期的工作,6个小雕塑被制作出来。但是,这些雕像仍然不能让蒙塔古满意,他需要的东西是能充分展示桑顿独特、超然的美。当时巴黎的编舞家、舞蹈家珞伊·弗勒正在舞蹈界掀起一场革命,蒙塔古带着桑顿来到巴黎的歌剧院观看她的演出。灯光中,一系列完美的舞姿展现出来的正是蒙塔古心中想要的形象:披着紧身长纱的女人,若隐若现的绝妙身姿在长纱的包裹下显得更加唯美。几经修改,最后飞天女神的形象终于成型:弯曲着双腿,头向着前方伸去——似乎在凝视前方的路面,细纱长裙随风而飘又紧紧地裹住曼妙的身躯。1911年,它正式成为劳斯莱斯车的车标。

四、标致–雪铁龙集团及品牌

1. 公司简介

1976年,标致-雪铁龙(PSA)集团由法国的两家汽车公司——标致股份有限公司和雪铁龙汽车公司合并而建立。该集团旗下拥有标致、雪铁龙、DS、欧宝、沃克斯豪尔等五个汽车品牌。2021年1月16日,标致-雪铁龙集团与菲亚特克莱斯勒汽车公司(FCA)合并成立了一家全新的集团:Stellantis。

2. 汽车品牌及标志

1) 标致

标致汽车公司是法国最大的汽车公司,是阿尔芒·标致于1890年创立的。标致汽车公司的总部在法国巴黎,汽车厂多数在弗南修·昆蒂省,雇员总数为11万人左右,年产汽车220万辆。

"狮子"一直是标致汽车的标志,最早被应用在公司的产品——钢锯上。1848年,阿尔芒·标致家族在法国巴黎创建了一家主要生产钢锯、弹簧和齿轮等产品的工厂。儒勒·标致和艾弥尔·标致兄弟俩委托当地最好的铸铁匠设计一个标志,使之成为自己工厂生产的钢锯的品牌。他们要设计一个狮形,因为在他们的理念中,这代表了标致刀片的质量:锯齿的坚固像狮子牙齿,刀片的灵活性像狮子的脊柱,刀片的速度像狮子腾跃一般。在众多设计方案中,两兄弟选择了行走在箭上的狮子侧影这个图案,并于1850年将这个标志应用于标致牌锯条产品上。此车标在1858年正式注册。

"狮子"这个标志也经历了多次变化,图案虽然简化了,但文化内涵更加丰富,即最初象征刀锋质量,现在象征无限追求高质量的企业和汽车产品。标志汽车标志的演变如图4-26所示。

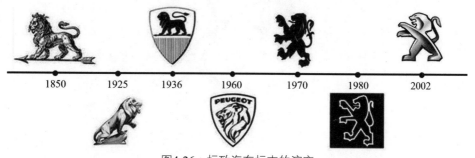

图4-26 标致汽车标志的演变

2) 雪铁龙

雪铁龙汽车公司是法国第三大汽车制造公司,是由安德烈·雪铁龙于1919年创立的。1976年,雪铁龙汽车公司被标致集团收购,成为雪铁龙和标致合并组建的PSA集团的一员。

雪铁龙汽车标志是个双"人"字形的图案,是一种"人"字形齿轮的艺术化处理。1900年,年仅22岁的安德烈·雪铁龙在波兰旅行时偶然发现了一种"人"字形齿轮切割方法,并立即购买了这项专利,随后于1904年在法国创办了生产这种齿轮的公司,双"人"字形的图案就成了雪铁龙公司的主打产品——"人"字形齿轮的商标,之后又成为雪铁龙汽车的标志。从此,这种"人"字形条纹齿轮图案便成为雪铁龙汽车公司的象征,也是一直延续至今的雪铁龙汽车标志(见图4-27)。

图4-27　雪铁龙汽车标志

3) DS

DS是法国汽车工业顶级设计豪华品牌,DS的法文全称为Déesse,在法语中是"女神"的意思。在1955年巴黎车展上,雪铁龙汽车公司首次推出DS品牌,以设计和技术上的创新引起了轰动,并引发了汽车业的革命,在汽车发展史上有着非常重要的地位。DS极受法国政要的欢迎,被誉为"总统座驾"。1999年,在美国内华达州拉斯维加斯举行的"世纪之车"颁奖典礼上,DS荣获"世纪之车"第三名。

DS汽车标志(见图4-28)是字母"DS"的艺术化变形,象征DS汽车像女神一样尊贵、美丽。

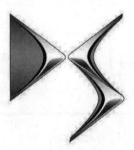

图4-28　DS汽车标志

4) 欧宝

欧宝(OPEL)公司起源于1863年德国人亚当·欧宝以自己姓氏命名的缝纫机公司。1899年,日益壮大的欧宝公司开始生产汽车;到了1914年,欧宝公司已成为德国最大的汽车制造商。1924年,欧宝公司引入流水线生产方式,生产出德国第一批大规模制造的汽车。1931年,美国通用汽车公司买下了欧宝公司所有的股票,欧宝公司成为通用公司在欧洲的第一个子公司。1932年,欧宝公司成为欧洲最大的汽车制造商。2017年,通用公司把欧宝公司转让给标致-雪铁龙集团,欧宝成为标致-雪铁龙集团旗下的汽车品牌。

欧宝的汽车标志(见图4-29)由"闪电"图案和标有OPEL的圆环组成,代表公司的技术进步和发展,又像闪电一样划破长空,震撼世界,喻示汽车风驰电掣般的速度,同时也炫耀它在空气动力学方面的研究成就。

图4-29　欧宝汽车标志

5) 沃克斯豪尔

沃克斯豪尔(Vauxhall)汽车公司的前身是1857年苏格兰工程师亚历山大·威尔逊在英国沃克斯豪尔地区建立的一家生产蒸汽机的工厂。该公司最初的业务是制造船用发动机和铸件,1903年开始制造汽车,1907年开始使用沃克斯豪尔汽车公司的工厂名称。1925年,沃克斯豪尔汽车公司被美国通用汽车公司购买,成为通用在英国的子公司。2017年,沃克斯豪尔汽车公司被通用公司转让给标致-雪铁龙集团,成为标致-雪铁龙集团旗下的汽车品牌。

沃克斯豪尔从1857年开始,其品牌标志就用了"狮鹫兽"图案。只不过当时的图形没有外边框的约束,而且图形比较完整生动。经过多次变化后,目前沃克斯豪尔汽车使用的是2019年推出的经过扁平化设计的新标志(见图4-30)。

图4-30　沃克斯豪尔汽车标志

五、菲亚特集团及品牌

1. 公司简介

菲亚特集团是意大利著名的汽车制造公司，也是世界十大汽车公司之一，始建于1899年，总部位于意大利工业中心——皮埃蒙特大区首府都灵。菲亚特作为超过百年历史的经典品牌一直被视为完美汽车的缔造者，公司旗下的品牌包括菲亚特、蓝旗亚、法拉利、玛莎拉蒂、阿尔法·罗密欧、克莱斯勒、Jeep、道奇等。

菲亚特集团不仅是世界知名的十大汽车制造商之一，也是世界上最主要的工业集团，除主营汽车外，还经营商用车辆、农用机械和建筑机械、冶金、零部件、生产系统、航空、出版、通信、保险和相关服务，共涉及十大领域。菲亚特集团在全球64个国家拥有1063家公司，22万名员工，其中一半的员工分布在意大利以外的国家。菲亚特集团拥有242家生产厂(其中167家在国外)和131家研究开发中心(其中61家在国外)，约39%的产值在国外实现，境外营业额占全部营业额的67%。

2. 汽车品牌及标志

1) 菲亚特

菲亚特是世界上第一个微型汽车生产厂家，其前身是意大利都灵汽车制造厂(Fabbrica Italiana Automobili Torino)，由乔瓦尼·阿涅利和其余29位股东创立于1899年。1900年，菲亚特的第一家工厂正式落成，年产能达到24台。1903年，菲亚特在证券交易所上市，并开始生产第一款货车。1908年，菲亚特开始制造航空发动机。1912年到1914年，菲亚特车型赢得了一系列国际汽车赛事的桂冠，并诞生了菲亚特的首款小排量量产车Zero。1969年，菲亚特集团收购了蓝旗亚(Lancia)，以及法拉利50%的股份。1984年，阿尔法·罗密欧成为菲亚特集团的一员。1993年，菲亚特集团收购了知名汽车品牌玛莎拉蒂。2009年，菲亚特集团和克莱斯勒集团结成全球战略联盟。2014年，菲亚特股份公司完成对克莱斯勒集团所有股份的收购，美国的克莱斯勒公司成为菲亚特旗下的全资子公司。

菲亚特汽车标志中的"FIAT"字母，是公司名称Fabbrica Italiana Automobili Torino的缩写，而"fiat"在英语中有"法令""许可""批准"等意思。菲亚特的标志一直以"FIAT"作为主要元素，不同时期只是对图案形状和色彩作一定的更改。目前的标志是红底白字，内为圆角方形、外为圆形的图案(见图4-31)。

图4-31 菲亚特汽车标志

2) 蓝旗亚

蓝旗亚(LANCIA)公司是专门生产高档轿车、跑车的一家意大利汽车公司,创始人是文森佐·蓝旗亚(Vinzo Lancia),公司总部在都灵。文森佐·蓝旗亚早年受雇于都灵的切拉诺汽车厂,后来切拉诺汽车厂被菲亚特公司接管,文森佐·蓝旗亚也随之转入菲亚特公司。1906年,蓝旗亚离开菲亚特公司,在都灵开设了自己的汽车工厂,命名为蓝旗亚公司。1969年,蓝旗亚公司被菲亚特公司收购,蓝旗亚成为菲亚特集团旗下的汽车品牌。

早期的蓝旗亚车标是在旗子的后面加上车轮形状的图案(见图4-32),20世纪50年代才把图案置于盾形框架之中(见图4-33)。蓝旗亚汽车标志以长矛画面为主题,代表了企业不畏艰难的拼搏精神,加上旗帜上的"LANCIA",简洁地体现了"蓝旗亚"的全部意义,表现出蓝旗亚公司争强好胜、勇于拼搏与创业的精神。蓝旗亚汽车标志具有双重意义:一是取自公司创始人之一文森佐·蓝旗亚的姓氏;二是"LANCIA"在意大利语中解释为"长矛",骑着高头大马,手持挂旗子的长矛者,便是中世纪意大利骑士的主要特征。2007年至今,蓝旗亚车标(见图4-34)得到简化,更加与时俱进。

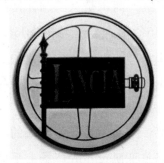  

图4-32 早期的蓝旗亚车标　　图4-33 20世纪50年代的蓝旗亚车标　　图4-34 蓝旗亚汽车标志

3) 法拉利

法拉利(Ferrari)汽车公司是由恩佐·法拉利(Enzo Ferrari)于1947年创办的,总部位于意大利马拉内罗,是世界第二大传统的专做跑车的厂家,仅次于保时捷的地位,主要制造一级方程式赛车、赛车及高性能跑车。法拉利以长期参与赛车闻名,旗下的法拉利车队更是最成功的车队之一。法拉利的公路车款被视为速度、奢华、性感和财富的象征。1969年,恩佐·法拉利把法拉利汽车公司的50%的股份出售给了菲亚特集团,1988年出售比例达到90%,自此,法拉利这个驰名汽车赛车场的品牌成为菲亚特集团旗下的一员。

法拉利汽车的"跃马"标志第一次使用是恩佐·法拉利在1948年夺得汽车比赛冠军并一举成名的时候。法拉利汽车标志图案整体是一个方形,上方横置着意大利国旗,象征着"天";中间是在黄颜色的背景下跃起的骏马,黄颜色是恩佐·法拉利故乡蒙达那市的代表颜色;下方是艺术化处理的"Ferrari",象征着"地",法拉利汽车标志展现了法拉利汽车"天地之间,任我驰骋"的豪情壮志,如图4-35(a)所示。而在法拉利民用汽车上使用的汽车标志是盾牌形状,下方的字母"SF"是法拉利车队的标志,如图4-35(b)所示。

(a) 通用型　　　　　　　　(b) 民用型

图4-35　法拉利汽车标志

4) 玛莎拉蒂

玛莎拉蒂(Maserati)汽车公司是意大利著名的赛车与跑车生产商,是意大利瓦格纳(Voghera)的一个火车司机罗德夫·玛莎拉蒂(RodolfoMaserati)的6个儿子——卡罗(Carlo)、宾多(Bindo)、阿尔菲力(Alfieri)、埃多勒(Ettore)、欧内斯特(Ernesto)和马里奥(Mario)于1914年在博洛尼亚共同创立的,公司总部目前位于摩德纳(Modena)。1968年,玛莎拉蒂与法国雪铁龙及意大利菲亚特结成联盟;1993年,玛莎拉蒂被菲亚特集团收购。

玛莎拉蒂汽车的标志(见图4-36)呈竖椭圆形,内部一柄红色三叉戟从象征爱琴海的半圆形蓝色海面上升起。这个标志取材于矗立在公司发源地博洛尼亚Maggiore广场上手持三叉戟的海神波塞冬雕像。红蓝配色,也源于博洛尼亚市市旗的颜色。玛莎拉蒂的车标设计汲取了三叉戟的灵感,寓意玛莎拉蒂就像海神般拥有不屈不挠的毅力和翻江倒海的力量。

图4-36 玛莎拉蒂汽车标志

5) 阿尔法•罗密欧

阿尔法•罗密欧(Alfa Romeo)汽车公司是意大利著名的轿车和跑车制造商，创建于1910年，总部设在米兰。公司原名为"ALFA"，是Anonima Lombarda Fabbrica Automobili(伦巴第汽车制造厂)的缩写，其前身可追溯至1907年由亚历山德罗•达拉克(Alessandro Darracq)在米兰创建的一个汽车公司。1916年，出身那不勒斯的实业家尼古拉•罗密欧(Nicola Romeo)入主该汽车工厂，并将自己的家族姓氏融入工厂名称，从而成为今日的阿尔法•罗密欧。1998年，阿尔法•罗密欧公司被菲亚特集团收购。

阿尔法•罗密欧汽车标志是结合两种米兰市的徽标而创造的：红色的十字是米兰城盾形徽章的一部分，用来纪念古代东征的十字军骑士；吃人的龙形蛇图案则来自当地一个古老贵族家族(Visconti家族)的家族徽章，象征着中世纪米兰领主维斯康泰公爵的祖先击退使城市人民遭受苦难的"龙蛇"的传说。两个代表米兰传统并且在意义上没有多少关联的图案组合在一起，并在外围的圆环之上标注着ALFA ROMEO，构成了阿尔法•罗密欧这个著名的汽车标志(见图4-37)。

图4-37 阿尔法•罗密欧汽车标志

六、雷诺汽车公司及品牌

1．公司简介

雷诺汽车公司(Renault S.A.)是法国的一家从事汽车制造与销售的公司，总部在法国，为欧洲第三大汽车集团。

1898年，路易•雷诺(Louis Renault)、马塞尔•雷诺(Maassel Renault)和费尔南德•雷诺(Fernand Renault)三兄弟在法国的布洛涅共同创立了雷诺兄弟公司(Société Renault Frères)。

1899年，雷诺兄弟公司生产出以家族姓氏命名的采用传动轴驱动后轮的轻型四轮汽车。

1906年，雷诺车队参加了在勒芒举行的第一届法国大奖赛，并且最终力压菲亚特夺得比赛冠军。

1914年，第一次世界大战爆发，雷诺公司生产了1200辆出租车运送6500名战士到马尔纳前线。此外，雷诺公司生产的FT17坦克也为第一次世界大战中打败德国做出了贡献。

1945年，雷诺公司转变为法国的国有企业。

1996年，雷诺公司转为民营化。

2018年5月，雷诺和宝马、通用、福特联合组建了一个名叫MOBI移动开放区块链计划的联盟。

在2021年《财富》世界500强排行榜中，雷诺汽车公司位列第219名。

2022年2月，雷诺汽车公司入选福布斯"2022年全球区块链50强"。

2．汽车品牌与标志

雷诺汽车以家族姓氏作为汽车品牌的名称。雷诺汽车标志最早出现在1900年，随着公司的发展，汽车标志先后也经过了11次的变化。雷诺汽车标志主要的演变过程如图4-38所示。目前使用的汽车标志是4个菱形拼成的图案，象征雷诺三兄弟与汽车工业融为一体，表示雷诺能在无限的(四维)空间中竞争、生存、发展。

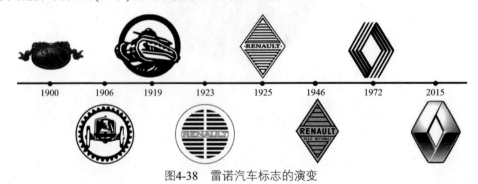

图4-38 雷诺汽车标志的演变

七、沃尔沃汽车公司及品牌

1. 公司简介

沃尔沃(Volvo)是1927年由瑞典人古斯塔夫·拉尔森(Gustaf Larson)和阿瑟·格布尔森(Assar Gabrilsson)在瑞典的哥德堡创立的汽车品牌。

古斯塔夫·拉尔森和阿瑟·格布尔森原来都任职于瑞典的一家知名的滚珠轴承制造厂(SKF),其中拉尔森是工程师,而格布列森是经济学出身的国际行销部门经理。由于两人对汽车的前瞻性与热情,1925年,两人成功说服SKF的董事会,借到了该公司位于特斯兰大(Torslanda)的厂房进行试制车的组装,并且在1926年获得授权,正式开始批量生产,1927年生产出了沃尔沃第一款产品——Volvo ÖV4型敞篷车。

1935年,沃尔沃正式脱离母公司SKF,独立为沃尔沃公司,公司股票在瑞典证券交易所上市。

1944年,沃尔沃发明安全车厢。

1959年,沃尔沃工程师尼尔斯·博林发明了汽车三点式安全带,沃尔沃公司成为全球首个把三点式安全带作为标准配置的汽车厂商。

1964年,首个后向式儿童安全座椅在沃尔沃车上接受测试。

1966年,沃尔沃144型汽车被评为"全球最安全车型"。

1972年,在斯德哥尔摩举行的联合国全球环境会议上,沃尔沃提出了汽车在社会中的关键作用并发表环保宣言,是汽车行业第一个提出环保理念的制造商。

1976,沃尔沃成为全球第一个使用催化式排气净化器和氧气传感器的汽车厂商,带有氧传感器的三元催化转换器可以将汽车有害废气的排放量降低90%。

1991年,推出当时沃尔沃公司最安全、最先进的沃尔沃850车型。

1999年, 沃尔沃汽车公司被福特汽车公司收购。

2010年,中国吉利汽车集团收购了沃尔沃汽车公司的全部股权及其相关资产(包括知识产权),使沃尔沃成为吉利汽车集团旗下的汽车品牌。

2. 汽车品牌及标志

"Volvo"作为品牌名称,最早出现在1915年SKF生产的滚珠轴承上,并在瑞典皇家专利与商标注册局注册成为商标,后来该公司生产的汽车就沿用了这个名称。Volvo在拉丁语中是"滚滚向前"的意思。我国曾使用过"富豪"的中文名称,如今中文名称统一为"沃尔沃"。

Volvo汽车标志由三部分图形组成。第一部分的圆圈代表古罗马战神玛尔斯,同时也是瑞典钢铁工业的象征。第二部分是在散热器上设置的从左上方向右下方倾斜的一条对角线彩带。这条彩带的设置原本出于技术上的考虑,将玛尔斯符号固定在汽车散热格栅上,后来就逐步演变成为一个装饰性符号,成为Volvo轿车最为明显的标志。第三部分采用古埃及字体书写的VOLVO字样,代表生产汽车的厂家是沃尔沃汽车公司。

2021年,沃尔沃改变了原来立体化设计的汽车标志(见图4-39),推出了扁平化设计的新标志(见图4-40)。

图4-39　立体化的沃尔沃汽车标志

图4-40　扁平化的沃尔沃汽车标志

八、罗孚汽车公司及品牌

1. 公司简介

罗孚(Rover)汽车公司诞生于1887年的英国中部城市考文垂(Coventry),最初它只是一家自行车制造厂。莫里斯·维尔克斯(Maurice Wilks)是罗孚公司的技术总监,早在20世纪二三十年代,他就带领公司员工以一辆老式Jeep为范本,研制英国人自己的四驱车。1948年,他设计出一辆集轻型拖拉机和越野车功能于一身的多功能汽车,用路虎"LAND ROVER"作为汽车的品牌名称。到了20世纪50年代中期,"路虎"已成为耐用性和出色越野性能汽车的代名词。

2000年,福特汽车公司收购了罗孚汽车公司,购买了路虎品牌旗下所有四轮驱动系列产品。

2008年,路虎汽车品牌被印度塔塔集团收购。

罗孚(Rover)是北欧的一个民族,由于罗孚民族是一个勇敢善战的海盗民族,所以罗孚公司采用了一艘海盗船作为公司的标志(见图4-41),张开的红帆象征着公司乘风破浪、所向披靡的大无畏精神。

图4-41　罗孚公司标志

2．汽车品牌及标志

1) 路虎

路虎的车型主要有LAND ROVER(卫士)、RANGE ROVER(揽胜)、DISCOVERY(发现)和FREELANDER (神行者)等，统一用"LAND ROVER"与椭圆形组成的简洁图案作为标志(见图4-42)，代表路虎汽车的文化理念是纯正、胆识、探险和超凡。

图4-42　路虎汽车标志

2) 名爵

威廉•莫里斯(William Morris)是英国伍斯特的一名自行车修理工，1910年建立了莫里斯车库(MorrisGarages，MG)。十年后，他从汽车经销改为制造和研发。1922年，第一辆名爵(MG)汽车被制造出来。

1968年，名爵加入利兰汽车公司，但不久之后利兰公司倒闭，名爵也陷入停产。直到1982年利兰公司复活，名爵汽车才重新投产。

2000年，名爵与同为英国汽车品牌的罗孚合并成MG罗孚汽车公司。

2005年，中国的南京汽车集团有限公司成功收购了英国MG罗孚汽车公司及其发动机生产分部，开创了中国企业收购国外著名汽车企业的先河，收购合并之后的公司改名南京名爵汽车有限公司。随后由于南京名爵汽车有限公司被上汽集团收购，MG也归入上汽集团，上汽集团对名爵有绝对的控制权。名爵在英国的工厂已经于2016年正式停产，目前全球范围内只有中国是名爵汽车的唯一生产地。

1923年，名爵汽车用象征热情和忠诚的八角形中标有MG字母的图案作为汽车标志(见图4-43)，同时也标明了生产汽车的公司名称。

图4-43　名爵汽车标志

九、捷豹汽车公司及品牌

1．公司简介

捷豹(Jaguar，也称美洲虎、美洲豹)汽车公司是英国的一家销售豪华轿车、跑车和轿跑SUV的汽车企业，创立人是威廉·里昂斯(William Lyons)。

1922年，酷爱摩托车的威廉·里昂斯与同样酷爱摩托车的威廉·威斯利(William Walmsley)共同投资建立了名叫燕子(Swallow Sidecar)的摩托车公司(简称为SS公司)，该公司生产的Swallow摩托车后来成为摩托车史上的一大经典款型。

1927年，里昂斯运用奥斯汀7型汽车的引擎和地盘，设计出独具匠心的双座小型车。

1935年，第一款捷豹车型SS100诞生，公司名称同时改为捷豹汽车公司。

1960年，捷豹汽车公司被德国的戴姆勒汽车公司收购。

1968年，捷豹汽车公司与英国汽车公司(BMC)合并。

1989年，捷豹汽车公司被美国福特汽车公司购买。

2008年，捷豹汽车品牌被印度塔塔集团收购。

2．汽车品牌及标志

捷豹汽车的标志是一只正在跳跃前扑的美洲虎雕塑，矫健勇猛，形神兼备，具有时代感与视觉冲击力，它既代表了公司的名称，又表现出向前奔驰的力量与速度，象征该车如美洲虎一样驰骋于世界各地。

根据国际上汽车标准，汽车车身前面禁止使用凸出标志，捷豹汽车的美洲虎雕塑标志只能用于车尾，而在车身前面使用的是由"JAGUAR"字母和吼叫的美洲虎的头像构成的平面标志，如图4-44所示。

(a) 车前　　　　　　　　　　(b) 车尾

图4-44　捷豹汽车标志

十、阿斯顿·马丁公司及品牌

1. 公司简介

阿斯顿·马丁(Aston Martin)公司是英国上市的超豪华汽车的制造商，公司总部设在英国盖顿。阿斯顿·马丁公司是由创始人莱昂内尔·马丁和罗伯特·班福特(Robert Banford)于1913年创建的，最初的公司名称是班福特和马丁有限公司(Bamford & Martin Ltd)。

1914年，公司生产出第一辆阿斯顿·马丁汽车。

1921年，公司生产出第一辆阿斯顿·马丁赛车。

1923年，莱昂内尔·马丁驾驶自己制造的赛车在阿斯顿·克林顿山举行的山地汽车赛中获胜。为了纪念胜利，公司名称改为阿斯顿·马丁。

1994年，阿斯顿·马丁公司成为福特汽车公司的全资子公司。

2013年，阿斯顿·马丁公司与戴姆勒汽车公司达成技术合作关系，共同开发新车，并且由后者收购部分股权。

2016年，阿斯顿·马丁公司与全球领先的互联网技术公司乐视公司合作，成立电动汽车合作合资公司，利用各自优势展开长期的、全方位的深度合作，开始研发并生产一系列具备行业领先优势的互联网智能电动汽车。

2020年3月，在品牌金融(Brand Finance)发布的"2020全球最有价值的100个汽车品牌"排行榜中，阿斯顿·马丁排名第50。

2. 汽车品牌及标志

阿斯顿·马丁汽车标志(见图4-45)为一只展翅飞翔的大鹏，喻示该公司像大鹏鸟一样，具有远大的志向，其产品具有从天而降的冲刺速度。这个汽车标志是2003年为了纪念公司成立90周年和英国戈顿新工厂成立而开始使用的,也是阿斯顿·马丁使用的第10款汽车标志。

图4-45　阿斯顿·马丁汽车标志

第二节　美国汽车企业与品牌

一、通用汽车集团及品牌

1. 公司简介

通用汽车公司(general motors corporation,GM)是一家美国的汽车制造公司,是由威廉·杜兰特(William Durant)于1908年创立的,总部位于美国底特律。

通用汽车公司的前身是1903年由大卫·别克(David Buick)创办的别克汽车公司。1908年,美国最大的马车制造商威廉·杜兰特买下了别克汽车公司,以别克汽车公司和奥兹汽车公司为基础成立了通用汽车公司。

1909年,通用汽车公司合并了奥克兰汽车公司和凯迪拉克汽车公司。

1925年,通用汽车公司收购了英国的沃克斯豪尔汽车公司。

1931年,通用汽车公司收购了德国的欧宝汽车公司。同年,通用汽车公司在澳大利亚的分部——澳大利亚通用汽车公司(GMA)与澳大利亚霍顿汽车车身制造厂(holden's motor body builders,HMBB)共同组建了通用-霍顿公司。

1999年,通用汽车公司从美国AMG公司购买了悍马汽车品牌的商标权和生产权。

2017年,通用汽车公司将沃克斯豪尔汽车公司和欧宝汽车公司同时出售给了标致-雪铁龙集团。

通用汽车公司是美国最早实行股份制和专家集团管理的特大型企业之一。通用汽车公司在全球几十个国家和地区都建立了汽车制造业务，下属分部20多个，拥有员工20多万名，分布在六大洲158个工作地点，其产品遍布于全球120多个国家和地区。从1927年至今，公司年汽车销售量基本都位居全世界各家汽车公司的榜首(2008—2010年，曾经被丰田汽车公司超过而排名第二)。

在2022年5月发布的"2022福布斯全球企业2000强"排行榜中，通用汽车公司排名第69。

通用汽车公司生产的汽车，是美国汽车豪华、宽大、内部舒适、速度快、储备功率大等特点的经典代表。通用汽车公司尤其重视质量和新技术的采用，其产品始终在用户心中享有盛誉。通用汽车集团旗下有别克、雪佛兰、凯迪拉克、霍顿、GMC、奥兹莫比尔和悍马等汽车品牌。

2．汽车品牌及标志

1) 别克

1903年，苏格兰人大卫·别克(David Buick)和工程师沃特·玛尔(Walter Marr)离开了他们从事的船机及农机修理行业，创立了别克(BUICK)汽车公司，开始着手制造第一辆试验汽车。一年后，别克汽车公司出产了首批37辆汽车并上市销售。1908年，威廉·杜兰特收购别克公司，并建立了通用汽车公司。从此，别克汽车成为通用公司旗下的汽车品牌。

别克汽车标志最早使用在1937年生产的别克新款车型上。别克汽车标志的图案源自别克家族的徽章，由红、白(或浅灰)、蓝色的三个盾牌在一个圆圈中自左下至右上依次叠加排列构成，每块盾牌中央被左上至右下的直线一分为二，如图4-46所示。别克汽车标志中的三个盾牌，标志着别克汽车的质量像三个盾牌一样坚固，还代表别克汽车公司不断攀登、积极进取的志向。

图4-46　别克汽车标志

2) 雪佛兰

1908年，通用汽车创始人威廉·杜兰特(William Durant)在一次环球旅行途中，在一家法国旅馆的墙纸上发现了一个有趣的图案，他认为这个图案可以作为汽车的标志。后来，这个金色领结图案就演变成了雪佛兰汽车标志(见图4-47)，象征雪佛兰汽车的大方、气派和风度。

图4-47　雪佛兰汽车标志

1909年，威廉·杜兰特邀请当时著名的瑞士赛车手兼工程师路易斯·雪佛兰(Louis Chevrolet)帮助他设计一款面向大众的汽车。

1911年，威廉·杜兰特和路易斯·雪佛兰成立了雪佛兰汽车公司。

1912年，第一辆雪佛兰汽车诞生，使用了金色领结的标志。

1918年，雪佛兰汽车公司并入通用汽车公司。

3) 凯迪拉克

凯迪拉克(Cadillac)是美国通用汽车集团旗下一款豪华汽车品牌，是由亨利·利兰(Henry Leland)于1902年在美国汽车城底特律创立的。选用"凯迪拉克"作为汽车品牌的名称，是为了向开拓美国新大陆的法国贵族兼探险家、底特律的奠基人安东尼·凯迪拉克(Antoine Cadillac)致敬。

1908年，凯迪拉克汽车公司由于成功实现标准化生产，成为第一个赢得英国著名Dewar奖的美国汽车制造商，并有了"世界标准"的美誉。

1909年，凯迪拉克汽车公司并入通用汽车公司。

自从1906年注册了第一个汽车商标以来，凯迪拉克的汽车标志先后进行过三十多次的更改，但仍然保留着最初源自凯迪拉克家族徽章的基本元素。凯迪拉克汽车标志的部分演变过程如图4-48所示。目前的凯迪拉克汽车标志(见图4-49)的轮廓像一个盾牌，代表凯迪拉克汽车质量的坚不可破；内部镶嵌着错落有致的彩色条块，金黄与黑色相间的条块，象征智慧与财富；红色条块象征行动果敢；银白色条块代表纯洁、仁慈、美德与富足；黄色条块代表骑士般侠义的精神。

图4-48 凯迪拉克汽车标志的部分演变过程

图4-49 凯迪拉克汽车标志

4) 霍顿

1856年，詹姆斯·亚历山大·霍顿(James Alexander Holden)在澳大利亚南澳首府的阿德莱德市成立一家主要经营马具产品的公司。1918年，霍顿和弗罗斯特(Frost)建立了霍顿汽车车身制造厂(holden's motor body builders，HMBB)，这就是霍顿汽车公司的前身。

1928年，霍顿公司开始使用"狮子滚石头"的图案作为产品标志。

1931年，澳大利亚通用汽车公司(general motor Australia，GMA)和霍顿汽车车身制造厂(HMBB)共同组建了通用-霍顿公司。

1994年，公司不再使用"通用-霍顿"的名称，而仅仅采用"霍顿"作为公司名称。

霍顿是通用汽车发动机和变速箱的全球供应商，其品质超群的发动机系统曾配备在多款通用家族的高贵名车上，并出口四大洲。

霍顿汽车的标志(见图4-50)是一只狮子滚球的红色圆形浮雕，其设计灵感来自一则古老传说：埃及狮子滚石头的情景启迪人类发明了车轮。今天的霍顿汽车不仅是澳大利亚汽车界的翘楚，还以锻造强劲发动机而闻名于世，那只红色雄狮也就更具象征意义。

图4-50 霍顿汽车标志

5) GMC

GMC(中文翻译为吉姆西)汽车品牌是由威廉·杜兰特于1908年9月在别克汽车公司的基础上发展起来的通用汽车公司旗下的商务用车品牌,以生产皮卡和商务保姆汽车为主。

GMC汽车标志(见图4-51)是红色的三个字母"GMC",取自公司名称General Motors Corporation的第一个字母。

图4-51　GMC汽车标志

6) 奥兹莫比尔

奥兹莫比尔(Oldsmobile)汽车公司是美国第一个大量生产销售汽车的企业,以生产中档汽车为主,是由美国汽车业开创者之一的兰索姆·奥兹(Ransom Olds)于1897年建立的,1908年并入通用汽车公司。

2004年4月29日,位于美国密歇根州首府兰辛的奥兹莫比尔轿车组装厂中,一辆2004款奥兹莫比尔Alero GLS轿车作为该品牌的最后一辆汽车在奥兹莫比尔总裁George Nahas及通用员工Rick Parr的驾驶下驶离了生产线,结束了奥兹莫比尔轿车的百年辉煌,标志着奥兹莫比尔退出了历史舞台。

奥兹莫比尔汽车标志(见图4-52)是箭形的艺术化处理图案,代表奥兹莫比尔汽车公司积极向上和勇往直前的创新精神。

图4-52　奥兹莫比尔汽车标志

7) 悍马

1903年,一个名叫乌特的自行车制造商成立了越野(Overland)汽车部。

1908年,约翰·威利斯(John Willys)购买了越野(Overland)汽车部,创立了威利斯-越野汽车公司(Willys-Overland Motors)。

1941年,威利斯-越野汽车公司在美国陆军军车制造合约竞标时中标,为美国军方制造Willys MB型汽车。

1953年,威利斯-越野汽车公司被凯撒(Kaiser)公司买下,改名为威利斯汽车公司(Willys Motors)。

1962年,威利斯汽车公司正式更名为凯撒吉普汽车公司(Kaiser Jeep Corporation)。

1970年，美国汽车公司(后被克莱斯勒汽车公司兼并)购买了凯撒吉普汽车公司，改名为吉普汽车公司，该公司由商务汽车部和政务汽车部等两个独立部门组成。1971年，政务汽车部成为美国汽车公司子公司——AMG汽车公司。

1981年，AMG公司在美国陆军通用型四轮轻型卡车采购中中标，样车名称为Hmmwv。

1983年，AMG公司与美国军方签订了首批供应5.5万辆生产Hmmwv汽车的合同。

1992年，AMG公司推出了Hmmwv的民用车，取名Hummer，中文翻译为"悍马"。

1999年，"悍马"汽车品牌的商标权和生产权被出售给通用汽车公司。

2010年，通用汽车公司与中国四川腾中重工收购悍马品牌的交易谈判失败。同年，通用汽车公司宣布关闭悍马汽车品牌。

2020年，通用汽车公司在美国和加拿大注册了悍马汽车的新商标，准备涉猎电动卡车领域，预示着悍马将以全新的标志重新回归。

悍马汽车原来的标志就是字体粗壮的"HUMMER"字母，象征着外观刚烈和凶悍十足的性能，以及不负"越野之王"的美称。悍马汽车的新标志继续以大写的字母"HUMMER"组成，字母所有的竖笔画拥有统一的宽度，对笔画边角进行了45°的斜切处理，设计上更加灵动，体现了电动汽车轻盈灵活的特点，如图4-53所示。

图4-53　悍马汽车新旧标志对比

二、福特汽车公司及品牌

1．公司简介

福特(Ford)汽车公司是由亨利·福特(Henry Ford)于1903年在美国底特律创立的。

1908年，福特汽车公司推出T型车，到1927年T型车停产为止，T型车共生产了1500多万辆，使福特汽车公司在此期间持续20年位居世界汽车公司首位。

1913年，福特汽车公司开发出了世界上第一条汽车生产流水线。

1922年，福特汽车公司把林肯汽车公司收归旗下。

1925年，福特日本公司成立。

1932年3月9日，福特汽车公司成为历史上第一家成功铸造出整体V8发动机缸体的公司。

1948年，福特汽车公司生产了第一部F系列皮卡，是汽车史上最成功的汽车系列。

1954年，福特汽车公司推出Thunderbird车型，是美国历史上最成功的小型运动车。

1956年，福特汽车公司第一批普通股票出售。

1959年，福特信贷(Ford Financial)成立，现已成为全球最大的专业汽车金融公司。

1967年，福特欧洲公司建立。

1970年，福特亚太汽车业务部建立。

1996年，福特汽车公司成为首家全部生产厂均取得ISO 14001世界环境标准认证的汽车公司。

在2022年5月"2022福布斯全球企业2000强"排行榜中，福特汽车公司位列第59名。

目前，福特汽车公司拥有福特、林肯和野马等汽车品牌。此外，福特公司还拥有全球最大的汽车租赁公司Hertz和客户服务品牌Quality Care。

2. 汽车品牌及标志

1) 福特

福特汽车公司在1903年建立的时候，采用的汽车标志(见图4-54)是一种形状不规则的图案：背景为黑色，外圈由藤蔓环绕，中间印有公司的名称及地点——密歇根州底特律市。

1907年，福特汽车公司的首任总工程师哈罗德·威尔斯(Harold Wells)为福特设计了极具古典韵味的"Ford"手写体图案，该字体沿用至今。由于创建人亨利·福特喜欢小动物，哈罗德·威尔斯把福特的英文"Ford"画成一只小白兔样子的图案。被艺术化了的"Ford"形似活泼可爱、充满活力、美观大方的小白兔，在温馨的大自然飞奔，象征福特汽车奔驰在世界各地。

1927年，福特公司更新了车标，首次在汽车标志上增加了椭圆形的蓝色背景。此后，带蓝色椭圆背景的手写体"Ford"标志一直是福特的象征。福特标志也经过多次变化，但都是在原来的基础上进行微调，即只是对背景的颜色与形状进行调整，中间的"Ford"字体始终未变，这个蓝底白字带有"Ford"字样的椭圆形图案，是一百多年来福特汽车的历史与传承的最好见证。目前的福特汽车标志如图4-55所示。

图4-54 最初的福特汽车标志

图4-55 目前的福特汽车标志

2) 林肯

林肯(Lincoln)汽车品牌是福特旗下的高端豪华汽车品牌,是由亨利·利兰(Henry Leland)于1917年创立的(亨利·利兰也是凯迪拉克的创始人),1922年被福特汽车公司收购。

林肯汽车是以美国第16任总统亚伯拉罕·林肯名字命名的汽车,借助林肯总统的名字来树立公司的形象,显示该公司生产的是顶级轿车。林肯汽车标志(见图4-56)是一个矩形中含有一颗呈"十"字的星星图案,表示林肯总统是美国联邦统一和废除奴隶制度的启明星,也喻示林肯汽车光辉灿烂。

图4-56 林肯汽车标志

林肯汽车具有优越的性能、高雅的造型和舒适的乘坐条件,基于其优良的品质,自1939年美国第32任总统富兰克林·罗斯福(Franklin Roosevelt)开始乘用林肯汽车以来,林肯汽车一直被美国政府选为总统专车。

3) 野马

野马(Mustang)汽车是福特汽车公司旗下的品牌车系,创建人是李·艾柯卡(Lee Iacocca)。1962年,福特汽车公司开始研发了野马的第一辆概念车——野马I型车,它是一部发动机中置的两座跑车,为了纪念在第二次世界大战中富有传奇色彩的北美P51型"野马战斗机",福特汽车公司将这辆跑车命名为野马。野马汽车的初次露面是在1962年10月,赛车手丹·格尼(Dan Gurney)驾着野马汽车参加了在纽约举办的美国汽车大奖赛。1964年,野马汽车在纽约世界博览会上正式登上历史舞台。

福特野马标志(见图4-57)采用了一匹正在奔驰的野马,表示该车的速度极快。它是美国加利福尼亚州和墨西哥出产的一种名贵的野马,以野马作为汽车标志,象征着野马汽车青春洋溢、无拘无束的风格。

图4-57 野马汽车标志

三、克莱斯勒汽车公司及品牌

1. 公司简介

克莱斯勒汽车公司是美国第三大汽车公司,是由沃尔特·克莱斯勒(Walter Chrysler)于1925年创立的。克莱斯勒汽车公司是一个跨国汽车公司,在全世界许多国家设有子公司,公司总部设在美国底特律。

沃尔特·克莱斯勒曾先后担任别克汽车公司的工厂厂长、公司总裁和通用汽车公司主管生产的执行副总裁等职务,后来离开通用汽车公司。1925年,沃尔特·克莱斯勒收购了麦克斯韦尔汽车公司,创建了克莱斯勒公司(Chrysler Corporation),组建了加拿大克莱斯勒公司(Chrysler Corporation of Canada)。

1928年,克莱斯勒公司收购了道奇兄弟公司。同年,迪索托(DeSoto)和普利茅斯(Plymouth)品牌被合并到克莱斯勒旗下。

1936年,克莱斯勒公司生产了100万辆汽车,这个成就使克莱斯勒公司在销售量上首次超过福特汽车公司而位居美国汽车销售量排行榜第二(通用汽车公司排名第一)。

1970年,克莱斯勒公司同日本三菱汽车公司合作生产科尔特(Colt)轿车。

1983年,克莱斯勒公司获得了意大利的豪华轿车制造厂家玛莎拉蒂的15.6%的股权。

1985年,克莱斯勒公司与日本三菱公司组成了一个联合投资公司——钻石星(Diamond-Star)汽车公司。

1960年,迪索托品牌汽车停产。

1987年,克莱斯勒公司收购了美国汽车公司(American Motors Corporation,AMC)并拥有了Jeep汽车品牌。

1998年,克莱斯勒公司被德国戴姆勒-奔驰公司收购,组建了戴姆勒-克莱斯勒公司。

2001年,普利茅斯品牌退出市场。

2007年,戴姆勒-克莱斯勒公司被出售。

2014年,意大利菲亚特汽车公司收购了克莱斯勒公司,克莱斯勒公司更名为FCA美国有限责任公司(FCA US LLC)。

目前,克莱斯勒旗下的汽车品牌主要有克莱斯勒、道奇和Jeep。

2. 汽车品牌及标志

1) 克莱斯勒

克莱斯勒作为汽车品牌名称,最早使用在1924年由沃尔特·克莱斯勒担任总裁的麦克斯韦尔汽车公司出产的一款新车上。

人们熟悉的五角星图案是克莱斯勒公司的标志,五角星象征着克莱斯勒的产品遍及五大洲。克莱斯勒的汽车标志经过多次演变,目前的图案(见图4-58)是2010年开始使用的。克莱斯勒汽车标志图案是在蓝色背景上标记着公司名称,两侧是一双展翅飞翔的翅膀,蓝色象征着梦想和希望,展翅飞翔的翅膀象征着克莱斯勒的欣欣向荣。

图4-58 克莱斯勒汽车标志

2) 道奇

约翰·道奇(John Dodge)和霍瑞德·道奇(Horade Dodge)兄弟二人于1914年在美国密执安州(现密歇根州)创立了道奇兄弟公司,生产了他们自己设计的第一辆汽车。

1915年,道奇兄弟公司为第一次世界大战协约国在欧洲战区提供道奇汽车和军需品。同年,道奇汽车的销售量位居美国第四位。

1919年,道奇兄弟公司已售出了40万辆汽车,雇员达1.7万名。

1920年,约翰·道奇和霍瑞德·道奇兄弟二人因患肺炎而相继去世。

1928年,道奇兄弟公司被克莱斯勒公司收购。从此,道奇品牌归于克莱斯勒公司旗下。

2014年,道奇汽车品牌同克莱斯勒公司其他品牌一样,被菲亚特汽车集团收购。

道奇汽车标志(见图4-59)是一个五边形中有一羊头形象,象征道奇牌汽车强壮剽悍、善于决斗,表示道奇公司的产品朴实无华、美观大方。

图4-59 道奇汽车标志

3) 吉普

吉普(Jeep)是一个汽车品牌,而不是一种汽车类型。

威利斯-越野汽车公司(Willys-Overland Motors)是约翰·威利斯(John Willys)于1908年创立的。

1941年,威利斯-越野汽车公司在美国陆军军车制造合约竞标时中标,与美国军方签订制造Willys MB车款的合约,这批服役于第二次世界大战中的车辆首次使用Jeep品牌。

1945年,第一辆民用Jeep车型问世。

1953年,威利斯-越野汽车公司被凯撒(Kaiser)公司买下,改名为威利斯汽车公司(Willys Motors)。

1962年,威利斯汽车公司正式更名为凯撒吉普汽车公司(Kaiser Jeep Corporation)。

1970年,美国汽车公司(American Motors Corporation,AMC)接收了凯撒吉普汽车公司。

1987年,随着美国汽车公司被克莱斯勒公司收购,吉普汽车成为克莱斯勒旗下的汽车品牌。

1998年,同克莱斯勒旗下其他汽车品牌一样,吉普汽车成为戴姆勒-克莱斯勒公司的一员。

2014年,吉普汽车品牌跟随克莱斯勒公司一道,被菲亚特汽车集团收购,目前归属于菲亚特汽车集团。

吉普汽车标志(见图4-60)是"Jeep"这4个字母的艺术化变形。当初作为军用车辆在军事试验场参加试验时,负责试验的美国士兵有给每一辆参加试验的车辆起一个绰号的习惯,"Jeep"的发音就源于一种四分之一吨重美国军队侦察车的名字——GP(General Purpose),中文意思为"通用功能",所以就按GP的谐音取名为Jeep。

图4-60 吉普汽车标志

四、特斯拉公司及品牌

1. 公司简介

特斯拉(Tesla)是一家美国电动车及能源公司,由马丁·艾伯哈德(Martin Eberhard)和马克·塔彭宁(Marc Tarpenning)于2003年在美国硅谷创立,公司名称是为了纪念物理学家尼古拉·特斯拉(Nikola Tesla)。特斯拉公司主要生产和销售电动车、太阳能板及储能设备。

2004年,埃隆·马斯克(Elon Musk)投资630万美元,出任公司董事长并拥有所有事务的最终决定权。

2016年,特斯拉电动车公司收购了美国太阳能发电系统供应商太阳城公司(SolarCity),使特斯拉转型成为全球唯一垂直整合的能源公司,向客户提供包括Powerwall能源墙、太阳能屋顶等端到端的清洁能源产品。

2017年,特斯拉汽车公司(Tesla Motors Inc.)正式改名为特斯拉公司(Tesla Inc.),意味着电动汽车不再是特斯拉的唯一业务。

2019年,马斯克宣布将开放所有特斯拉电动汽车的专利。

2021年,特斯拉成为历史上第一家支持比特币购车的汽车企业。同年,公司总部由帕洛阿尔托(Palo Alto)正式迁入得克萨斯州。

2022年5月,在"2022福布斯全球企业2000强"中,特斯拉公司位列第150名。

2. 汽车品牌及标志

2008年,第一批两门运动型跑车Roadster下线并开始交付。原计划售价10万美元的Roadster实际成本却高达12万美元,与既定的7万美元的成本相距甚远,最后将售价提升至11万美元。

2012年,全新电动车系列"Model S"首辆电动跑车正式交付。

2015年,豪华纯电动SUV型汽车Model X上市。

2017年,Model 3上市。

特斯拉汽车标志(见图4-61)图案的主体是品牌名称"Tesla"的首字母"T"的艺术化变形,同时代表电机转子的一部分,顶部的第二条线则代表了外围定子的一部分。

图4-61 特斯拉汽车标志

第三节 日本和韩国汽车企业与品牌

一、丰田汽车公司及品牌

1. 企业简介

丰田汽车公司(Toyota Motor Corporation)是由丰田喜一郎于1937年创立的。

1939年,丰田汽车公司成立了蓄电池研究所,开始着手电动汽车的研制。

1940年，丰田汽车公司生产了约15 000辆汽车，其中98%是客货两用车。同年，丰田汽车公司推出了一款较为紧凑的新型轿车。

1945年，丰田汽车公司决定在原有的卡车批量生产体制的基础上组建新的小型轿车工厂。

1947年，第一辆小型轿车的样车在丰田汽车公司试制成功。

1957年，丰田汽车公司向美国出口丰田轿车并设立美国丰田汽车销售公司。

1962年，丰田汽车公司的产量首次突破百万大关。同年，丰田汽车公司开始进军欧洲市场。

1966年，丰田花冠COROLLA车型问世。

1972年，丰田汽车公司在日本国内累计汽车产量达到1000万辆。

1989年，丰田汽车公司开始使用新的汽车标志。

1999年，丰田汽车公司在日本国内累计汽车产量达到1亿辆。同年，公司股票在纽约和伦敦证券市场分别上市。

2013年，丰田汽车公司成为世界首家全年汽车产量超过1000万辆的汽车公司。

2022年5月，丰田汽车公司在"2022福布斯全球企业2000强"中位列第10名。

目前，丰田汽车公司旗下拥有丰田、雷克萨斯、皇冠、大发、日野和塞恩等汽车品牌。

2．汽车品牌及标志

1) 丰田

丰田汽车最早使用的汽车标志图案是在一个圆内标注着日文"丰田"的艺术化图形。1980年，丰田汽车标志采用了极为简约的"TOYOTA"字样。1989年，丰田汽车公司创立50周年之际，设计并开始使用目前人们熟悉的由三个椭圆形构成的汽车标志(见图4-62)。车标外部的大椭圆代表地球，表达着丰田业务范围遍及世界的远大构想，内部垂直相交的两个椭圆形可以看作艺术化的"TOYOTA"的第一个字母"T"，代表丰田公司，也象征着丰田公司立足于未来，对未来的信心和雄心，还象征着丰田公司立足于顾客，与顾客心心相印。

图4-62　丰田汽车标志

2) 雷克萨斯

雷克萨斯(Lexus)是丰田汽车公司旗下的一款豪华汽车品牌。1983年，在丰田汽车公司的一次董事会上，董事会主席丰田英二向公司的高层主管、设计师、工程师和企业战略研究专家们抛出了一个问题：我们可以创造出一辆豪华汽车去挑战顶级市场吗？1989年，丰田汽车公司在经过6年的研发和5亿美元的资金投入后，出产了丰田汽车的高端品牌——雷克萨斯。

雷克萨斯(Lexus)的英文读音与豪华(Luxury)一词相近，使人联想到雷克萨斯汽车是豪华轿车；雷克萨斯汽车标志(见图4-63)采用车名Lexus的第一个字母"L"的大写，外面用一个椭圆包围的图案，椭圆代表着地球，表示雷克萨斯汽车遍布全世界。

图4-63　雷克萨斯汽车标志

3) 皇冠

皇冠(Crown)是丰田汽车公司旗下的一款中大型车品牌，于1955年问世，基本保持着每4～5年就更换一代的步伐，至今已有13代车型。

皇冠汽车标志(见图4-64)就是一个皇冠的立体造型，代表皇冠汽车的尊贵、大气和王者风范。

图4-64　皇冠汽车标志

4) 大发

大发(Daihatsu)是"大发工业株式会社"的简称。大发工业株式会社于1907年创立，以生产和销售内燃机为主。1951年，大发工业株式会社更名为"大发汽车工业株式会社"。

1998年，大发汽车公司被丰田汽车公司收购，成为丰田汽车集团的一员，负责小型车的生产。

在2020年英国品牌评估机构"品牌金融"发布的"2020全球最有价值的100个汽车品牌"排行榜中,大发排名第38位。

大发汽车标志(见图4-65)由椭圆形的徽标和英文字母"D"组合而成,其中椭圆徽标中的"D"取自于大发拼音的首个大写字母,寓意着大发汽车公司"永葆青春活力"。

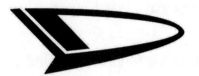

图4-65 大发汽车标志

5) 日野

日野(Hino)汽车公司成立于1942年,公司前身是1910年建立的东京煤气工业公司,是一家位于日本东京的柴油卡车、公共汽车和其他车辆的制造商,在日本的中重型柴油卡车制造领域中占据着领导地位。2001年,日野汽车公司被丰田汽车公司收购。

日野汽车标志(见图4-66)是公司名称第一个字母"H"的艺术化变形。

图4-66 日野汽车标志

6) 塞恩

塞恩(Scion)是北美丰田(Toyota Motor Sales, U.S.A.,TMS)于2003年推出的汽车品牌,主要以美国年轻一代为销售对象,当时仅限在加利福尼亚州销售。2004年以后,塞恩在全美的730家丰田汽车销售店全面推出。

"Scion"在英文中意为子孙、后代的意思。用塞恩作为汽车品牌名称,代表丰田汽车公司将以一个独立的、极具特色的产品阵容以及新的销售理念来迎合未来用户,还有作为丰田品牌的后代来继续丰田汽车的造车哲学的含义。

塞恩汽车标志(见图4-67)是品牌名称第一个字母"S"的艺术化变形,中间标注着品牌的名称,外围的椭圆是丰田标志图案中的元素,代表对丰田汽车文化的传承与发展。

图4-67 塞恩汽车标志

二、日产汽车公司及品牌

1. 公司简介

日产(NISSAN)汽车公司是日本的第二大汽车公司,是日本三大汽车制造商之一,也是世界十大汽车公司之一。该公司除生产各型汽车外,还涉足机床、工程机械、造船和航天技术等领域,是一个庞大的跨国集团公司。

1933年,日本产业公司和户田铸物公司注册成立了汽车制造股份公司,开始生产品牌名称为达特桑(DATSUN)的小型货车。

1934年,汽车制造股份公司更名为日产汽车公司。同年,公司开始建设位于横滨的新工厂,并在日本汽车企业中率先实现流水线生产。

1952年,日产汽车公司与英国奥斯汀汽车公司进行技术合作,开发出技术水平明显提高的"DATSUN"210型轿车,该车一经推出便在竞争激烈的澳大利亚拉力赛中勇夺桂冠。

1959年,日产汽车公司的新车型蓝鸟1000、蓝鸟1200同时在日本上市,并出现了持续旺销的局面。

1960年,日产汽车公司在美国开办美国日产汽车销售公司,专门进口和销售小轿车、卡车及其零件。

1965年,日产汽车公司在加拿大开办日产汽车公司,销售小轿车和卡车。

1966年,日产汽车在日本历史上首次公开征集车名,从数百万的应征信中选定了"阳光"(SUNNY)作为新开发产品的名称。

1999年,日产汽车公司与雷诺汽车公司共同组建了雷诺-日产汽车联盟。

2019年,日产汽车公司、雷诺汽车公司与三菱汽车公司共同组建了雷诺-日产-三菱汽车联盟。

在2022年5月发布的"2022福布斯全球企业2000强"中,日产汽车公司位列第406名。目前,日产汽车公司旗下的汽车品牌有日产、英菲尼迪、达特桑等。

2. 汽车品牌及标志

1) 日产

日产汽车最早使用的品牌名称是达特桑,此时汽车标志图案是在红颜色的圆形中央,横列着标有"DATSUN"字母的蓝底白字白框的长方形,这个醒目的蓝红标志一直使用到20世纪80年代。1984年,日产汽车公司将产品统一化,用"NISSAN"替换了"DATSUN"。1988年,日产汽车标志中的红色圆形变成银色的圆环,蓝色变成了灰色,整体图案也进行了立体化的设计,并于1990年、1992年和2001年进行过几次微调。2020

年，日产汽车公司又将流行的平面化设计图案作为新的汽车标志。

日产汽车标志(见图4-68)中的圆形表示太阳，中间的字母是"日产"两字的罗马音形式，是日本产业的简称，整个图案的意思是"以人和汽车明天为目标"。

图4-68　日产汽车标志

2) 英菲尼迪

英菲尼迪(INFINITI)作为日产旗下的豪华车品牌诞生于1989年，最先在美国上市，与雷克萨斯、宝马、奔驰在北美市场分庭抗礼，并且迅速成长为北美重要的豪华车品牌。自诞生之日起，英菲尼迪便以独特前卫的设计、出色的操控表现和顶级的客户服务著称。

英菲尼迪的椭圆形标志(见图4-69)表现的是一条无尽延伸的道路。椭圆曲线代表无尽扩张之意，也象征着"全世界"；两条直线代表通往巅峰的道路，象征无尽的发展。英菲尼迪的标志和名称象征着日产汽车公司的永无止境的追求，那就是创造有全球竞争力的真正的豪华车用户体验和最高水平的客户满意度。

图4-69　英菲尼迪汽车标志

3) 达特桑

达特桑(DATSUN)是日产汽车公司初创时生产的第一辆小型货车的品牌名称，也是第二次世界大战后帮助日本汽车制造商在欧洲、美国和亚洲站稳脚跟的品牌之一。除了主流的日产和豪华的英菲尼迪外，它是日产汽车公司在全球销售的主要品牌之一。

20世纪70年代，燃油经济性非常好的达特桑在全球190多个国家和地区销售了2000万辆左右。

1981年，日产汽车公司将达特桑品牌停用。

2013年，日产汽车公司恢复使用达特桑汽车品牌，在印度、印度尼西亚等国销售该品牌汽车。

2022年，日产汽车公司决定再次停止达特桑品牌汽车的生产。

达特桑(DATSUN)作为汽车品牌名称有两层含义："DATSUN"是3名创始人田健沼郎、青山禄郎和竹内明太郎姓名的罗马音缩写；"达特桑"(DATSUN)取自日语"快如脱兔"的发音。达特桑汽车标志(见图4-70)以红色圆形为背景，表示太阳冉冉升起，象征企业蒸蒸日上；圆形中间用长方形标明达特桑的英文字母。

图4-70　达特桑汽车标志

三、本田汽车公司及品牌

1．公司简介

1946年，本田宗一郎创建了本田技研工业公司(即本田汽车公司)，并用自己的姓氏"本田"的罗马拼音"HONDA"作为公司的名称和商标。

本田汽车公司是一个跨国的汽车、摩托车生产销售公司，汽车产量和规模也名列世界十大汽车厂家之列。除汽车、摩托车外，本田公司还有发电机、农机等动力机械产品。本田汽车公司的总部在日本东京，雇员总数达18万人。

本田汽车公司旗下的主要汽车品牌是本田和讴歌。

2．汽车品牌及标志

1) 本田

本田(HONDA)汽车标志中的"H"是本田宗一郎的姓氏罗马拼音的第一个字母，首次使用在1960年生产的S500跑车上。1969年，本田公司使用了纵长的"H"商标。1980年，本田公司为了体现年轻、技术先进和设计新颖的特点，决定使用形似三弦音箱的"H"标志(见图4-71)。该标志把技术创新、团结向上、经营有力、紧张感和轻松感体现得淋漓尽致。

图4-71 本田汽车标志

2) 讴歌

讴歌(ACURA)是本田汽车公司旗下的高端子品牌,于1986年在美国创立,其名称ACURA源于拉丁语"Accuracy"(精确)。讴歌汽车标志(见图4-72)为一个用于工程测量的卡钳形象,反映出讴歌精湛的造车工艺与追求完美的理念。

图4-72 讴歌汽车标志

四、三菱汽车公司及品牌

1. 企业简介

三菱(MITSUBISHI)重工业公司是日本最大的综合贸易公司,起源于1870年建立的一家小型船务和贸易公司(当时的名称是"九十九商会"),经营从茶叶到电讯器材等种类繁多的货物和服务。

1917年,三菱汽车公司在日本首次推出了成批生产的三菱A型轿车。

1970年,三菱汽车公司从三菱重工业公司独立出来,虽然是日本汽车行业最年轻的汽车公司,但现在已经发展成为一家跨国的汽车公司。

2022年5月,三菱汽车公司在"2022福布斯全球企业2000强"中,名列第1731位。

2. 汽车品牌及标志

三菱汽车以公司的名称"MITSUBISHI"作为品牌名称。三菱汽车的标志(见图4-73)是岩崎家族和土佐藩主山内家族的家族标志演变而成的。三菱汽车以三枚菱形钻石作为标志，突显其蕴含在单纯中的深邃光芒——菱钻式的造车艺术，同时体现了公司的三个原则：承担对社会的共同责任、诚实与公平、通过贸易促进国际谅解与合作。

图4-73 三菱汽车标志

五、铃木汽车公司及品牌

1．公司简介

铃木(SUZUKI)汽车公司的起源是铃木道雄于1909年在浜松市创建的铃木式织机制作所。

1920年，公司更名为铃木织布机制造公司。

1952年，公司生产出首辆摩托车。

1954年，公司更名为铃木汽车有限公司。

1955年，铃木汽车公司生产出首台Suzulight系列汽车。

铃木汽车公司发展至今，仍以生产小型轿车和轻型越野车为主，同时还生产整装外销发动机，公司产品已销往世界127个国家和地区。

2．汽车品牌及标志

铃木汽车以公司名称"SUZUKI"作为品牌名称。铃木汽车标志(见图4-74)是公司名称的第一个大写字母"S"的艺术化变形。据该公司解释，这种设计给人以力量的感觉，象征着发展中的"铃木"。

图4-74 铃木汽车标志

六、马自达汽车公司及品牌

1. 公司简介

马自达(MAZDA)汽车公司起源于松田重次郎在1920年创立的以生产葡萄酒瓶木塞为主的东洋软木工业公司。

1927年,东洋软木工业公司改名为东洋工业公司。

1931年,公司以生产三轮载重汽车为起点,开始涉足汽车制造业。

1940年,公司开始生产小轿车。

1979年,公司的部分股票被福特汽车公司收购。

1984年,公司以创始人松田的姓氏命名,翻译时则采用"松田"的音译"马自达"。

1987年,马自达汽车公司在美国的工厂开始生产马自达汽车。

2008年,马自达在日本本土拥有1.85万名职工,以及广岛和防府两个制造基地,在横滨有一家研发中心;在海外,马自达在美国、泰国、南美和中东等地建设了19座工厂,其中,在美国设有一个研发中心。

2015年,马自达汽车公司与福特汽车公司的合作终结。

2. 汽车品牌及标志

马自达汽车以公司名称作为品牌名称。当初确定公司名称时,创始人松田重次郎在翻阅英文字典时,发现"Mazda"的日语发音与自己的名字(Matsuda Jyujiro)中的姓氏的发音相同,并且"Mazda"还是神话传说中一个创造铁器和古车轮文明的巨神的名字,松田重次郎即以此作为公司名称,表达追逐聪明、理性和协调之意。

最初的马自达汽车标志只是"Mazda"的艺术字体图案,经过多次变更,演变成目前人们熟悉的标志图案。目前的马自达汽车标志(见图4-75)是1987年开始使用的。马自达汽车标志的主体是公司名称第一个大写字母的艺术化变形,又像一只海鸥在天空中展翅飞翔,预示着马自达汽车公司将展翅高飞,以无穷的创意和真诚的服务奔向未来。

图4-75 马自达汽车标志

七、斯巴鲁汽车公司及品牌

1. 公司简介

1917年,"飞行机研究所"在日本群马县太田市创立,专门从事各类飞机的设计研发,同时制造当时非常流行的双翼机。

1931年,飞行机研究所更名为中岛飞行机株式会社。

1945年,中岛飞行机株式会社更名为富士产业株式会社,以生产各种发动机与机械为主。

1949年,富士产业株式会社开发了日本第一部单体结构的巴士。

1953年,富士重工业株式会社(Fuji Heavy Industries Ltd.)正式成立,并投身汽车的研发行列。

1953年,日本富士重工业株式会社成立了一家专业从事汽车制造的公司——斯巴鲁汽车公司。

1958年,公司推出SUBARU360,奠定了日后富士重工在汽车领域的独特地位。

在2021年《财富》世界500强排行榜中,斯巴鲁位列第459名。

2. 汽车品牌及标志

斯巴鲁(SUBARU)在日语中是"昴"(根据中国古代的星座划分方法,昴宿星团是一个星座的名称)的意思,斯巴鲁汽车标志(见图4-76)是昴宿星团的六连星,象征斯巴鲁汽车公司追求汽车智能和灵敏的理念。

图4-76 斯巴鲁汽车标志

八、五十铃汽车公司及品牌

1. 公司简介

五十铃(ISUZU)汽车公司的前身是于1916年在东京都品川区成立的东京石川岛造船所。

1922年，公司生产出A9型轿车。

1933年，公司与达持汽车公司合并。

1937年，公司又与东京煤气电力工业公司、京都国产公司合并，成立东京汽车工业公司。

1949年，东京汽车工业公司改名为五十铃汽车公司。

五十铃汽车公司生产的汽车品种很多，是生产重型、轻型货车的主要厂家。

2018年，在福布斯世界最大上市公司排名榜中，五十铃汽车公司排名第773位。

2．汽车品牌及标志

五十铃汽车以公司名称作为品牌名称。"五十铃"取自日本伊势的五十铃河的名字，寓意是像五十铃河的波涛一样滚滚向前、发展无限。五十铃汽车标志是ISUZU的艺术化变形(见图4-77)。

图4-77　五十铃汽车标志

九、现代汽车集团及品牌

1．公司简介

1940年，郑周永在汉城(今为首尔)成立了一家汽车修配厂，这是现代集团的雏形。

1946年，郑周永开办了"现代汽车修理所"，是郑周永第一次把"现代"作为一个商业性企业的名称，随后郑周永又创办了"现代土建社"。

1950年，郑周永将"现代汽车修理所"和"现代土建社"合并为现代建设股份有限公司。

1970年，郑周永建立了现代重工业公司，从而使现代集团成为以建筑、造船、汽车行业为主，兼营钢铁、机械、贸易、运输、水泥生产、冶金、金融、电子工业等几十个行业的综合性企业集团。同年，现代集团生产出韩国的第一辆国产汽车。

2000年，现代汽车公司与起亚汽车公司共同组建了现代-起亚汽车集团(Hyundai Kia Automotive Group)。

现代汽车集团在2022年《财富》世界500强企业排行榜中名列第92位。

2. 汽车品牌及标志

现代汽车以现代集团的名称作为品牌名称,汽车标志图案(见图4-78)是椭圆环内有一个公司名称"HYUNDAI"的第一个字母"H"的艺术化造型。

图4-78 现代汽车标志

十、起亚汽车公司及品牌

1. 公司简介

起亚(KIA)汽车公司的前身是1944年成立的韩国京城精密工业。

1951年,公司正式命名为"起亚工业",并生产了韩国第一辆自行车。

1957年,公司生产出韩国第一台C-100小型摩托车。

1962年,公司生产出韩国第一辆K-360卡车。

1973年,公司下设了韩国第一个具备完整汽车生产设备的所下里(Sohari)工厂,开创了国内内燃机的生产领域。

1990年,公司更名为"起亚汽车有限公司"。

2000年,起亚汽车公司与现代汽车公司共同组建了现代-起亚汽车集团(Hyundai Kia Automotive Group)。

在2022年5月发布的"2022福布斯全球企业2000强"中,起亚汽车公司位列第282名。

2. 汽车品牌及标志

起亚汽车公司标志是"KIA"的艺术化变形。在韩语中"KI"就是起的意思,"A"是亚洲英文"Asia"的首字母,"KIA"的含义是从亚洲崛起,走向全世界。起亚汽车原来的汽车标志是红色椭圆形的背景上写着银色的KIA字母;2021年,起亚汽车开始使用KIA三个字母艺术化和扁平化处理的图案作为汽车标志(见图4-79)。

图4-79 起亚汽车标志

十一、大宇汽车公司及品牌

1. 公司简介

韩国大宇(DAEWOO)汽车公司是韩国第二大汽车生产企业,是韩国大宇集团的骨干企业。

1967年,金宇中创建了新韩公司,后来改名为新进公司。

1983年,新进公司更名为大宇汽车公司。

2000年,随着母公司大宇集团的破产,大宇汽车公司也宣布破产。

2002年,大宇汽车公司被通用汽车公司收购,成立了通用大宇汽车科技公司。

2. 汽车品牌及标志

大宇汽车使用形似地球和正在开放的花朵作为标志(见图4-80)。该标志象征高速公路大动脉向未来无限延伸,表现了大宇的未来和发展意向。图案中的椭圆代表世界、宇宙;向上展开的花朵体现了大宇家族的创造力和挑战意识。

图4-80 大宇汽车标志

十二、双龙汽车公司及品牌

1. 公司简介

双龙汽车公司 (SSANGYONG Motor Company) 的前身是创建于1954年的东亚汽车公司。公司建立之初,主要生产重型商务车和特殊用途车辆。

1986年,东亚汽车公司并入双龙集团。

1988年,东亚汽车公司更名为双龙汽车公司。

1991年,双龙汽车公司与奔驰公司结成战略伙伴关系,合作范围涉及汽油/柴油发动机技术转让和共同开发轻型商务车等方面。

1997年,大宇汽车公司收购了双龙汽车公司。

2000年,大宇汽车公司将双龙汽车公司出售。

2005年,中国上汽集团股份获得双龙汽车公司48.92%的股份,成为韩国双龙汽车公司的第一大股东。

2．汽车品牌及标志

双龙汽车标志(见图4-81)是将"SSANGYONG"中的"S"抽象成两条龙的形状,形似双龙飞舞,与"双龙"的名称一致；整体图案也像一对飞舞的大鹏鸟的翅膀,象征双龙汽车"大鹏一日同风起,扶摇直上九万里"的发展志向。

图4-81　双龙汽车标志

第四节　我国汽车企业与品牌

一、中国第一汽车集团有限公司及品牌

1．公司简介

中国第一汽车集团有限公司(China FAW Group Corporation)的前身是新中国汽车工业的摇篮——第一汽车制造厂(First Automobile Works,缩写为FAW),是中央直管的国有特大型汽车企业,公司总部位于吉林省长春市。

1950年,第一汽车制造厂开始筹建。

1953年,第一汽车制造厂开始兴建。

1956年,第一汽车制造厂生产出新中国第一辆汽车——解放牌载货汽车。

1958年,第一汽车制造厂出产新中国第一辆轿车——东风牌轿车(即后来的红旗牌)。

1991年,第一汽车制造厂与德国大众汽车公司合资成立一汽-大众汽车有限公司。

1997年,一汽轿车股份有限公司成立,并在深圳证券交易所上市。

2002年,中国第一汽车集团公司与丰田汽车公司联合成立天津一汽丰田。

2003年,天津一汽丰田正式更名为天津一汽丰田汽车有限公司。同年,成立一汽解放汽车有限公司。

2004年，中国第一汽车集团公司与天津汽车工业(集团)有限公司联合重组，后者更名为天津一汽夏利汽车股份有限公司。

2005年，与日本马自达汽车公司合资成立一汽马自达汽车销售有限公司。

2009年，中国第一汽车集团有限公司与通用汽车(中国)投资有限公司合资成立一汽通用轻型商用汽车有限公司。

2011年，经国务院国有资产监督管理委员会批准，中国第一汽车集团公司进行主业重组，成立中国第一汽车股份有限公司。

2019年，一汽轿车股份有限公司成立一汽奔腾轿车有限公司。

2021年，中国第一汽车集团有限公司在"2021年中国企业500强"中排名第20位。

中国第一汽车集团有限公司的业务领域包括汽车的研发、生产、销售、物流、服务、汽车零部件、金融服务、汽车保险、移动出行等。中国第一汽车集团在册员工有15万人，资产总额达4340亿元。

中国第一汽车集团有限公司生产大众、奥迪、丰田、马自达等合资品牌汽车，拥有解放、红旗、奔腾和夏利等自主汽车品牌。

2．汽车品牌及标志

1) 解放

1956年7月13日，新中国第一辆汽车在第一汽车制造厂诞生，毛泽东主席为汽车亲笔命名为"解放"。一汽以毛泽东书写的"解放"字体作为汽车标志(见图4-82)。

2011年，中国第一汽车集团有限公司开始使用新的企业标志——"鹰标"，旗下的解放牌汽车也以公司的标志作为汽车标志(见图4-83)。

鹰标以"1"字为视觉中心，由"汽"字艺术化成为展翅的鹰的形象，蓝底白字构成了雄鹰飞翔在蔚蓝天空中的视觉景象，寓意中国一汽鹰击长空，展翅翱翔。

图4-82　最早的解放汽车标志

图4-83　新的解放汽车标志

2) 红旗

1958年5月12日，第一汽车制造厂生产出第一辆轿车，在发动机盖板前方印刻着毛泽东书写的"东风"字体，发动机盖板上方还立着一个金色的龙的雕塑。

1958年8月1日,第一汽车制造厂生产出"红旗"轿车,在发动机盖板前方印刻着的"红旗"二字,字体选自毛泽东为《红旗》杂志题写的刊名,发动机盖板上方是一面迎风飘扬的红旗的立体标志。

1965年,在红旗轿车的方向盘上首次使用了"金葵花"标志(见图4-84),图案是三面红旗围绕在金色的葵花周围,寓意"朵朵葵花向太阳"。金色是太阳的颜色,代表神圣、尊贵、豪华;葵花代表明朗、执著,勇敢地追求自己的理想;红旗代表旗帜和方向;"三"代表规律、稳定、和谐。

2007年,在红旗新名仕车型上首次使用"1"字标志(当时一汽奔腾汽车也采用该标志)。"1"字标志图案是在椭圆环内竖立着数字"1"的艺术化变形,用椭圆形代表地球,数字"1"代表第一个汽车制造厂、第一辆国产汽车、第一辆国产轿车和永争第一。

2014年,在红旗L5型轿车的方向盘上再次使用了在原来图案基础上作了修改的"金葵花"标志(见图4-85)。

图4-84　最早的金葵花标志

图4-85　新的金葵花标志

2018年,在红旗品牌诞生60周年之际,红旗轿车的方向盘和轮毂中央使用了新的图形标志(见图4-86)。新标志看上去像是一面随风飘扬的红旗,背景是纵横交错的经纬线,寓意当今万物互连的新时代下,红旗汽车依然能够乘着时代的东风奋发飘扬。

红旗汽车标志的图案和红旗的立体雕塑造型虽然经过多次的演变,但"红旗"文字标志(见图4-87)始终伴随着红旗轿车的发展,是民族自主汽车品牌的骄傲和我国汽车工业发展的旗帜。红旗轿车作为历次国庆典礼上唯一的专用检阅车和外事活动中的礼宾车,代表着国家和民族的形象,展示着中国汽车工业的伟大成就。

图4-86　红旗汽车的图案标志

图4-87　红旗汽车的文字标志

3) 奔腾

2006年，一汽集团历时三年精心打造的C301轿车在第七届中国杭州国际汽车工业展览会上亮相并正式命名"奔腾"，后来陆续推出奔腾B系列轿车、X和T系列SUV车型，以及奔腾E01电动汽车，先后使用过"1"字标志(见图4-88)和"鹰标"。

2019年，一汽奔腾轿车公司推出新的汽车标志——"世界之窗"(见图4-89)。新标志图案整体为竖直长方形造型，内部以两条"L"造型的圆角边重合勾勒出主体，中央以数字"1"的图案进行填充，配色黑白为主。新标志采用"世界之窗"名称，寓意在于联通用户，联通世界，联通奔腾品牌的美好未来。

图4-88　原来的奔腾汽车标志

图4-89　新的奔腾汽车标志

2021年，一汽奔腾在15周年全新品牌战略发布会上发布了全新的标志(见图4-90)。该标志基于此前的"世界之窗"标志全面升级而来，把竖版图案变成横版图案，整体线条设计更加简约时尚，更显年轻并充满科技感。

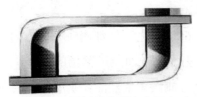
图4-90　最新的奔腾汽车标志

4) 夏利

1986年，第一辆以"CKD"(complete knocked down，全散件组装)生产方式引进生产的夏利牌汽车在天津下线。

1997年，天津汽车夏利股份有限公司成立。

2002年，天津汽车夏利股份有限公司并入中国第一汽车集团公司，更名为天津一汽夏利汽车股份有限公司。

2004年，夏利成为第一个产量过百万的自主轿车品牌。

夏利汽车标志(见图4-91)由椭圆环内的三条纵横的曲线组成，表达三层含义：一是椭圆环的上部分弧线与中间的三条曲线构成"天"字的造型，代表天津汽车公司的名称；二是三条线构成"A"字的造型，表明夏利汽车要创造第一流的产品；三是三条线组成抽象的立交桥造型，表达夏利汽车立于交通之本和驶于众条道路之间的志向。

图4-91　夏利汽车标志

二、东风汽车集团有限公司及品牌

1. 公司简介

东风汽车集团有限公司的前身是湖北十堰的第二汽车制造厂。东风汽车集团有限公司是中央直管的国有特大型汽车企业，公司总部位于湖北省武汉市。

1964年，我国决定启动第二汽车制造厂(简称"二汽")项目。

1969年，二汽在湖北十堰开始兴建。

1971年，二汽正式在装配线上装配汽车。

1975年，二汽第一个基本车型两吨半越野车正式投产。

1975年，经报国务院批准，二汽生产的汽车品牌名称正式命名为"东风"。

1978年，二汽第二个车型EQ140载重汽车生产基地建成并投产，实现了军用转民用的转产。

1981年，经国家机械工业委员会批准，以二汽为基础成立东风汽车工业联营公司。这是全国汽车行业成立的第一个联营公司。

1983年，成立东风汽车工业进出口公司，获得外贸自主权。

1987年，二汽成为国内第一家年产突破10万辆大关的汽车生产厂。

1990年，二汽与法国雪铁龙汽车公司在法国签订了二汽-雪铁龙合资轿车项目合同。

1992年，第二汽车制造厂正式更名为东风汽车公司；东风汽车工业联营公司更名为东风汽车集团。同年，东风富康轿车在襄樊基地下线。

1993年，东风汽车公司与法国PSA标致雪铁龙集团等股东合资兴建的神龙汽车有限公司东风轻型车厂分别在武汉经济技术开发区和襄樊基地开工建设。

1996年，东风公司的首家上市公司——东风汽车电子仪表股份有限公司成立。

1999年，东风汽车股票在上海证券交易所上市。

2001年，东风汽车有限公司注册成立。

2004年,东风汽车集团股份有限公司成立。

2005年,东风汽车集团股份有限公司(简称"东风集团公司")在香港联交所正式挂牌上市。

2021年,东风集团公司在"2021年中国企业500强"中排名第27位。

东风公司与法国标致和雪铁龙、美国康明斯、韩国起亚、法国雷诺、日本本田和日产等汽车企业开展战略合作,现在已经成为一家实力雄厚的大型汽车集团。

东风集团公司拥有东风和启辰等自主汽车品牌,生产雪铁龙、标致、雷诺、本田、日产、起亚等合资品牌汽车。

2.汽车品牌及标志

1) 东风

东风汽车标志图案(见图4-92)是以艺术的变形手法,取燕子凌空飞翔时的剪形尾羽作为图案基础,主要含义是"双燕舞东风"。东风汽车标志格调新颖,寓意深远,使人自然联想到东风送暖,春光明媚,神州大地生机盎然的景象,给人以启迪和力量。二汽的"二"字寓意于双燕之中。旋转的双燕既象征着东风汽车的车轮滚滚向前、永不停息,冲出亚洲、走向世界;又代表传承与创新,表明东风精神的血脉传承和对东风新事业的激情拓展,促进中外汽车文明的和谐交融。

图4-92 东风汽车标志

2) 启辰

2010年,东风汽车有限公司创立启辰品牌。

2011年,东风汽车有限公司东风启辰汽车公司成立,简称东风启辰。

启辰汽车标志图案(见图4-93)是蓝色圆形内闪耀着启明星。蓝色象征深邃的梦想,寓意东风启辰仰望星空,脚踏实地,为消费者开启智慧、领先的品质生活的品牌愿景;启明星代表东风启辰的起源,寓意东风启辰犹如一颗启明星,发出清晨第一道光芒,点亮了未来车生活;同时,开放性的五角星设计,传达了东风启辰开放、包容的企业理念,它以不断学习、追求卓越的态度,吸纳多方智慧,整合创新,引领消费者的生活品质持续提升。

图4-93　启辰汽车标志

三、上海汽车集团股份有限公司及品牌

1. 公司简介

上海汽车集团股份有限公司(简称"上汽集团")成立于2004年，上汽集团主要业务涵盖整车(包括乘用车、商用车)、零部件(包括发动机、变速箱、动力传动、底盘、内外饰、电子电器等)的研发、生产、销售，物流、车载信息、二手车等汽车服务贸易业务，以及汽车金融业务。

1955年，上海市内燃机配件制造公司成立。

1956—1963年，上海汽车零配件行业进行了4次结构调整，基本形成专业协作生产体系。

1958年，第一辆凤凰牌轿车在上海汽车装配厂试制成功，实现上海汽车工业轿车制造"零"的突破。

1964年，凤凰牌轿车改名为上海牌轿车，至1975年形成5000辆年生产能力。上海成为中国批量最大的轿车生产基地之一。

1978年，国务院批准在上海引进德国大众轿车装配线。

1983年，第一辆上海桑塔纳轿车组装成功。

1984年，上海大众汽车有限公司开工建设。

1985年，上海大众汽车有限公司成立。

1997年，上海通用汽车有限公司成立。

2000年，中德合资上海上汽大众销售总公司成立。

2002年，上海大众合营合同续约20年，上汽与德国大众战略合作进入新阶段。同年，上汽、通用中国和五菱三方合资成立上汽通用五菱汽车股份有限公司，成为中国最大的微型车生产基地。

2006年，创立荣威汽车品牌，荣威750车型亮相。

2007年，上汽和依维柯、重庆红岩联合组建上汽依维柯红岩商用车有限公司。同年，上汽集团收购了南京汽车集团。

2020年，上汽集团、张江高科和阿里巴巴集团创立纯电动汽车智己品牌。

2021年，上汽集团公司在"2021年中国企业500强"中排名第16位。

上汽集团所属主要整车企业包括乘用车公司、商用车公司、上海大众、上海通用、上汽通用五菱、南京依维柯、上汽依维柯红岩、上海申沃等。

上汽集团生产的合资汽车品牌有大众、别克、雪佛兰等，拥有的自主品牌有荣威、五菱、宝骏和智己等。

2. 汽车品牌及标志

1) 荣威

荣威(ROEWE)品牌是上汽集团于2006年推出的自主品牌，名称取意"创新殊荣、威仪四海"，表达了上汽集团以国际化的视野、创新的理念传承国际汽车的先进技术，打造国际品牌新经典的决心和信心。

"荣威"的中文命名融入了中国的传统元素，体现了自强不息的精神和深厚的中国文化积淀，同时也传递出一种经典、尊贵的气度。其中，"荣"有荣誉、殊荣之意，"威"含威望、威仪及尊贵地位之意。荣威合一，体现了创新殊荣、威仪四海的价值观。

荣威的外文"Roewe"源自西班牙语Loewe，蕴含"雄狮"之寓意。"Roewe"按照英语习惯发音['ru:ivi]，同"荣威"的中文发音相似；而按照西班牙语习惯发音['reui]，带有中文"如意"的韵味；"WE"暗含"我们"之意，体现众志成城的精神与信念。

荣威汽车标志(见图4-94)的整体结构是一个稳固而坚定的盾形，暗寓其产品可信赖的尊崇品质，及上海汽车自主创新、国际化发展的坚强决心与意志。图案色彩以红、黑、金三个主要色调构成，这是中国最经典、最具内蕴的三个色系，红色代表热烈与喜庆，金色代表富贵，黑色则象征威仪和庄重。图案的核心形象以两只站立的东方雄狮构成。双狮图案以直观的艺术手法，展现出尊贵、威仪、睿智的强者气度。图案的中间是双狮护卫着的华表。华表是中华文化中的经典图腾符号，不仅蕴含了民族的威仪，同时具有高瞻远瞩，祈福社稷繁荣、和谐发展的寓意。图案下方用现代手法绘成的符号是字母"RW"的融合，是品牌名称的缩写，同时"RW"在古埃及语中亦代表狮子。此外，图案的底部为对称分割的4个红黑色块，暗含着阴阳变化的玄机，代表了求新求变、不断创新与超越的企业意志。

图4-94 荣威汽车标志

2) 五菱

1928年，柳州机械厂成立，先后更名为广西机械厂、航空机械厂、广西航空学校机械厂、航空委员会第九修理厂、广西机械铁工厂、广西机械公司等名称；1952年，又改回最初的名称——柳州机械厂。

1958年，柳州动力机械厂成立，它是从柳州机械厂分出来的，主要建造船用大型柴油机。

1961年，柳州动力机械厂开始试制拖拉机；1964年，红河牌拖拉机试制成功。

1966年，柳州动力机械厂更名为柳州拖拉机厂。

1982年，微型货车LZ110在柳州拖拉机厂试制成功。

1984年，柳州拖拉机厂更名为柳州微型汽车厂。

1988年，柳州微型汽车厂同香港桂龙公司、信翔公司共同成立中外合资五菱汽车有限公司。

1996年，五菱汽车企业集团公司兼并柳州机械厂，成立柳州五菱汽车有限责任公司。

2002年，上海汽车工业集团、美国通用汽车公司与柳州五菱汽车有限责任公司共同组建了上汽通用五菱汽车股份有限公司。

原来的五菱汽车标志由五颗红色的钻石组成，代表品质的优越；五颗钻石的组合图案像展翅高飞的鲲鹏，象征着事业的不断发展。

2020年，五菱汽车又推出并使用了银色钻石标志(见图4-95)，开始了拓展国际化市场的征程。

图4-95 五菱汽车标志

3) 宝骏

宝骏是上汽通用五菱汽车股份有限公司于2010年创建的自主汽车品牌，产品覆盖轿车、MPV、SUV、新能源汽车等领域。

汽车品牌以"宝骏"命名,于企业,是上汽通用五菱"诚实守信、踏实进取"精神的传承;于产品,是"神骏良驹"之美好寓意;于人,则暗含与消费者形成"伙伴"一样的信赖关系,同时它也是一种价值观的体现。"骏"的本义是良驹,宝骏即为人们最心爱的良驹之意。

宝骏汽车标志图案(见图4-96)是由钻石组成的马首的艺术形象,外部轮廓还是一个盾牌形状。钻石代表着珍贵与高端,寓意品牌向高端化发展的方向;钻石本就是宝石,宝石跟骏马的结合,也暗含"宝骏"这两个字;盾形暗寓其产品的可靠品质。

图4-96 宝骏汽车标志

4) 智己

智己是由上汽集团、张江高科和阿里巴巴集团于2020年共同打造的全新用户型汽车品牌。智己汽车标志(见图4-97)由两个原点、两条斜线组合而成,通过"IM"两个大写字母变体而来。

图4-97 智己汽车标志

四、中国长安汽车集团有限公司及品牌

1. 公司简介

中国长安汽车股份有限公司是一家集开发、制造、销售于一体的汽车公司,主要产品有全系列乘用车、小型商用车、轻型卡车、微型面包车和大中型客车,全系列发动机等,公司总部位于北京。

1862年,李鸿章在上海松江创建了上海洋炮局。

1865年,上海洋炮局因迁到南京而改名为金陵制造局,主要生产各种枪炮。

1929年，金陵制造局更名为金陵兵工厂。

1936年，兵工署炮兵技术研究处在重庆成立，后来改为兵工署第十厂，专造火炮。

1937年，金陵兵工厂西迁重庆，改称为兵工署第二十一兵工厂，并在1938年恢复生产，为抗日战争提供了弹药和各类枪械，是整个抗战期间最大的兵工企业。

中华人民共和国成立后，兵工署第十厂改名为江陵机器厂；兵工署第二十一兵工厂先后更名为中央兵工总局第456厂、第27456厂，以及长安机器制造厂。

1958年，长江牌46型吉普车在长安机器制造厂试制成功。

1959年，20辆长江牌46型吉普车参加了国庆十周年阅兵仪式。

1994年，长安机器厂和江陵机器厂合并成立长安汽车有限责任公司。

1996年，长安汽车有限责任公司上市，并成立重庆长安汽车股份有限公司。

2005年，重庆长安汽车股份有限公司成为中国南方工业汽车股份有限公司的子公司。

2009年，中国南方工业汽车股份有限公司更名为中国长安汽车集团股份有限公司。

2015年，中国长安汽车集团股份有限公司收购了哈飞汽车工业集团有限公司。

2019年，中国长安汽车集团股份有限公司更名为中国长安汽车集团有限公司。

中国长安汽车集团有限公司生产福特、马自达、铃木等合资品牌汽车，拥有的自主汽车品牌有长安、欧尚、金牛星、松花江等。

2. 汽车品牌及标志

1) 长安

原来的长安汽车标志(见图4-98)由矛和盾的形状构成，矛代表了积极向上进取的冲击力，盾代表了安全可靠，还表明了公司前身是兵工厂的历史。汽车标志的含义是，在保证安全的前提下，提高速度。

现在的长安汽车标志(见图4-99)创意来自抽象的羊角形象，充分体现了长安汽车中国汽车行业"领头羊"的地位。长安汽车标志形似直立欲飞的"V"形翅膀形象，象征一种气势、一种信念，以及高瞻远瞩、放眼未来的人生态度。在英语中，V是单词Victory的首字母，代表长安公司及其用户走向新的成功。

图4-98　原来的长安汽车标志

图4-99　现在的长安汽车标志

长安商用车标志(见图4-100)是经过艺术化处理的长安汉语拼音中的CA字母与天体运动轨迹(椭圆)的结合。该标志像一个永恒运动的天体、一个攀升的箭头、一个精致的方向盘,又如一辆轻巧的汽车奔行在立交桥上,还暗含"安"字行草的字迹。该标志中椭圆与圆弧、圆弧与圆弧交相呼应,环环相扣,象征公司员工团结,以及齐心协力、不断向上发展的志向。

图4-100　长安商用汽车标志

2) 欧尚

欧尚是长安汽车公司2015年推出的一款全新家用七座车的车型名称。2018年,该车型汽车开始使用欧尚汽车标志。欧尚汽车标志(见图4-101)是将"长安"的"长"的四个笔画进行了艺术化的变形,整体图案形似一只飞翔的鹰,象征欧尚汽车具有快捷的速度和敏锐的气质;中间的蓝色条块象征欧尚汽车不断进步,并走向世界。

图4-101　欧尚汽车标志

3) 金牛星

金牛星是长安汽车公司2010年推出的微型客车的品牌。

金牛星汽车标志(见图4-102)是红色背景下一只金色的公牛的图案。奋进的公牛寓意"力量、进取、勤劳、可靠、勇于挑战、吉祥";红色代表激情与斗志。

图4-102　金牛星汽车标志

4) 松花江

松花江是哈飞汽车工业集团有限公司生产的微型客车的品牌。2015年,哈飞汽车工业集团有限公司被中国长安汽车集团股份有限公司收购。

松花江汽车标志(见图4-103)中间的两个"W"形，既像松花江的波浪，表示公司的地理位置在松花江畔；又像张开翅膀的水鸟，表达企业欲在汽车领域鹏程万里、展翅翱翔的宏伟志向。

图4-103 松花江汽车标志

五、北京汽车集团有限公司及品牌

1．公司简介

北京汽车集团有限公司(以下简称"北汽集团")是中国汽车行业的骨干企业，成立于1958年，总部位于北京，现已发展成为涵盖整车及零部件研发与制造、汽车服务贸易、综合出行服务、金融与投资、通用航空等业务的国有大型汽车企业集团，位列"2021年中国企业500强"第38位。

自1958年北京汽车制造厂生产出第一辆自主研发汽车——井冈山牌轿车以来，北汽集团先后自主研制了中国第一代轻型越野车BJ212和第一代轻型载货汽车BJ130，建立了中国汽车工业第一家整车制造合资企业——北京吉普有限公司，中国加入世界贸易组织以后第一家整车制造合资企业——北京现代汽车有限公司，以及全面深化战略合资合作的典范——北京奔驰汽车有限公司。

北汽集团旗下拥有北京汽车、北汽新能源、北汽越野车、昌河汽车、北汽福田、北京现代、北京奔驰等下属企业，拥有海内外员工12万余人。

北汽集团生产奔驰、Jeep、现代等合资品牌汽车，拥有自主汽车品牌北京、威旺、福田、昌河、北斗星等。

2．汽车品牌及标志

1) 北京

北京品牌是北京汽车股份有限公司2010年推出的乘用车品牌。原来的北京汽车标志是"北"字的艺术变形。2019年，北京汽车开始使用扁平化处理后的"BEIJING"作为标志

(见图4-104),预示着要做一个包容、胸怀世界的品牌。该标志图案整体采用数字字体,代表着北京牌汽车以电动化、智能化为基础,面向未来;"B"字母不封口、G字母不甩尾,寓意着北京牌汽车要做一个开放心胸、不拘一格面向年轻人的品牌。

图4-104 北京汽车标志

2) 威旺

威旺是北汽集团2011年推出的微型客车品牌。威旺汽车标志(见图4-105)以"北"字作为设计的出发点,既象征北京,又代表了北汽集团,体现出企业的地域属性和身份象征。同时,"北"字好似一个欢欣雀跃的人形,表明了"以人为本"是北汽威旺永远不变的核心。

图4-105 威旺汽车标志

3) 福田

福田是北汽福田汽车股份有限公司于1996年推出的商用车品牌。福田汽车标志(见图4-106)整体结构坚实有力,符合汽车行业的特定气质特征,同时象征福田汽车不断发展的良好前景。标志处理得更富具金属质感,一方面强化了"工业"这种视觉感受;另一方面更加符合标志的主要应用载体——车体的使用。标志以钻石图形为基准,表现企业在产品质量上追求完美,体现企业诚信的价值观;三个条块象征福田所涉及的行、住和金融产业;图形棱角分明,富有工业化、国际化、科技感;三角形状体现稳固的结构,象征团结、合作,整体图案空间感、立体感强。

图4-106 福田汽车标志

4) 昌河

北汽昌河汽车公司是北汽集团下属的子公司,昌河现在是北汽集团旗下的汽车品牌。

1969年,国营昌河机械厂在江西省景德镇成立。

1973年,第一辆昌河牌大客车试制成功。

1975年,第一辆昌河牌旅行车试制成功。

1982年,昌河研制出中国人自己生产的第一辆微型车昌河CH730。

1999年,成立九江昌河汽车有限责任公司。

2013年,昌河汽车重组,加入北汽集团。

昌河汽车秉承"让精美汽车开进寻常百姓家"的企业使命,本着"走节能路,造精品车"的品牌主张,把"安全、节能、耐用、环保"作为产品特色继承和发扬光大。

昌河汽车标志是"CH"字母的艺术化变形,如图4-107所示。

图4-107　昌河汽车标志

5) 北斗星

1995年6月,昌河汽车与"世界小型车专家"日本铃木公司建立战略合作伙伴关系,成立了江西昌河铃木汽车有限责任公司。北斗星最早是昌河铃木汽车公司生产的合资品牌铃木牌微型轿车的车型名称,汽车标志采用的也是铃木汽车标志。2013年,昌河汽车公司并入北汽集团后,北斗星汽车使用昌河的汽车标志。2020年,北斗星汽车开始使用独立的北斗星汽车标志。

北斗星汽车标志(见图4-108)是"昌"的艺术化变形,表明汽车的生产厂家是昌河汽车公司;图案中间是交叉的双环形状,代表昌河汽车与北汽集团的紧密相连的关系。

图4-108　北斗星汽车标志

六、广州汽车集团股份有限公司及品牌

1. 公司简介

广州汽车集团股份有限公司(以下简称"广汽集团")是集整车、零部件研发、制造于一体的汽车商贸服务公司,是中国汽车行业首家在集团层面引入多家合资伙伴,进行改制设立股份公司的企业。广汽集团旗下有整车(汽车、摩托车)及零部件研发、制造、汽车金融等业务,拥有员工9.7万人。2021年,广汽集团位列"2021年中国企业500强"第58位。

1997年,广州汽车集团有限公司成立。

1998年,广州本田汽车有限公司成立。

2004年,广州丰田汽车有限公司成立。

2005年,广州汽车集团有限公司改制,成立广州汽车集团股份有限公司。

2007年,广汽日野汽车有限公司成立。同年,广汽集团自主品牌概念车亮相广州车展。

2008年,广州汽车集团乘用车有限公司成立。

2010年,广汽菲亚特克莱斯勒汽车有限公司成立。同年,广汽乘用车工厂竣工暨首款自主品牌乘用车"传祺"下线。

2012年,广汽三菱汽车有限公司成立。

2017年,广汽埃安新能源汽车有限公司成立。

广汽集团生产丰田、本田、讴歌、三菱、日野、Jeep等合资品牌汽车,拥有的自主汽车品牌有传祺和埃安。

2. 汽车品牌及标志

1) 传祺

广汽集团的标志是广汽集团英文缩写"GAC"的首字母"G"的艺术化变形,同时也是广汽乘用车的产品标识。"G"形标志是对"至精志广"的全新演绎,也代表着全球化(globalization)、英才(genius)、荣耀(glory)、卓越(greatness)和信诺(guarantee)。

传祺是广州汽车集团乘用车有限公司生产的自主品牌汽车。"祺"在中文里是幸福、吉祥的意思,"传祺"有传递吉祥、祺福品质生活的意蕴,寓意了广汽乘用车将伴随用户一路同行的吉祥含义。传祺汽车标志如图4-109所示。

图4-109　传祺汽车标志

2) 埃安

埃安是广汽埃安新能源汽车有限公司推出的自主高端智能电动车品牌。埃安是"AION"的中文发音,"AI"代表智能,"ON"是在线的意思,表达广汽埃安要做人工智能在线的企业、实现中国品牌走向世界的志向。

原来的埃安汽车标志是在广汽集团标志的基础上增加了蓝色背景的图案。2021年,埃安汽车标志不再使用蓝色背景,而是给"G"形的内部边框增加了浅蓝色,同时在车身尾部、方向盘等位置,使用了扁平化的"AION"字体图案。2022年9月15日,广汽埃安启用独立的汽车标志(见图4-110),标志图案是字母"AI"的艺术化设计,形似一个向上的箭头,寓意是企业不断向上腾飞并伴随用户扶摇直上、一飞冲天。

图4-110　埃安汽车标志

七、奇瑞汽车股份有限公司及品牌

1. 公司简介

奇瑞汽车股份有限公司成立于1997年,是国内最大的集汽车整车、动力总成和关键零部件的研发、试制、生产和销售于一体的自主品牌汽车制造企业,也是中国最大的乘用车出口企业,公司总部位于安徽省芜湖市。

1999年,第一辆奇瑞轿车下线。

2011年,奇瑞获得中国首批汽车出口"AAA级"企业信用评价。

2017年,奇瑞获得"2016中国最佳自主品牌汽车企业"称号。

2021年,奇瑞在"2021年中国企业500强"中名列第258位。

奇瑞汽车公司生产的自主品牌汽车有奇瑞、瑞麒、星途、捷途等。

2. 汽车品牌及标志

1) 奇瑞

奇瑞汽车标志(见图4-111)以一个循环椭圆为主体,由三个字母"C""A""C"组成,是Chery Automobile Company(奇瑞汽车公司)的缩写,中间镶有钻石状立体三角形,寓意质感、科技和未来。

图4-111 奇瑞汽车标志

2) 瑞麒

瑞麒是奇瑞汽车公司2007推出的小型MPV车型的汽车品牌,英文称为Riich。

瑞麒汽车标志(见图4-112)由一双展开的飞翼和字母"R"组成,彰显了其奋进、大气的风格,也凸显了这一品牌的核心价值:自由、驾驭、先锋感。银色飞翼与金色字母的组合,极大地增添了瑞麒标志的品质感,同时也展示了追逐更高品质生活、崇尚更高境界人生的强烈希望。

图4-112 瑞麒汽车标志

3) 星途

星途是奇瑞汽车公司2018年推出的高端汽车品牌。"星"代表星空,一片始终渴望探索的未知领域;"途"代表征途,一段不断超越的历程。

星途汽车标志图案(见图4-113)是"EXCEED"(超越)的艺术化字体。

图4-113 星途汽车标志

4) 捷途

捷途是奇瑞汽车公司2018年推出的汽车品牌。"捷"取自"事业捷成",出自《荀子·君子》,意为事业顺利成功,寓意用户成就精彩美满生活;"途"取自"天下同归而殊途",出自《周易·系辞下》。捷途的英文"JETOUR"取自JET+TOUR,意为便捷+旅途，直译"便捷的旅途"，和中文捷途相契合。

捷途汽车标志图案(见图4-114)是"JETOUR"的艺术化字体。

JETOUR

图4-114　捷途汽车标志

八、浙江吉利控股集团有限公司及品牌

1. 公司简介

浙江吉利控股集团有限公司(以下简称"吉利集团")是中华人民共和国第一家民营轿车生产经营企业，是李书福于1986年在杭州创立的。

1986年，李书福以冰箱配件为起点开始了吉利创业历程。

1989年，公司转产高档装潢材料，研制出第一张中国造镁铝曲板。

1994年，公司生产出中国第一辆豪华型踏板式摩托车。

1996年，吉利集团有限公司成立，走上了规模化发展的道路。

1997年，吉利进入汽车产业。

1998年，第一辆吉利汽车在浙江省临海市下线。

2001年，吉利成为中国首家获得轿车生产资格的民营企业。

2003年，浙江吉利控股集团有限公司成立。同年，浙江吉利国润汽车有限公司成立。

2004年，浙江吉利国润汽车有限公司更名为吉利汽车控股有限公司。

2005年，吉利汽车的股票在香港上市。

2009年，吉利汽车集团成功收购全球第二大自动变速器公司——澳大利亚DSI(drivetrain systems international)公司。

2010年，吉利汽车集团收购沃尔沃汽车公司100%股权以及相关资产(包括知识产权)，成为中国第一家跨国汽车公司。

2021年，浙江吉利控股集团有限公司在"2021年中国企业500强"中名列第72位。

2. 汽车品牌及标志

自1998年第一辆吉利牌汽车下线，吉利集团先后生产了经济型轿车美日、豪情，中级轿车自由舰、华普、金刚以及跑车美人豹，除了华普外，使用的汽车标志都是吉利的第一代车标(见图4-115)，俗称"六六大顺"车标。目前吉利汽车集团在用的自主品牌有帝豪、全球鹰、英伦、领克等。

图4-115　第一代吉利汽车标志

1) 帝豪

帝豪是吉利集团于2014年推出的汽车品牌。帝豪汽车标志造型是一个盾形徽标，突出了帝豪安全造车的理念，也凸显了帝豪车主尊贵的身份；由三个红(蓝)色宝石与三个黑色宝石交错相隔，黑色宝石构成"V"字形，代表胜利的意思，表明了帝豪汽车对自己未来前景的充足的信心。

2019年，帝豪汽车又推出了经过扁平化设计的车标(见图4-116)，把边框的金色变成了银色，把原来具有立体感的红(蓝)色块也变成了扁平化的黑色，更具有科技感和时代感。

图4-116　帝豪汽车标志

2) 全球鹰

全球鹰是吉利集团于2008年推出的汽车品牌。全球鹰的品牌标志(见图4-117)的整体外廓为椭圆形，椭圆形状呈掎角之势，寓意吉利开拓、奋进、忠诚和使命感；标志中间为吉利首字母"G"的变体，同时又是阿拉伯数字"6"的形状，"6"在中国传统文化中含有"吉祥顺利"的寓意，不仅传承了"六六大顺"标志的文化理念，还象征在新的发展阶段吉利正以全新的激情和姿态，蓄势待发，并在不断的自我雕琢中崭露头角。

图4-117　全球鹰汽车标志

3) 英伦

英伦是吉利集团与英国锰铜集团于2007年合资创立的汽车品牌。英伦汽车标志(见图4-118)采用中国传统的太极图形状，当中所运用的特征元素分别取材于中英两国文化。英国标志性雕像"不列颠尼亚女神"是英国的化身，反映出英伦品牌的英国历史背景和文化根基；星形图案使人联想到中国国旗上的五星；六段线条源自于吉利集团的"六六大顺"标志，象征着幸运和财富，也寓意"团队精神、学习精神、创新精神、拼搏精神、实事求是、精益求精"的吉利精神。标志整体形象代表东西方文化的完美融合，展现了底蕴深厚的文化内涵，传递出中西合璧的背景，体现了源于经典但不断进取的品牌个性。

图4-118　英伦汽车标志

4) 领克

领克是由吉利集团与沃尔沃集团于2016年合资创立的汽车品牌。领克品牌在技术与品质上对标豪华品牌，在市场定位和消费群体上对标一线外资品牌，为消费者创造全新的品牌体验和价值感。

领克汽车机舱盖前面的车标(见图4-119)代表着两只正在紧紧握住的手，代表着该品牌是吉利和沃尔沃联手共同研发的，并在以后还将深度合作。

领克汽车车尾部以及四个轮毂中心均以领克的英文名字Lynk & Co的艺术化变形作为标志(见图4-120)，象征以先进的智能互联技术，实现人、车、科技、互联的无间连接。CO是一系列词语的组合，即Connected、Collaboration等代表着互联网时代的开放与协作的精神，也代表着互联网时代的无限可能。

图4-119　领克汽车标志(前)　　　　图4-120　领克汽车标志(后)

九、比亚迪股份有限公司及品牌

1. 公司简介

比亚迪股份有限公司是一家拥有IT、汽车及新能源三大产业群的高新技术民营企业，拥有员工22万人,总部设于广东省深圳市。

1995年,比亚迪公司成立。

1998年,比亚迪欧洲子公司成立。

2000年,比亚迪成为摩托罗拉第一个中国锂离子电池供应商。

2002年,比亚迪成为诺基亚第一个中国锂离子电池供应商。

2003年,公司收购了西安秦川汽车公司。

2005年,第一辆自主品牌轿车比亚迪F3汽车上市。

2009年,公司收购美的三湘客车,获得客车生产准生证。

2011年,比亚迪股份有限公司在深圳交易所上市。

2012年,公司推出比亚迪王朝系列汽车品牌。

2021年,比亚迪股份有限公司在"2021年中国企业500强"中名列第147位。

2. 汽车品牌及标志

比亚迪的英文名称BYD是"build your dreams"的缩写,意为"成就你的梦想"。第一代比亚迪汽车标志(见图4-121)是在黑色背景的椭圆环上,标注着"BYD"字母,图案中央由蓝色和白色各占一半的椭圆形构成的"蓝天白云"图案。2009年,比亚迪汽车推出以"BYD"艺术字体为核心的椭圆形标志。2021年,比亚迪汽车标志取消了椭圆形边框,并对"BYD"字体进行了扁平化处理,如图4-122所示。比亚迪王朝系列汽车标志如图4-123所示。

图4-121 第一代比亚迪汽车标志　　　　图4-122 新的比亚迪汽车标志

图4-123 比亚迪王朝系列汽车标志

十、长城汽车股份有限公司及品牌

1．公司简介

长城汽车股份有限公司是一家全球化智能科技公司。长城汽车的业务包括汽车及零部件设计、研发、生产、销售和服务,并在氢能、太阳能等清洁能源领域进行全产业链布局,重点进行智能网联、智能驾驶、芯片等前瞻科技的研发和应用,旗下拥有长城、哈弗、WEY、欧拉、坦克和长城炮等汽车品牌。

1984年,长城汽车制造厂成立。

1991年,开始生产长城(Great Wall)轻型客货汽车。

1995年,第一辆长城迪尔(Deer)皮卡下线。

1998年,更名为长城汽车有限责任公司。

2000年,成立保定长城华北汽车有限责任公司和长城内燃机制造有限公司。

2001年,更名为长城汽车股份有限公司。

2003年,公司在香港H股上市,成为国内首家在香港H股上市的民营汽车公司。

2014—2021年,长城汽车公司生产的哈弗H6汽车连续8年在全国汽车SUV车型销售量排行榜中排名第一。

2021年,长城汽车股份有限公司在"2021年中国企业500强"中位列第212名。

2．汽车品牌及标志

1) 长城

长城是长城公司的名称和早期生产的皮卡汽车的品牌,后来生产的SUV车型也使用该名称。目前人们熟悉的长城汽车标志(见图4-124)是2008年开始使用的,标志图案由椭圆环与长城烽火台构成的。椭圆外形寓意为立足中国,走向世界;烽火台形象是中国传统文化中长城的象征,又像一个剑锋式箭头,代表长城汽车充满活力、蒸蒸日上、敢于亮剑和无坚不摧,还像立体的数字"1",象征长城汽车企业快速反应,永争第一。

图4-124 长城汽车标志

2) 哈弗

哈弗是长城汽车公司于2013年推出的越野汽车(SUV车型)品牌。哈弗的英文是"haval",即"自由翱翔"的意思。哈弗汽车标志(见图4-125)是"HAVAL"字体的艺术化变形,银色字体下面的背景颜色有红色和蓝色两种。2021年,哈弗开始使用不带背景颜色的新标志。

图4-125　哈弗汽车标志

3) WEY

WEY是长城汽车公司于2016年推出的豪华SUV车型的汽车品牌。WEY(中文名为"魏牌")使用了长城汽车公司创始人魏建军的姓氏音译(注:WEY是中文"魏"的罗马文)。标志图案(见图4-126)中的旗杆(注:保定古城的直隶总督府门前曾经矗立着全国最高的旗杆)和"POATING"(注:保定的英文)表达WEY品牌对故乡保定的由衷敬意,还寓意WEY品牌的追求和承诺是树立中国豪华SUV的旗帜与标杆。

图4-126　WEY牌汽车标志

4) 欧拉

欧拉是长城汽车公司于2018年创立的电动车品牌。莱昂哈德·欧拉(Leonhard Euler)是著名的数学家。数学是人类科技创新的基础,也是汽车设计研发的核心与前提。汽车品牌取名"欧拉",寓意长城汽车将继续一丝不苟,坚持造好车。

欧拉的英文名"ORA",是open(开放)、reliable(可靠)和alternative(非传统)的组合。

欧拉汽车标志图案(见图4-127)由感叹号衍生而来,寓意为致敬和问候,即向欧拉先生致敬,向用户问候,向世界问候。

图4-127　欧拉汽车标志

5) 坦克

坦克是2021年长城汽车公司申请注册的高端SUV车型汽车品牌。坦克汽车标志(见图4-129)整体采用直线构成的矩形并加入圆角,内部则为立体的T型标识,下方标有坦克英文"TANK"。坦克标志整体采用大量硬朗线条与金属板块的拼合,强调了坦克品牌的硬朗感与科技感;在标志外边框上,又采用柔和的立体边框包裹,在边角处采用柔和的圆润设计,与坦克、盾牌刻画出的"硬汉"形象,形成视觉对比。

图4-129 坦克汽车标志

6) 长城炮

长城炮是长城汽车公司于2019年推出的长城皮卡系列汽车品牌。长城炮汽车标志图案(见图4-130)由power、PK和perfect三个英文首字母"P"字演化而来。power(力量与实力)、PK(挑战与创新)和perfect(完美与极致生活)是"长城炮"品牌的三个重要含义,象征着该品牌追求精神的内涵,代表着那些向往自由、无惧挑战、追求完美、有鲜明时代特征的精英人群。

图4-130 长城炮汽车标志

十一、华晨汽车集团控股有限公司及品牌

1. 公司简介

华晨汽车集团控股有限公司是以整车、动力总成、核心零部件的研发、生产、销售和汽车售后市场业务为主体,也涉足汽车金融、新能源(风电等可再生资源)等其他产业的国有企业,总部位于辽宁省沈阳市。

1949年，沈阳华晨金杯汽车有限公司前身国营东北公路总局汽车修造厂成立。

1958年，在修造厂的基础上沈阳汽车制造厂成立。

1959年，沈阳汽车制造厂试制成功5台"巨龙"牌载货汽车。

1978年，沈阳汽车制造厂进行全面整顿，以沈阳汽车制造厂为龙头，成立了沈阳市汽车工业公司。

1988年，以几经变身更名的沈阳汽车制造厂为基础，成立了金杯汽车股份有限公司。

1991年，沈阳金杯客车制造有限公司成立。

1992年，沈阳汽车制造厂与美国通用公司合资成立金杯通用汽车有限公司。

2001年，华晨汽车集团控股金杯汽车。

2002年，华晨汽车集团控股有限公司成立。

2003年，华晨汽车集团与宝马集团合资创立华晨宝马汽车有限公司。

2020年，华晨汽车集团破产重整。

华晨汽车集团生产宝马合资品牌汽车，拥有的自主汽车品牌有中华、金杯、华颂等。

2．汽车品牌及标志

1) 中华

中华是华晨汽车集团于2002年推出的轿车品牌。中华汽车标志(见图4-130)是由小篆演变过来的一个"中"字，表明中华汽车是中国人自主生产的汽车；其形状又像一个金杯，表明中华汽车力争行业冠军的志向，同时也说明了中华汽车品牌与金杯汽车品牌密不可分的关系。

图4-130　中华汽车标志

2) 金杯

金杯是沈阳华晨金杯汽车有限公司于1989年推出的商用车品牌。金杯汽车标志图案(见图4-131)是在盾形的轮廓内树立着一座金色的奖杯，表明金杯汽车秉承"汇融天下，精铸金杯，卓越品质，回报社会"的经营理念，不断提高企业创新和发展能力，提升产品研发水平，为用户提供性能先进、质量可靠、造型美观、经济实用的产品和一流的服务。

图4-131　金杯汽车标志

3) 华颂

华颂是华晨汽车集团于2014年推出的高端汽车品牌。"华"取自华晨汽车之华阳正初上、晨曦射万芒之寓意，更代表着华夏民族乐于进取之心；"颂"表达敬重和盛赞。"华颂"代表着对成就和功绩的传颂和褒奖，更表达着对美好生活的大美期许。华颂汽车标志(见图4-132)由大小两个"V"字构成，V即victory，胜利和成功之意，代表着使用和喜爱这个品牌的消费者必将从成功走向更大的成功。

图4-132　华颂汽车标志

十二、江淮汽车集团股份有限公司及品牌

1.公司简介

江淮汽车集团股份有限公司是一家集全系列商用车、乘用车及动力总成研产销和服务于一体，涵盖汽车出行、金融服务等众多领域的综合型汽车企业集团，总部位于安徽省合肥市。

1964年，合肥江淮汽车制造厂成立。

1990年，中国第一台真正意义上的客车专用底盘在江淮汽车公司诞生。

1997年，安徽江淮汽车集团有限公司成立。

1999年，安徽江淮汽车股份有限公司成立，隶属于安徽江淮汽车集团有限公司。

2017年，江淮大众汽车有限公司成立。

2021年，江淮汽车集团股份有限公司在"2021年中国企业500强"中位列第348位。

江淮汽车集团股份有限公司生产的合资品牌有思皓汽车，自主汽车品牌有江淮、安凯等。

2. 汽车品牌及标志

1) 江淮

原来的江淮汽车标志是椭圆形的外环内有一个五角星。2016年，江淮汽车推出目前使用的汽车标志(见图4-133)。

图4-133　江淮汽车标志

江淮汽车标志是一个椭圆造型，中间是JAC三个英文字母，寓意着江淮汽车自强不息的决心。

2) 安凯

安凯是江淮汽车集团公司旗下的客车品牌。安凯汽车标志(见图4-135)以一个椭圆图形和椭圆内的"A"和"K"两个字母组成，整体造型的设计上，强调立体感和金属感，符合车标的国际流行趋势。

图4-134　安凯汽车标志

十三、蔚来汽车有限公司及品牌

1. 公司简介

蔚来(NIO)是一家全球化的智能电动汽车公司，于2014年11月由李斌主导创立，总部现坐落于安徽省合肥市。

蔚来旗下主要产品包括蔚来ES6、蔚来ES8、蔚来EC6、蔚来EVE、蔚来EP9、蔚来ET7等。蔚来致力于通过提供高性能的智能电动汽车与极致用户体验，为用户创造愉悦的生活方式。

在2022年5月发布的"2022福布斯全球企业2000强"中，蔚来汽车名列第1807位。

2. 汽车品牌及标志

蔚来汽车品牌名称与公司名称都是"蔚来"(NIO)。NIO取意A new day(新的一天)，表达了蔚来追求美好明天和蔚蓝天空、为用户创造愉悦生活方式的愿景。

蔚来汽车标志的图案(见图4-135)由上下两个几何化的图形构成。上面的半圆环代表苍穹，象征着开放、未来的天空；下面的图形代表道路和地平线(天际线)，象征着前进的道路通向无尽的远方。

图4-135　蔚来汽车标志

十四、理想汽车有限公司及品牌

1. 公司简介

理想汽车是中国新能源汽车制造商，设计、研发、制造和销售豪华智能电动汽车，于2015年7月创立，创始人是李想，公司总部位于北京。

在2022年5月发布的"2022福布斯全球企业2000强"中，理想汽车名列第1985位。

2. 汽车品牌及标志

理想汽车品牌名称与公司名称相同。理想汽车标志(见图4-136)是"Li"的艺术化变形。"Li"既是创始人李想的姓氏的拼音，也是原来的品牌名称"理想智造(leading ideal)"的英文缩写，也代表电动车锂电池中的锂(Li)离子。

图4-136　理想汽车标志

十五、小鹏汽车科技有限公司及品牌

1. 公司简介

广州小鹏汽车科技有限公司是一家智能汽车设计及制造公司,于2014年成立,创始人是何小鹏、夏珩、何涛,公司总部位于广州。

2021年,在"2021福布斯全球企业2000强"中,小鹏汽车名列第1906位。

2. 汽车品牌及标志

小鹏汽车品牌名称与公司简称相同,名曰"小鹏"。小鹏汽车标志是公司简称拼音的首字母"X"的艺术化变形(见图4-137)。

图4-137 小鹏汽车标志

十六、浙江零跑科技股份有限公司及品牌

1. 公司简介

零跑汽车(LEAPMOTOR)是浙江零跑科技股份有限公司旗下的科技型智能电动汽车品牌,于2015年成立,创始人是朱江明和吴保军。

2. 汽车品牌及标志

零跑的汽车标志是希腊字母φ的小写的艺术化处理(见图4-138)。φ代表黄金分割的数值,是美的理想形式,寓意是为用户提供优美和理想的智能化汽车。

图4-138 零跑汽车标志

十七、赛力斯汽车有限公司及品牌

1．公司简介

赛力斯汽车有限公司成立于2012年，注册地址位于重庆市江北区福生大道229号，法定代表人为岑远川。

2．汽车品牌及标志

问界汽车是赛力斯汽车有限公司旗下的高端新能源汽车品牌，是赛力斯汽车有限公司与华为技术有限公司于2021年12月联合设计和发布的。

问界汽车标志由六边形的细长图案和中间的字母AITO组成(见图4-139)。AITO是Adding Intelligence to Auto的首字母缩写，含义是将智能带入汽车，让汽车变得更智慧，展现了问界汽车品牌的愿景。

图4-139　问界汽车标志

十八、恒驰新能源汽车集团及品牌

1．公司简介

恒驰新能源汽车集团于2019年成立，是恒大集团旗下业务范围覆盖整车制造、底盘架构、动力总成、动力电池、零部件、智能网联、汽车销售及智慧充电的新能源汽车全产业链的汽车集团公司。

2．汽车品牌及标志

恒驰是恒驰新能源汽车集团旗下的新能源汽车品牌。恒驰汽车标志的图案的外部轮廓是盾牌形状，内部为蓝色的背景下一只雄狮在红色的地球上怒吼的形象(见图4-140)，寓意是"保护蓝天，决胜红海，东方雄狮，傲视全球"。

图4-140　恒驰汽车标志

十九、合众新能源汽车有限公司及品牌

1. 公司简介

合众新能源汽车有限公司是2018年6月成立的以生产新能源汽车为主要业务的公司。

2. 汽车品牌及标志

哪吒汽车是合众新能源汽车有限公司生产的新能源汽车。"哪吒"作为中国传统文化中的典型形象,其脚踏风火轮的形象深入人心,代表着古代人民对于简单、轻松、自在的出行方式的向往。同时,哪吒也是勇敢、自信、无畏的精神化身。合众旗下的汽车产品品牌以哪吒命名,是对哪吒精神的深度致敬,也是其在当下新科技、新能源、新时代背景下的再一次升级。

哪吒汽车标志是艺术化设计的喷泉图案,由神经元、树、翼、泉四个自然意象元素组成(见图4-141),寓意人工智能AI、勃发成长、动感飞翔、灵感迸发。

图4-141　哪吒汽车标志

二十、深圳腾势新能源汽车有限公司及品牌

1. 公司简介

深圳腾势新能源汽车有限公司是由中国新能源汽车领军企业比亚迪与世界豪华车制造

巨头梅赛德斯-奔驰共同设立的合资企业，于2010年正式成立，总部设在深圳。

2．汽车品牌及标志

腾势是中国首个致力于新能源汽车生产的合资品牌。腾势汽车标志图案整体是圆形轮廓，寓意是让用户视线更加聚焦，增强动势，象征启动出行新时代；周身银色，向中间聚拢，代表力量的聚合；顶端开放，寓意品牌开放包容的格局；中心部分是蓝色的背景，两侧银色部分像一双翅膀，象征科技的腾势蓝注入双翼中心，代表可持续蔚蓝梦想。腾势汽车标志如图4-142所示。

图4-142　腾势汽车标志

复习思考题

一、单项选择题

1．"精美、可靠、耐用"是(　　)公司的企业宗旨。
　A．奔驰　　　　B．大众　　　　C．宝马　　　　D．奥迪

2．奥迪目前是(　　)公司旗下的汽车品牌。
　A．奔驰　　　　B．宾利　　　　C．宝马　　　　D．大众

3．兰博基尼的原产国家是(　　)。
　A．德国　　　　B．英国　　　　C．法国　　　　D．意大利

4．劳斯莱斯目前是(　　)公司旗下的汽车品牌。
　A．奔驰　　　　B．大众　　　　C．宝马　　　　D．法拉利

5．标致汽车标志的"狮子"图案最早应用在(　　)产品上。
　A．齿轮　　　　B．镰刀　　　　C．钢锯　　　　D．斧头

6．沃尔沃现为我国的(　　)汽车公司旗下的汽车品牌。
　A．奇瑞　　　　B．长安　　　　C．吉利　　　　D．比亚迪

7．(　　)公司开发出了世界上第一个汽车生产流水线。
　A．奔驰　　　　B．大众　　　　C．通用　　　　D．福特

8. "吉普"是一个汽车( )的名字。

A. 类别   B. 型号   C. 品牌   D. 创始人

9. "特斯拉"的名称是为了向( )特斯拉致敬。

A. 汽车发明家   B. 汽车企业创始人   C. 探险家   D. 物理学家

10. 雷克萨斯是( )旗下的高端品牌。

A. 丰田   B. 本田   C. 日产   D. 铃木

11. 新中国自主生产的第一辆汽车的品牌是( )。

A. 红旗   B. 东风   C. 解放   D. 奔腾

12. 新中国自主生产的第一辆轿车的品牌是( )。

A. 解放   B. 红旗   C. 上海   D. 东风

13. 在中华人民共和国成立70周年庆典上,被用作检阅车的车型是( )。

A. 红旗L5   B. 红旗L9   C. 红旗H5   D. 红旗H9

14. 东风汽车集团的前身是( )。

A. 一汽   B. 二汽   C. 广汽   D. 上汽

15. 五菱目前是( )旗下的汽车品牌。

A. 一汽   B. 二汽   C. 广汽   D. 上汽

16. 我国第一家民营汽车生产企业是( )汽车公司。

A. 比亚迪   B. 奇瑞   C. 吉利   D. 蔚来

17. 长安汽车公司的前身可追溯到新中国成立前的( )。

A. 民用机械制造厂   B. 兵工厂   C. 汽车修理厂   D. 金属冶炼厂

18. 哈弗是( )汽车公司旗下的SUV汽车品牌。

A. 一汽   B. 东风   C. 长城   D. 奇瑞

19. 传祺是( )汽车公司旗下的汽车品牌。

A. 上汽   B. 东风   C. 长城   D. 广汽

20.( )是新能源汽车品牌。

A. 中华   B. 长城   C. 蔚来   D. 欧尚

二、简述题

1. 一汽旗下有哪些汽车品牌?

2. 东风汽车公司旗下有哪些汽车品牌?

3. 上汽旗下有哪些汽车品牌?

4. 广汽旗下有哪些汽车品牌?

5. 吉利汽车公司旗下有哪些汽车品牌？
6. 比亚迪汽车公司旗下有哪些汽车品牌？
7. 长城汽车公司旗下有哪些汽车品牌？
8. 我国目前有哪些新能源汽车品牌？

第五章 汽车业界名人

第一节 国外汽车业界名人

1．卡尔·本茨

卡尔·本茨(Carl Benz，1844—1929年)，第一辆汽车的发明者，戴姆勒-奔驰汽车公司的创始人之一，被誉为"汽车之父"。

1844年，卡尔·本茨出生在德国巴登-符腾堡州的卡尔斯鲁厄，父亲是一名火车司机，在本茨两岁时他父亲因火车事故去世(对于本茨父亲去世的时间目前还有待验证，另一种说法是本茨的父亲是在1843年去世的，本茨是以遗腹子的身份出生的)。从中学时期，本茨就对自然科学产生了浓厚的兴趣。由于家境清寒，他还要靠修理手表来挣零用钱。

1860年，在母亲的提议下，本茨进入了卡尔斯鲁厄综合科技学校，学习机械构造、机械原理、发动机制造、机械制造经济核算等课程，为日后的发展打下了良好基础。

1872年，在先后辗转了卡尔斯鲁厄机械厂学徒、制秤厂的设计师、桥梁建筑公司工长等工作后，服过兵役并已娶妻生子的本茨与奥格斯特·里特(August Ritter)合作组建了工厂——奔驰-里特铁器铸造公司和机械工厂，专门生产建筑材料。

1878年，本茨申领了生产奥托四冲程煤气发动机的营业执照，经过一年多的设计与试制,于1879年制造出第一台单缸煤气发动机(转速为200r/min,功率约为0.7kW)。

1882年,本茨以股份制公司形式创立了曼海姆燃气发动机厂。

1883年,本茨与马克斯·罗斯(Max Rose)及弗里德里希·威廉·埃斯林格(Friedrich Wilhelm Esslinger)在曼海姆联合创立了奔驰公司莱茵燃气发动机厂,1899年更名为奔驰公司,并将二冲程"奔驰系统(System Benz)"发动机投放市场。

1885年,本茨试制成功世界上第一辆单缸发动机三轮汽车。

1886年1月29日,本茨向德国专利局递交了汽车专利的注册申请,并于同年11月2日获得专利证书。

1893年,本茨研制成功了性能先进的维克托得亚牌汽车。它采用本茨专利的3L发动机,方向盘安装在汽车中部。尽管该车性能先进,但由于价格昂贵,很少有人购买得起,成为公司的滞销品。这种在技术上为奔驰带来了极高荣誉的汽车,在经济上并没有带来多高的利润。

1894年,本茨又开发生产了便宜的"自行车"。这种"自行车"销路很好,在一年时间内就销出了125辆,给奔驰带来了较高的利润。后来,奔驰又对前期生产的维克托得亚牌汽车进行了改进,将车厢座位设计成面对面的18个,该车成为世界上第一辆公共汽车。

1899年,本茨制造出第一辆赛车。

1906年,本茨和他的两个儿子在拉登堡成立了奔驰父子公司。

1912年,卡尔·本茨辞去董事总经理一职,并将全部管理权移交给他的儿子们。

1926年,奔驰汽车公司与戴姆勒汽车公司合并,戴姆勒-奔驰股份公司(Daimler-Benz AG)创立。在生命的最后几年(1926年至1929年),作为戴姆勒-奔驰股份公司的董事会成员,卡尔·本茨依然积极参与公司的活动。

1929年4月4日,汽车之父——卡尔·本茨在德国拉登堡的家中去世。

2. 戈特利布·戴姆勒

戈特利布·戴姆勒(Gottlieb Daimler,1834—1900年),戴姆勒-奔驰汽车公司的创始人之一。

1834年,戴姆勒出生于德国符滕堡雷姆斯河畔舍恩多夫的一个手工业工人家庭,父亲是一位面包店老板,家庭氛围决定了他从小就拥有超强的动手能力。

1841年,年满7岁的戴姆勒进入一所拉丁学校学习,此时他对工程学产生了浓厚的兴趣。

1848年,14岁的戴姆勒成为一名制枪匠,对机械的热爱与日俱增。

1852年,戴姆勒毅然放弃工作,前往斯图加特并就读于斯图加特工业工艺学校,学习机械工程方面的课程。在学校学习期间，戴姆勒勤奋刻苦，即使周末也不停地学习。经过几年的学习后，在老师的协助下，戴姆勒前往格拉芬斯塔登的罗莱·施威克(R&S)工厂工作，因工作表现出色，被任命为领班。

1856年，戴姆勒决定去斯图加特理工学院深造，仅用两年就完成了物理、化学、机械等多门课程。

1861年，戴姆勒先后在法国和英国从事多项相关技术工作，熟练地掌握了机床设计和使用技巧。

1862年，戴姆勒在伦敦工作期间，参观了国际博览会的蒸汽车，发现其与马车结构相似，但并未激发他的灵感。

1863年，戴姆勒加入了布鲁德豪斯·罗伊特林根工厂。

1869年，戴姆勒加入卡尔斯鲁厄机械制造厂担任技术总监。

1872年，戴姆勒担任道依茨燃气发动机厂技术总监。

1883年，戴姆勒与威廉·迈巴赫共同研制出第一台高速四冲程发动机。

1885年，戴姆勒和迈巴赫发明了紧凑轻盈的"祖父时钟"(Grandfather Clock)内燃发动机。为了测试发明，戴姆勒将发动机安装在木制两轮车架内，制造出世界上第一台摩托车。迈巴赫驾驶着这辆摩托车行驶了3km，时速达到12km/h。

1887年，戴姆勒在坎斯特塔特的希尔伯格山购买了一处房产，作为新的办公地点，并招募了23名员工。戴姆勒负责商业事务，迈巴赫负责发动机设计。

1889年，戴姆勒和迈巴赫制造出第一款汽车Stahlradwagen，采用四速齿轮，配备V形发动机，并在当年10月举办的巴黎博览会上向公众展示。

1890年，戴姆勒与马克斯·杜滕霍费尔、威廉·洛伦兹共同创立戴姆勒汽车公司(DMG)，由迈巴赫担任首席设计师。戴姆勒汽车公司的产品定位是用于陆路、水路和航空运输的小型、高速的发动机。

1893年，戴姆勒出售了所有股份和专利，辞职离开了戴姆勒汽车公司。而在此之前，迈巴赫也因为与公司的其他股东的发展方向不一致，已经离开了公司。

1894年，迈巴赫与戴姆勒的儿子保罗·戴姆勒共同设计和制造出"凤凰"发动机。

1895年，戴姆勒和迈巴赫携手回归戴姆勒汽车公司，戴姆勒就任监事会监察主任，迈巴赫任技术总监。在两人共同的努力下，戴姆勒汽车公司接连推出公共汽车、卡车、出租车、货车等新产品。

1900年3月6日，现代汽车工业的先驱——戈特利布·戴姆勒因心脏病离世。

1926年，戴姆勒和本茨两人的后人将戴姆勒汽车公司与奔驰汽车公司合并，联合组建了戴姆勒-奔驰汽车公司。

3. 费迪南德·波尔舍

费迪南德·波尔舍(Ferdinand Porsche，1875—1951年)是德国大众汽车公司的创始人，因在汽车设计和工程技术方面取得的成就，被誉为"汽车设计大师"。

1875年，波尔舍出生于奥匈帝国利贝雷茨附近玛弗斯多夫(现为捷克Vratislavice)的一个铁匠世家。波尔舍从小就对机械表现出极高的兴趣，并且热衷于新兴的电学，非常喜欢动手做实验。为了能够进一步丰富自己的知识，波尔舍白天在苏台德地区的中心赖兴贝格(如今捷克利贝雷茨)父亲的店铺里帮忙和学习手艺，晚上则跑到当地的技术学校里学习文化和技术知识。

1893年，波尔舍只身前往维也纳，进入贝拉爱格电子公司工作。在这里，他和之前学习工匠手艺一样，以学徒的身份开始，做一些清扫、给皮带上油之类的打杂工作。波尔舍没有上过大学，为了学习高等专业技术知识，他一有时间就会跑到当地的维也纳工学院旁听与机械和电子相关的课程。经过几年的学习和工作，他从一个普通工人成长为检验室的负责人。

1896年，波尔舍凭借其发明的轮毂电机得到了英国赋予的专利。

1897年，波尔舍担任了这家电子公司实验部门的经理，并开始接触汽车。

1898年，波尔舍加入了维也纳洛纳车身工厂，并正式开始了他的汽车生涯。同年，波尔舍与洛纳共同研制出名为"Lohner-Porsche"(洛纳-保时捷)的双座电动车。

1900年，"Lohner-Porsche"在巴黎万国博览会上展出。

1901年，波尔舍又研制出了Mixte车型，并在当年的Exelberg拉力赛(由奥地利汽车俱乐部举办的比赛，1899年首次举行)中一举拿下冠军。

1906年，波尔舍被聘任为戴姆勒公司奥地利分公司技术部经理。这一年，由于成功设计了"玛哈"牌汽车，波尔舍获得了他有生以来的第一枚勋章(颁发给杰出奥地利汽车工程师的Poetting奖项)。

1910年，波尔舍带领三辆自己设计的赛车，参加由德国和奥地利举办的"亨利王子杯"汽车赛，在参赛的175辆汽车中包揽了前三名。

1914年，波尔舍被任命为斯柯达军工厂的技术总监。

1917年，波尔舍被维也纳工业大学授予荣誉博士学位。

1926年，波尔舍在新创立的戴姆勒-奔驰汽车公司任职。

1929年，波尔舍出任奥地利斯太尔公司(Steyr automobile)的技术总监；同年，获得斯图加特高等技术学院(斯图加特大学)颁授的名誉博士。

1930年，由于斯太尔公司被戴姆勒公司收购，波尔舍退出斯太尔公司，创建了自己的公司——保时捷汽车工作室。

1934年，波尔舍以全新角度设计出了具有16缸增压式发动机的第一辆保时捷赛车。

1937年，大众汽车公司成立。

1939年，第一批"大众"轿车下线。

1951年1月30日，费迪南德·波尔舍从沃尔夫斯堡返回斯图加特的途中中风逝世。

4．奥古斯特·霍希

奥古斯特·霍希(August Horch，1868—1952年)是德国汽车工业重要先驱者之一，是奥迪公司和品牌的创始人，被誉为"奥迪之父"。

1896年，霍希在卡尔·本茨开设的奔驰公司担任生产负责人的职务。

1899年，霍希离开了奔驰公司，在莱茵河畔建立了自己的汽车制造公司——奥古斯特·霍希公司。

1909年，霍希离开了以他名字命名的公司。

1910年，奥迪汽车公司成立。

1932年，奥迪汽车公司与小奇迹(DKW)、霍希(Horch)和漫游者(Wanderer)共同组成了汽车联盟，奥迪汽车标志紧扣相连的4个圆环，象征公司成员平等、互利、协作的亲密关系和奋发向上的敬业精神。

5．阿尔芒·标致

阿尔芒·标致(Armand Peugeot，1849—1915年)，法国标致汽车品牌创始人。

1849年，阿尔芒·标致出生在法国一个有着近300年家族企业历史的家庭中，家族企业主要生产弹簧、锯条、自行车、缝纫机等产品。由于自己家庭的这种与工业制造密不可分的关系，阿尔芒·标致从小就对机械和经营充满了浓厚的兴趣。

按照家族企业的传统，阿尔芒·标致在成年后接过了公司的管理权，并继续着公司的传统生产项目，但对机械充满浓厚兴趣的阿尔芒·标致并不满足公司只限于生产这类小玩意，他始终希望公司可以转型生产更加复杂的机械化设备。

1889年，在巴黎万国博览会上，阿尔芒·标致就带来了一台与著名的蒸汽动力学家莱昂·塞伯莱合作制造并以自己的名字"标致"命名的三轮蒸汽汽车。

1892年，公司生产的汽车首次采用了橡胶质地的轮胎，大大地提高了汽车的舒适性。

1896年，阿尔芒·标致在里尔成立了法国标致汽车公司。

1911—1913年，标致汽车公司的产量翻了三番，共生产9338辆汽车，占当时法国全国汽车产量的50%，其市场占有率更是高达惊人的 20%。也就是说，在当时的法国街道上，每5辆车型中就有一辆是标致汽车。

1915年，法国汽车工业的先驱——阿尔芒·标致因病去世。

6. 雪铁龙

安德烈·雪铁龙(André Citroen，1878—1935年)，法国雪铁龙汽车公司的创始人。

1878年，安德烈·雪铁龙出生在法国巴黎一个从事珠宝生意的商人家庭。年轻时，安德烈·雪铁龙就认定科技进步将给人类带来幸福，所以他选择巴黎综合工科学院就读，准备将来当一名工程师。

1900年，雪铁龙在去波兰外婆家探亲度假的途中，因注意到一个装置上按"人"字形拼成的齿轮而得到灵感，回来后发明了"人"字形齿轮传动系统，并获得专利。

1905年，雪铁龙成立了一家小公司，专门生产自己的专利产品，因为"人"字形齿轮的平稳和效率，很快开始销往整个欧洲，但雪铁龙对此并不满足，他总觉得只生产齿轮是不够的，还应该继续向前进。

1908年，摩尔斯兄弟开办的电路电子信号设备厂濒临破产，雪铁龙决定接手这家企业。为了找出公司经营弊端，他来到公司基层视察，凭借敏锐的观察力和决断力，他意识到公司最主要的障碍来自小作坊式的生产模式，于是雪铁龙大刀阔斧地改变了旧有的经营方式，使公司的经营状况大有好转。

1912年，雪铁龙来到美国，参观了亨利·福特的汽车厂。这次参观给了他极大的震动，他明白了自己应该做什么，那就是生产汽车。他十分欣赏福特的大批量流水线生产方式，第一次把这种生产方式引入法国，在自己的工厂里进行试验。

1913年，雪铁龙把自己的公司定名为雪铁龙齿轮工厂，专门从事齿轮传动机的生产，同时开始生产汽车。他以齿轮上的齿形形状为象征，建立了工厂标志，并以此作为产品的商标。

1915年，安德烈·雪铁龙创建了雪铁龙汽车公司。

1919年，公司生产出A型车，这是欧洲第一辆采用流水线方式生产的汽车，也是雪铁龙汽车公司创建后制造的第一批汽车。

1922年，在第7届法国巴黎汽车展开幕式上，一架飞机在展览会上空拖出一条长达5km的烟雾字幕——CITROEN(雪铁龙)。当时距离美国莱特兄弟发明飞机成功刚刚9年，飞机还是个稀奇事物，雪铁龙就想出了这样空前壮观的营销宣传活动，实在令人惊叹。此外，雪铁龙公司还在艾菲尔铁塔上挂起了高达30m的巨型灯箱广告——CITROEN。在夜晚的巴黎，"CITROEN"大字显得格外明亮醒目，人们只要看到高大的艾菲尔铁塔，便记住了雪铁龙公司的名字。此举后来被视为世界广告宣传史上的成功典范。

1923年，雪铁龙发起了穿越撒哈拉大沙漠的大型汽车比赛。

1924年，雪铁龙组织了贯穿全非洲的"黑色之旅"赛车活动。

1927年，美国人林白驾驶飞机穿越北大西洋成功，雪铁龙竭力说服这位飞行英雄去自己的工厂接受工人们的祝贺,结果第二天的报纸就登了这样的文章——"林白访问雪铁龙"。

自1928年起,雪铁龙每月的月末都在法国100多家报纸上刊登大幅广告。

1931年,雪铁龙在法国巴黎开办了当时全球最大的汽车商场。除了经销汽车外,汽车商场还放映电影和开办音乐会。同时,雪铁龙又发起了"黄色征服",继贯穿非洲的"黑色之旅",他又让自己的新车深入亚洲,雪铁龙车队从贝鲁特出发,跨越喜马拉雅山,到达北京,历时13个月,行驶3万km,考验汽车面对各种恶劣路况的能力,为20世纪最伟大的发明之一——汽车拓展了极致的可能。

1934年,雪铁龙推出不惜巨资研制生产出的集前轮驱动、底盘车身一体化、液力制动三项尖端技术于一身的T型车——Traction Avant。同年12月,雪铁龙公司由于开发新车型投资巨大、新车型上市周期过长、设计和制造存在缺陷导致销路受阻和负债过多等,无法继续经营而宣告破产。

1935年1月,雪铁龙公司的股份被银行转让给米其林轮胎公司。同年7月3日,安德烈·雪铁龙因病去世。

7. 查理·劳斯和亨利·莱斯

劳斯莱斯汽车品牌的创始人是查理·劳斯(Charles Rolls,1877—1910年)和亨利·莱斯(Henry Royce,1863—1933年)。

1) 查理·劳斯

查理·劳斯于1877年出生在英国的一个贵族世家,是洛德·兰加特克勋爵的第三个儿子。他英俊潇洒、风度翩翩,又富于冒险精神,是英国最早的汽车爱好者,也是最早的赛车运动推进者之一。

劳斯毕业于剑桥大学,后混迹于伦敦上流社会。在剑桥读书时,他就买了一辆标致轿车。

1902年,劳斯开始做汽车生意,他的汽车销售公司很快成为英国最有实力的汽车经销商之一。然而,劳斯还有两大心愿:一是他希望自己的名字能够与高质量的汽车联系在一起;二是他希望能够找到一种英国本土生产的汽车,其质量与他当时销售的外国车辆一样好,甚至是更好。

1904年,莱斯公司的股东亨利·埃德蒙兹告诉劳斯关于亨利·莱斯的新二缸发动机汽车,并说服劳斯亲自到曼彻斯特去看看。劳斯和莱斯一见如故,高谈阔论起汽车工业发展前景。劳斯试驾了莱斯刚刚制造出来的那辆汽车,受到极大震撼,他完全被莱斯的技术折服了。这辆车几乎是完美之作,用按钮启动,运行十分平稳流畅,噪声很小,而且不像当时的汽车那样经常出现故障。劳斯一下子就意识到这就是他想要的高质量的汽车。两个人最后达成一个协议，劳斯负责销售莱斯制造的所有汽车。

1906年，劳斯莱斯有限公司正式宣告成立，莱斯为董事兼总工程师。

1907年，推出劳斯莱斯——"银色魔鬼"轿车，当时被誉为"世界上最好的汽车"。

1910年7月12日，查理•劳斯在伯恩茅斯飞行展的一次飞行事故中坠机身亡。

2) 亨利•莱斯

亨利•莱斯于1863年出生在英国。

1877年，莱斯在大北方铁路公司的蒸汽机车工程部当学徒，其后受雇于里兹一家机器工具公司。

1882年，莱斯被伦敦电灯及电力公司聘用为测试员，后在当地的子公司升任总工程师。

1884年，莱斯在曼彻斯特与一名朋友合资创立F. H.莱斯公司。

1894年，莱斯有限公司注册成立。

1906年，莱斯与劳斯共同成立劳斯莱斯有限公司。

1918年，莱斯获得英国王室颁授的OBE勋衔。

1925年，莱斯设计的茶隼发动机改良成R型发动机，该款发动机促成英国队在1929年和1931年的史奈德杯水上飞机竞赛连续两届蝉联奖杯。莱斯晚年还设计出隼式发动机的原型，该款发动机后来在第二次世界大战期间应用于喷火战斗机和飓风战斗机上，成为该两款战斗机的重要配备。

1930年，莱斯被王室册封为世袭从男爵。

1933年4月22日，亨利•莱斯去世。

8．恩佐•法拉利

恩佐•法拉利(Enzo Ferrari，1898—1988年)是法拉利汽车公司的创始人，被人们称为"赛车之父"。

1898年，恩佐•法拉利出生在意大利北部摩德纳(Modena)的一个小钣金工厂主的家中。恩佐•法拉利的父亲不仅是一个技艺超群的铸铁好手，还是一个如醉如痴的"赛车迷"。在法拉利10岁那年，他的父亲带他到波伦亚观看了一场汽车比赛。赛车场上那集惊险、刺激于一体的惊心动魄的场面深深地吸引了法拉利，他盼望着自己也能成为一名优秀赛车手。13岁那年，他千方百计地说服了父亲，允许他单独驾驶汽车。从此，他与汽车结下了不解之缘。

1917年，法拉利参军入伍。

1918年，第一次世界大战结束，刚退伍的法拉利开始从事赛车手兼试车手的工作。

1920年，恩佐·法拉利加入阿尔法·罗密欧(Alfa Romeo)公司，成为一名职业赛车手。

1929年，法拉利创立了法拉利车队(Scuderia Ferrari)，但仍然代表阿尔法·罗密欧汽车公司参加汽车比赛。

1940年，法拉利成立法拉利工厂，致力于航空事业。

1947年，恩佐·法拉利创立了法拉利汽车公司，并生产了第一辆法拉利Type 125型赛车。

1988年8月14日，恩佐·法拉利在摩德纳去世，享年90岁。

恩佐·法拉利共赢得了14次勒芒24小时耐力赛冠军和9次一级方程式锦标赛(F1)总冠军，而以他的姓氏命名的"法拉利"也成为世界上最具声望的一个高性能赛车的品牌。

9. 费鲁吉欧·兰博基尼

费鲁吉欧·兰博基尼(Ferrucio Lamborghini，1916—1993年)是兰博基尼汽车公司的创始人，在汽车制造业享有盛誉。

1916年，兰博基尼出生在意大利一个地地道道的农民家庭，父母都是在乡下种植葡萄的农民，而他从小就对机械很感兴趣。因为喜爱机械，兰博基尼的父母就把他送进了工业学院读书，毕业后在一家汽车维修店工作。没过多久，第二次世界大战爆发，兰博基尼被迫参军。在部队期间，兰博基尼主要负责军用车辆的维护。正因为如此，兰博基尼熟练地掌握了意大利、德国、英国各种车辆的维修技能。

1948年，退伍后的兰博基尼成立了自己的拖拉机厂，凭借多年在部队维修车辆的技术，20世纪50年代，他的公司成为意大利最大的农业设备制造商。兰博基尼在1958年购买了一辆法拉利250 GT。使用一段时间过后，兰博基尼发现法拉利汽车的不足。于是，兰博基尼找到了恩佐·法拉利，说出了自己的优化建议。但法拉利当时非常傲慢，不仅没有采纳兰博基尼的建议，而且还嘲讽地对兰博基尼说："我不需要一个造拖拉机的人来告诉我如何造跑车。"就因为这句话，兰博基尼下定决心，一定要造出比法拉利更好的跑车。

1963年，费鲁吉欧·兰博基尼在距离法拉利公司所在地摩德纳仅15km的圣阿加塔博洛吉斯(Sant agata bolohgess)成立了兰博基尼跑车制造股份有限公司，并从法拉利公司和玛莎拉蒂公司挖来了大批人才，当年推出他的第一辆(仅此一辆)兰博基尼350 GTV。从此，兰博基尼跑车成了法拉利跑车最有力的竞争品牌。

1993年2月20日，费鲁吉欧·兰博基尼去世。

10. 亨利·福特

亨利·福特(Henry Ford，1863—1947年)，出生于美国密歇根州，企业家、工业家，福特汽车公司的建立者，是美国历史上最有影响力的工业企业家之一，是世界上第一位使用流水线大批量生产汽车的人，被人们誉为"汽车大王"。

1863年，亨利·福特出生于美国密歇根州韦恩郡的史普林威尔镇。福特从小就对机械感兴趣，经常拿他父亲的手表"拆了装、装了拆"。除了父亲的手表外，从妹妹的八音盒，到弟弟的小睡床，再到附近农户的农具，福特几乎不止一次都拆了个遍。福特12岁时就建立了一个自己的机械坊，15岁时亲手造了一台内燃机。

1879年，福特离开家乡去底特律做机械师学徒工，学成后他进入了西屋电气公司。

1891年，福特成为爱迪生照明公司的一名工程师。

1893年，福特晋升为主工程师，开始对内燃机进行研究。

1896年，福特制造了他的第一辆汽车，将它命名为"四轮车"（quadricycle）。

1899年，福特与一些朋友离开了爱迪生照明公司，共同建立了底特律汽车公司。由于福特一心只想研究新车而忽视了卖车，所以这家公司很快就倒闭了。

1901年，福特开办了自己的第二家公司——亨利·福特公司，主要生产赛车，福特还开着自己生产的赛车参加汽车比赛。但不久后，他的资助者就迫使他离开了亨利·福特公司，此后这家公司被改名为凯迪拉克公司。

1903年，福特与其他11位投资者共同建立了福特汽车公司。随着公司的发展，福特逐渐成为公司的第一大股东，拥有了对公司的控制权。

1908年，福特汽车公司推出了T型车。T型车的市场定价是850美元，而当时其他汽车的平均售价是4000美元，所以T型车一上市就遭到了疯抢，第一年的销售数量高达1.06万辆。

1913年，福特将流水线作业方式引入到汽车生产中，创立了全世界第一条汽车流水装配线，工人的生产效率越来越高，汽车产量得到了大幅度的增长。当T型车的价格降至每辆259美元时，亨利完成了"让普通大众也能开上汽车"的梦想。统计资料表明，从第一辆T型车1908年问世到1927年停止生产，福特汽车公司共生产了1500万辆T型车，占到这个期间全世界汽车产量的一半，同时销售总额达到70亿美元之巨。

1915年，时任美国总统威尔逊接见了福特，盛赞福特汽车公司。

1919年，福特收购了公司其他股东的股份，独家拥有了福特汽车公司。

1921年，时任美国总统哈定接见福特，盛赞他"为美国创造了一家最了不起的公司"。

1929年，福特汽车公司在底特律建成了福特博物馆，时任美国总统胡佛参加了福特博物馆落成典礼。

1935年，亨利·福特被《时代》周刊选为年度风云人物。

1936年，亨利·福特与他的儿子埃德赛尔·福特一起在密歇根州创立了美国福特基金会。一开始基金会是一个地区性的福利机构，其目的是广泛地促进人类福利，1950年之后，它已经成为一个国家性和国际性组织。

1943年，福特的儿子去世，他把公司的管理权交给了其孙子亨利·福特二世。

1947年4月3日，亨利·福特去世。为福特举行葬礼的那一天，美国所有的汽车生产线停工一分钟，以纪念这位"汽车界的哥白尼"。

亨利·福特改变了人们的生活方式和工人的生产方式，特别是他开创的汽车流水线作业方式，为人类20世纪大规模生产方式的出现奠定了重要的基础。

1999年，《财富》杂志将亨利·福特评为"20世纪最伟大的企业家"，以表彰他和福特汽车公司对人类发展所做的贡献。

2005年，《福布斯》杂志公布了有史以来最有影响力的20位企业家，亨利·福特名列榜首。

11．威廉·杜兰特

威廉·杜兰特(William Durant，1861—1947年)是美国通用汽车公司的缔造者，被认为是世界汽车发展史上第一位传奇人物。

1861年，杜兰特于出生在美国马萨诸塞州波士顿市，他的外祖父曾担任马萨诸塞州州长。杜兰特从小就和母亲一起被嗜酒成性的父亲丢弃，10岁起他与母亲一起住在外祖父家。

1878年，杜兰特17岁时便辍学，在外祖父的木柴厂当起了办事员。在木柴厂，杜兰特如鱼得水，不仅出色完成了各项分内工作，而且很快成长为一个企业管理者和成功的推销员。积累了一定经验后，杜兰特并不满足将自己的业务只停留在木柴生意上，不久他便将自己的业务拓展到了专利药品、雪茄和房地产等更能赚钱的行业。随后的几年间，他的事业取得了蓬勃发展。24岁时，年轻的杜兰特便已经成为富林特保险公司的合伙人。

1886年，杜兰特对马车制造产生了极大的兴趣。于是，他投资1500美元在弗林特市与道拉斯·道特共同建立了一家马车制造公司，凭借出色的销售经验和才华，马车公司的业绩突飞猛进，效益节节攀升。杜兰特在他的马车制造公司生产众多品牌的马车的同时，还收购其他马车生产商，马车业务也走向了世界，成为当时美国最大的马车制造商。

1904年，别克汽车公司的经营陷入了困境，杜兰特出资50万美元对别克汽车公司进行资助。后来，随着进一步的资金投入，杜兰特成为别克汽车公司的董事长。

1905年，杜兰特在未与任何合股人商量的前提下，擅自决定参加纽约汽车展览会，并包揽了1500辆汽车的制造任务。由于别克汽车公司生产能力有限，结果只造出了20辆，公司在经济和信誉两个方面蒙受了损失，杜兰特因此被停职。

1908年，乔治·E.丹尼尔等三人在新泽西州联合组建了早期的通用汽车公司。同年，杜兰特将别克汽车公司出售给了通用汽车公司，他本人也随之进入了通用汽车公司，担任公司总经理。

1911年，由于受到福特汽车公司T型车的冲击，通用汽车的销售量大幅度下滑，出现了严重的资金危机，杜兰特被解除了总经理的职务。同年，杜兰特与路易斯·雪佛兰建立了雪佛兰汽车公司，开始生产雪佛兰汽车。雪佛兰汽车属于经济车型，上市以后迅速占领了市场很大的份额，杜兰特还将手中部分的雪佛兰公司的股份换成了通用汽车公司的股份。

1916年，杜兰特将通用公司从银行家手中重新夺了回来，使其变成了雪佛兰的一家子公司。后来，杜兰特成立了股份制的新通用汽车公司，并用新通用股票调换老通用股票，取得了老通用公司的全部股权。

1917年，新的通用汽车公司完全取代了原来的通用汽车公司，原通用公司宣布解散。

1920年，由于杜兰特领导失误，通用公司出现严重危机；又由于产品质量下降，汽车销量急剧减少，库存日益加大，周转资金严重不足，公司濒临倒闭，杜兰特被迫离职，离开了通用汽车公司。

1947年3月18日，威廉·杜兰特黯然地离开了人世。

12．亨利·利兰

亨利·利兰(Henry Martyn Leland，1843—1932年)是凯迪拉克和林肯汽车品牌的创始人。

1843年，亨利·利兰出生在美国的佛蒙特州一个名为巴顿的小镇。他的家庭经营着一家小农场，这为年少的利兰提供了很多接触农用设备的机会。受到现代机械的吸引，14岁那年利兰离开了他的家乡，先是在马萨诸塞州的一家织布机厂做学徒工，之后来到斯普林菲尔德的军需库任军械员。利兰在这里第一次接触到精密机械。美国南北战争结束后，利兰在一家著名的军械厂工作。随着技艺的发展，亨利·利兰不满足于现状，他和一个学枪炮制造的师兄弟来到底特律城，合伙开办了利兰·弗克耐尔公司，主要生产各种机械设备、齿轮、切削机床及工具。

1902年，利兰作为创始人之一，在亨利·福特公司(当时福特已经离开该公司)的基础上，创立了凯迪拉克汽车公司。

1917年，利兰与儿子离开凯迪拉克公司，创办了林肯公司，主要生产飞机发动机。

1920年，林肯公司生产的第一辆林肯轿车问世。

1922年，林肯汽车公司被福特汽车公司收购。后来，利兰父子都被福特解除了职务。

1932年3月26日，凯迪拉克和林肯这两大汽车品牌的创始人亨利·利兰逝世。

13．李·艾柯卡

李·艾柯卡(Lee Iacocca，1924—2019年)先后担任过福特汽车公司和克莱斯勒汽车公司的总裁。

1924年，艾柯卡生于美国宾夕法尼亚州。他毕业于美国利哈伊大学，得了工程技术和商业学两个学士学位，后来又在普林斯顿大学获硕士学位，其间还学过心理学。

1946年，艾柯卡来到底特律，在福特公司当了一名见习工程师。但艾柯卡对销售工作感兴趣。经过一番努力，福特公司宾夕法尼亚州的地区经理终于给了他一个机会，他当上一名推销员。艾柯卡虚心好学，竭尽全力去干，很快学会了推销的本领。不久，他被提拔为宾夕法尼亚州威尔克斯巴勒的地区经理。

1956年，艾柯卡想出了一个分期付款购买汽车的办法——"56换56"，即购买1956年款型福特汽车的客户，只需先付20%的购车价款，其余部分每月偿还56美元，3年付清。这个新颖的汽车销售方法使福特汽车在费城地区的销售量像火箭般直线上升，仅仅3个月，其销售量就从原来的最后一名，跃居为全国第一位。福特公司把这种分期付款的推销方法在全国各地推广后，公司的年销量猛增了7.5万辆。艾柯卡因此名声大振，不久被公司晋升为华盛顿特区经理。几个月后，年仅32岁的艾柯卡又被调到福特公司总部，担任卡车和小汽车两个销售部的经理。在总部，他开始崭露非凡的管理才能，深得上司的赏识。

1960年，艾柯卡担任了副总裁和福特分部的总经理职务。

进入20世纪60年代后，他亲自出马，与设计和生产人员共同研制出一款专为年轻人设计的新车，并定名为"野马"，第一年销售量竟高达41.9万辆，创下了全美汽车制造业销售量的最高纪录。

1970年，艾柯卡登上福特汽车公司总裁的宝座，成了这家美国第二大汽车企业中地位仅次于福特的第二号人物。

1978年，由于"功高盖主"而被公司开除后，艾柯卡应聘到濒临破产的克莱斯勒汽车公司出任总经理。他来到克莱斯勒公司，看着一群拿高薪不干活的管理层，以及工厂里效率极低的工人们，瞬间明白了这家企业的问题所在。艾柯卡上任后，关闭了20个工厂，两年间共裁掉了7.4万工人，留下来的员工必须接受减薪的待遇，累计减薪12亿美元。与此同时，解聘了35位副总裁中的33位，要求留下的2位副总裁同意减薪10%，并把自己的36万美元的年薪降至1美元。"共同牺牲"给克莱斯勒公司带来了生机，使广大员工看到了希望。艾柯卡率领管理人员对营销、信贷、财务、计划和人事等部门进行整顿改革，积极扶持新产品的开发，花大力气抓生产制造。

1982年，克莱斯勒公司推出了一款四缸前驱的K型车和一款厢式载客车"道奇400"，让企业扭亏为盈，净赚24亿美金，比之前60多年的利润总和还多。

1983年，克莱斯勒公司还清了8.1348亿美元的债务。同年，艾柯卡成为《时代》周刊的封面人物。

1987年，克莱斯勒公司收购了濒临破产的美国汽车公司(AMC)，把Jeep汽车品牌收归旗下。

1996年，艾柯卡从克莱斯勒公司退休。

2019年7月2日，李·艾柯卡去世，享年95岁。在他的葬礼上，美国野马汽车俱乐部在教堂外停放了4辆1965年生产的野马牌汽车，一辆定制版的克莱斯勒Pacifica，这些汽车作为灵车将李·艾柯卡的灵柩运往墓地，这位被称为"野马之父"和"救星之父"的一生就此落幕。

14．乔·吉拉德

乔·吉拉德(Joe Girard，1928—2019年)是世界上最伟大的汽车销售员。

1928年，乔·吉拉德出生于美国底特律市的一个贫民家庭。9岁时，乔·吉拉德开始给人擦鞋、送报，赚钱补贴家用。乔·吉拉德16岁就离开了学校，成为了一名锅炉工。后来他成为一位建筑师，盖了13年的房子。35岁以前，乔·吉拉德换过40个工作，但一事无成，甚至当过小偷，开过赌场，负债曾高达6万美元。

1963年，乔·吉拉德到一家汽车经销店应聘销售员，当天就销售出去一辆汽车。两个月后，由于业绩突出而受到同事的嫉妒和经理的排挤，乔·吉拉德愤而辞职，应聘到一家雪佛兰汽车销售店工作，从此开启了创造多项汽车销售世界纪录的职业生涯。

1966—1977年，乔·吉拉德连续12年荣登世界吉尼斯纪录大全世界销售汽车第一的宝座。

1973年，乔·吉拉德创造了年销售汽车1425辆的吉尼斯世界纪录。

1977年，乔·吉拉德从汽车行业退休，又开始了持续近40年的著书立说、教育培训的生涯。

在乔·吉拉德从事汽车销售的15年里，采用单对单的零售方式共销售了13 001辆汽车，鼎盛时期平均每天销售6辆汽车，一天最多销售18辆汽车，一个月最多销售174辆汽车。

2001年，乔·吉拉德跻身"汽车名人堂(Automotive Hall of Fame)"，这是汽车界的最高荣誉，乔·吉拉德是"汽车名人堂"榜单中唯一的汽车销售员。

2019年2月28日，乔·吉拉德在美国密歇根去世，享年91岁。

15．丰田喜一郎

丰田喜一郎(1894—1952年)是丰田汽车公司的创始人，日本汽车工业先驱者。

1894年，丰田喜一郎出生在日本静冈县敷知郡吉津村，父亲是当时日本有名的"纺织大王"。

1917年，丰田喜一郎到东京帝国大学工学系学习机械专业。

1920年，丰田喜一郎大学毕业，进入他父亲开办的丰田纺织公司从事纺织机的研究开发工作。

1926年，丰田自动织机制作所成立，丰田喜一郎就任常务董事。

1933年，丰田自动织机制作所内设立汽车部。

1934年，丰田喜一郎决定建立了第一座批量生产工厂——举母工厂，购置举母工厂用地；同年造出第一台A型发动机。

1935年，公司生产出G1型卡车。

1936年，丰田汽车研究所在东京芝浦设立。

1937年，丰田汽车工业公司成立，丰田喜一郎就任副总经理。

1950年，丰田汽车销售公司成立，丰田喜一郎就任汽车技术会会长，辞去丰田汽车工业公司总经理职务。

1952年3月27日，丰田喜一郎因脑溢血去世。

丰田喜一郎自一开始组织汽车生产，就注意到了从基础工业入手，着眼于整体素质的提高，使材料工业、机械制造、汽车零部件业与汽车工业同步发展，为汽车的大批量生产创造了必要的条件，因此，日本人称他是"日本大批量汽车生产之父"。

丰田喜一郎对汽车工业的另一项重大贡献在科学管理方面，他创造的"丰田生产方式"已超越国别、行业而成为世界许多国家争相学习的先进经验。

16．本田宗一郎

本田宗一郎(1906—1991年)是日本本田汽车公司的创始人。

1906年，本田宗一郎出生于静冈县磐田郡光明村的一个打铁匠的家中。

1922年，本田宗一郎高等小学校毕业后，进入东京本乡区汤岛的一家汽车修理厂做学徒工。

1928年，本田宗一郎在滨松市开设了一家汽车修理厂，名为技术商会滨松支店。

1934年，本田宗一郎创建了东海精机公司。

1937年，本田宗一郎担任东海精机工业株式会社总经理。同年，进入滨松高等工业机械科学习金属学。

1944年，本田宗一郎成功研制出螺旋桨自动切削机，这项发明取得了40项技术专利。

1945年，东海精机重工业滨松工厂破产，本田将所持有的东海精机重工业股票全部转让给丰田自动纺织机公司，宣布离开该公司。

1946年，本田宗一郎在滨松设立了本田技术研究所，主要研究生产纺织机械。

1947年，本田宗一郎成功研制出50mL双缸A型自行车发动机，这是最早的本田摩托发动机，也是本田A型摩托批量生产的开始。

1948年，本田宗一郎在滨松设立本田技研工业株式会社并担任该会社社长(董事长)，开始研制和开发摩托车。

1961年，本田摩托车在英国举行的比赛中击败长期居于垄断地位的英国摩托车，从而确立了在国际摩托车市场的地位。

1962年，本田宗一郎开始涉足汽车生产。

1980年，本田宗一郎获得美国机械工程师学会颁发的荷利奖，这是继亨利·福特之后，世界上第二个获此殊荣的人。

1989年，本田宗一郎成为首个进入美国汽车名人堂的日本人。

1991年8月5日，本田宗一郎因病在东京去世。

本田宗一郎拥有470项发明和150多项专利，被现代工业界誉为亨利·福特以来唯一的最杰出、最成功的机械工程企业家，被称为"日本的福特"。

第二节 我国汽车业界名人

1. 饶斌

饶斌(1913—1987年)，出生于吉林省吉林市，是中国汽车工业杰出的奠基人和开拓者，享有"中国汽车之父"的盛誉。

1913年，饶斌(原名饶鸿熹)出生于吉林市三道码头附近的白旗屯，在吉林模范小学接受启蒙教育。饶斌祖父曾在清朝担任过山西盐运使和吉林官银号督办。祖父去世后，饶斌随父母移居天津，在南开中学读书期间便产生了参加革命的愿望。

1930年冬，饶斌考入"满洲医科大学"，回到东北。一年后，日本发动"九一八"事变，一群不愿当亡国奴的中国学生流亡到北平(今北京)，经与政府磋商，全部转入上海同济大学医学院，饶斌也在其中。入学后，饶斌积极投身抗日救亡运动。

1933年，饶斌加入共青团。同年，他所在的组织遭到破坏，被迫前往青岛投奔兄长。

1935年，饶斌回到上海，考入上海医学院。但在当时的形势下，既无法安心读书，又无法轰轰烈烈地干革命。一年后，他得知红军已到达陕北，便像许多热血青年一样，决心去延安参加革命。

抗日战争期间，饶斌先后担任中共晋西北临时省委秘书长，中共静乐地委宣传部部长、地委副书记，中共晋西北八分区地委书记。抗战胜利后，中央选派大批干部挺进东北，饶斌和妻子张矛名列其中，他们将不到两岁的双胞胎儿子寄养在老乡家后，便向东北进发。

回到东北后，饶斌先后担任中共抚顺地委、市委书记，中共吉林市委书记，东北民主联军图们卫戍司令部司令员，哈尔滨市市长，松江省人民政府副主席，中共松江省委副书记。

1950年2月27日，毛泽东主席访问苏联回国，在哈尔滨短暂停留，时任哈尔滨市市长的饶斌全程陪同，给毛泽东主席留下了温文尔雅的印象。两年后，中央政治局扩大会议讨论长春汽车厂厂长人选，当谈到饶斌时，毛泽东主席问："是在哈尔滨当过市长的那个'白面书生'吗？""他厉害吗？"在得到肯定的回答后，毛泽东主席点点头。

1952年12月28日，饶斌走马上任，成为第一汽车制造厂的厂长。

1953年7月15日，在第一汽车制造厂奠基典礼上，饶斌挖下了第一锹土，埋上了刻有毛泽东主席题写的"第一汽车制造厂奠基纪念"的花岗岩基石。

饶斌任第一汽车制造厂厂长的7年间，团结和领导全厂的干部职工和科技人员，努力拼搏、艰苦奋斗，分别于1956年和1958年生产出新中国第一辆汽车和第一辆轿车，结束了中国人不能生产汽车的历史。

1954年，国务院决定建立长春汽车拖拉机学院(吉林工业大学的前身，现属于吉林大学)，饶斌任筹委会主任，主持建校。1955年9月，教育部和第一机械工业部对上海交通大学、华中工学院、山东工学院的部分院系进行调整，正式成立长春汽车拖拉机学院，饶斌成为第一任院长，挑起了一汽厂长和学院院长两副担子。

1959年末，饶斌调任第一机械工业部副部长兼汽车局局长，主管全国的汽车生产工作。

1964年，中央决定在湖北十堰建设第二汽车制造厂，由饶斌担任负责人。经过几代人的努力，以二汽为主体整合而成的东风汽车集团目前已成为中国综合实力最强的四大汽车企业集团之一。

1979年，饶斌任机械工业部部长。

20世纪80年代初，饶斌担任新成立的中国汽车工业总公司董事长。当时正值改革开放之初，饶斌为促成中外汽车合资项目做出大量开创性的工作。

1987年7月15日，饶斌回到一汽参加解放牌卡车出厂30年纪念大会。会上，他激动地讲起了国产轿车："我老了，不能和大家一起投身第三次创业。但是，我愿意躺在地上，化做一座桥，让大家踩着我的身躯走过，齐心协力把国产轿车造出来，去实现我们中国几代汽车人的轿车梦！"

1987年8月29日，饶斌在上海逝世，享年74岁。

2013年，为了纪念饶斌诞辰100周年，汽车行业和高等院校等单位举办了一系列的纪念活动，其中的一项活动是在北京汽车博物馆、东风汽车集团和吉林大学等三地为这位中国汽车工业杰出的奠基人和开拓者树立了雕像。此外，为表彰在中国汽车工业发展中做出特殊贡献的、在中国汽车发展历史上留下深刻印记的、在汽车工程及相关领域有重大创新性贡献和成就的专家或企业家，汽车行业机构设置了中国汽车工业"饶斌奖"。

2. 吕福源

吕福源(1945—2004年)是中华人民共和国成立70周年汽车行业7位杰出人物之一。

1964年，吕福源在吉林大学物理系学习。

1970年，吕福源大学毕业，在吉林省梨树县郭家店镇房管所工作。

1972年，吕福源调入长春第一汽车制造厂红旗轿车分厂总装车间，成为一名冷气装配工。工作中，吕福源发现，在援助朝鲜的红旗轿车中汉语和英语两本说明书关于空调制冷原理的说明有根本性错误。在查阅了大量资料之后，他把修改说明书的报告交给了车间，避免了一起外事工作事故。

1974年，他成功组织引进我国汽车行业第一台三坐标测量机，并组织开发了红旗轿车后桥齿轮计算程序，创造了第一个齿轮计算程序。

1978年，吕福源受原第一机械工业部指派，赴重庆汽车发动机厂验收从日本引进的三坐标测量机。在对计算机三天三夜的考机运行中，吕福源查出此设备内存板存在故障。经过据理力争，我方向日方索赔成功。

1981年，作为我国改革开放后第一批访问学者，吕福源赴加拿大蒙特利尔大学工学院进修。在加拿大学习的两年期间，吕福源不但以优异的成绩完成了自己的学业，还为导师的科研项目承担了许多工作。1983年吕福源回国前夕，导师一再挽留他担当工程的领导工作，并许诺将提供优厚待遇，但都被他婉言谢绝。鉴于吕福源留学期间的杰出表现，在他回国两个月后，中国驻加拿大大使馆党支部通过教育部向一汽轿车厂党组织建议：发展吕福源同志加入中国共产党。

1983年，一汽开始以产品换型为中心的第二次创业，吕福源以他卓越的工作为一汽在技术方面的改进立下了汗马功劳。

1984年，吕福源被授予一汽"总厂换型改造功臣"荣誉称号，之后不久升任一汽轿车分厂副厂长。吕福源上任新职务不久，便接受了国庆35周年红旗检阅车的设计和生产任务。由吕福源担任副组长的工作组奋战了250个日夜，出色地完成了国庆35周年阅兵用车的历史任务，受到了中央军委的嘉奖。

1985年，吕福源升任长春第一汽车制造厂副厂长、总经济师，主要负责经营和对外经贸工作。从那时起直到1990年调离一汽，吕福源辗转奔波于欧洲和美国之间，进行了大量艰难的谈判工作，促成了一汽奥迪车型的引进及15万辆捷达轿车项目的上马，为一汽以发展轿车、轻型车为主要标志的第三次创业在硬件上做了充分的准备。吕福源因此被一汽人尊称为"一汽的基辛格"。

1990年，吕福源调中国汽车工业总公司任副总经理。

1993年秋，新一届政府改革，汽车工业的管理职能由中汽总公司划入原机械工业部，吕福源任汽车工业司司长。

1994年，吕福源任主管汽车工业的副部长，以振兴中国汽车工业为己任，全面负责起了中国的汽车事业。吕福源时常告诫自己的下属，既要了解世界经济技术的发展动态，把握世界经济技术发展的脉搏，又要吃透我们国家的方针政策，这样才能做到知己知彼，制定出符合国情的汽车发展政策和规划。吕福源领导、参与制定了我国《汽车工业产业政策》，促进国内汽车产业合理布局，推动汽车工业重大项目建设，组织重大合资合作项目实施；在我国加入世界贸易组织过程中，他组织研究制定了我国汽车工业的应对措施，为保护我国汽车工业发展起到重要作用。

2003年，吕福源出任我国商务部部长，是公认的学者型部长。

2004年5月18日，吕福源因病逝世。

3．耿昭杰

耿昭杰是中华人民共和国成立70周年汽车行业7位杰出人物之一，被誉为"中国汽车企业家标杆"。

耿昭杰于1935年出生，安徽合肥人。

1954年，耿昭杰从哈尔滨工业大学电器自动化专业毕业后进入第一汽车制造厂，历任技术员、设计师、第一汽车制造厂秘书处副处长、第一汽车制造厂党委副书记、副厂长兼汽车研究所所长等职。

1985年，耿昭杰担任第一汽车制造厂第六任厂长。1991年，耿昭杰领导成立了一汽与德国大众合资公司，一汽开始建设世界一流水准的轿车生产企业。一汽大众的成功实践，引领了中国汽车工业的改革开放和合资合作的新一轮发展浪潮。1992年，耿昭杰担任董事长兼总经理，前后执掌一汽14年，是中国汽车工业继往开来的企业家标杆人。

2016年，耿昭杰获得中国汽车工业"饶斌奖"。

4．陆吉安

陆吉安于1933年出生在上海，1952年毕业自华东纺织工学院（中国纺织大学前身，现为东华大学），1983年至1987年，先后担任上海市经济委员会副秘书长和副主任。

1987年，陆吉安由原上海经济委员会副主任"空降"到上汽集团，出任董事长，受命领导桑塔纳的国产化工作。上任之初，陆吉安就接到"死命令"：3年内桑塔纳国产化率达到25%，否则上海大众就关门。桑塔纳当时的国产率仅为2.7%，只有5种零件能够国产。当时，桑塔纳每个零部件都有一部厚厚的标准质量书，而中方合作伙伴对这些几乎毫无了解。

在陆吉安的带领下，中方大批引进零部件企业，总投资甚至超过了上海大众两倍多；大众方面也开始投入大量人力、物力。此外，陆吉安申请将桑塔纳的利润转化为国产化基金，为桑塔纳国产化，以及改造零部件厂提供充足资金。通过5年半的努力，桑塔纳国产化率达到85%。

时至今日，上汽大众依然是国内领先的汽车企业，而桑塔纳依旧在A级车市场中有一定的影响力。陆吉安将上海大众引领到一条正确的合资道路上，也为日后国内汽车合资企业的国产化提供一份可供借鉴的范本。更为重要的是，由此打造的零部件集群，不仅为上汽的成功奠定了基础，也为促进整个汽车产业的发展立下汗马功劳。

1995年至1999年，陆吉安担任上海汽车工业总公司的总裁代表。

1999年10月，陆吉安退休。

2019年，陆吉安被评为中华人民共和国成立70周年汽车行业7位杰出人物。

5．郭孔辉

1935年，郭孔辉出生在福州一个有着殷实家产的华侨之家。

郭孔辉在大学期间就展现出对汽车传动方面的喜爱与天赋，在研究《汽车传动中应用自由离合器的设计》的课题时，他就发现苏联楚达科夫院士著的"汽车设计"存在错误，并凭借自己的推导提出修正方案。

让郭孔辉声名鹊起的是其主导解决红旗轿车的高速操纵性问题，当时，作为国宾车的红旗在高速和制动时都有不足。接到任务后，郭孔辉把全部精力和时间都投入汽车技术研究，并最终解决红旗轿车存在的问题。

此后，郭孔辉一直奋战在科研的第一线，是我国汽车操纵稳定性、平顺性、制动与驱动稳定性以及轮胎力学等学术领域的主要开拓者和学术带头人。

值得一提的是，无论是在任职长春汽车研究所，还是在吉林工业大学期间，郭孔辉在教学和培养新人方面都不遗余力。他总共带过300多个硕士、博士和博士后。目前，他的这些弟子已成为中国汽车工业的栋梁人才。

1993年，郭孔辉调吉林工业大学任副校长。

1994年，郭孔辉首批当选为中国工程院院士。

2019年，郭孔辉被评为中华人民共和国成立70周年汽车行业7位杰出人物。

如今，尽管已是耄耋之年，但郭孔辉依然在为汽车行业建言献策。在新能源疯狂增长的当下，他清醒地提出中国新能源汽车不要总谈"弯道超车"，要尊重市场发展规律；并提醒中国汽车企业需要因地制宜发展，不断创新积累技术。

6. 曹德旺

曹德旺于1946年出生在上海，福耀玻璃工业集团股份有限公司创始人、董事长，被称为"中国玻璃大王"。

1960年，14岁的曹德旺被迫辍学，在街头卖过烟丝、贩过水果、拉过板车、修过自行车。

1966年前后，曹德旺做水果生意。后来为了谋生，他种过白木耳，当过水库工地炊事员、修理员、知青连农技员，还倒卖过果树苗。

1976年，曹德旺在福建省福清市高山镇异形玻璃厂当采购员，推销水表玻璃。

1983年，曹德旺承包了年年亏损的玻璃厂。

1985年，曹德旺将工厂的主业转向生产汽车玻璃，彻底改变了中国汽车玻璃市场100%依赖进口的历史。

1987年，福耀玻璃有限公司成立。

福耀公司生产的汽车玻璃占中国汽车玻璃70%市场份额的同时，还成功挺进国际汽车玻璃配套市场，在竞争激烈的国际市场占据了一席之地，成为宾利、奔驰、宝马、路虎、奥迪等豪华汽车品牌重要的全球配套供应商和世界第二大汽车玻璃厂商。

2009年，曹德旺荣获有着企业界奥斯卡之称的"安永全球企业家大奖"，是该奖项设立23年以来获此殊荣的首位华人企业家。

2019年，曹德旺被评为中华人民共和国成立70周年汽车行业7位杰出人物。

2021年，曹德旺获《中国企业家》"25位年度影响力企业领袖"终身成就奖。

7. 魏建军

魏建军于1964年出生在河北省保定市，现为长城汽车股份有限公司董事长。

1990年，魏建军承包了位于保定市城南的南大园乡只有60多名员工且负债累累的长城汽车厂。

1995年，长城汽车厂决定开始生产皮卡汽车。1998年到2009年，长城皮卡连续11年在同行业中保持了市场占有率、产品品种、出口数量、市场保有量等多项第一。

2000年，魏建军当机立断，决定长城汽车由皮卡过渡到SUV，2014年到2021年，长城汽车公司生产的哈弗H6汽车连续8年在全国汽车SUV车型销售量排行榜中名列第一。

在国际市场,长城汽车成为中国汽车企业出口金额和出口量最大的品牌。

2019年,魏建军被评为中华人民共和国成立70周年汽车行业7位杰出人物。

2021年,庆祝中国共产党成立100周年前夕,魏建军被评为"全国优秀共产党员"。

8．李书福

李书福于1963年出生在浙江省台州市,是我国第一家民营汽车企业——吉利汽车集团的创始人。

1982年,他拿着父亲给的120块钱做起了照相生意,掘到了第一桶金。

1984年,李书福和几个兄弟合伙办了黄岩县石曲冰箱配件厂,21岁的他担任厂长。

1986年,李书福在自己研发、生产出电冰箱关键零部件蒸发器后,组建了黄岩县北极花电冰箱厂,生产北极花电冰箱。

1989年,他的北极花电冰箱厂的年产值超过千万元。

1993年,李书福以数千万元的代价收购了浙江临海一家有生产权的国有邮政摩托车厂,率先研制成功四冲程踏板式发动机,又与行业老大"嘉陵"合作生产"嘉吉"牌摩托车,并出口到美国、意大利等32个国家。

1994年,李书福在临海市征地850亩,筹建了吉利豪情汽车工业园区。

1997年,吉利投资1400万元,成立了四川吉利波音汽车制造公司,并拿到了小客车、面包车的生产权。

1998年8月8日,第一辆两厢轿车——吉利豪情下线。

2001年12月,吉利获得轿车生产资格,并拥有了临海(豪情)、宁波(美日)和上海浦东(华普)3个汽车生产基地,完成了吉利进入汽车工业的基本战略架构。

2010年,吉利汽车集团收购沃尔沃汽车公司100%股权以及相关资产(包括知识产权),成为中国第一家跨国汽车公司。

2017年,李书福被评为2016中国汽车年度人物。

2019年,李书福荣获"70年70企70人——中国杰出贡献企业家"称号。

2021年,李书福获得中国汽车工业"饶斌奖"。

复习思考题

一、单项选择题

1. 被称为"汽车之父"的是(   )。

A．卡尔•本茨　　　　　　　　B．戈特利布•戴姆勒

C．亨利•福特　　　　　　　　D．奥古斯特•霍希

2. 被称为"奥迪之父"的是( )。

　　A. 卡尔·本茨　　　　　　　　　　B. 戈特利布·戴姆勒

　　C. 亨利·福特　　　　　　　　　　D. 奥古斯特·霍希

3. 被称为"赛车之父"的是( )。

　　A. 阿尔芒·标致　　B. 恩佐·法拉利　　C. 安德烈·雪铁龙　　D. 威廉·杜兰特

4. 被称为"救星之父"的是( )。

　　A. 乔·吉拉德　　　B. 亨利·利兰　　　C. 亨利·福特　　　　D. 李·艾柯卡

5. 凯迪拉克和林肯汽车品牌的创始人是( )。

　　A. 威廉·杜兰特　　B. 亨利·利兰　　　C. 亨利·福特　　　　D. 李·艾柯卡

6. 世界上最伟大的汽车销售员是( )。

　　A. 亨利·福特　　　B. 亨利·利兰　　　C. 乔·吉拉德　　　　D. 李·艾柯卡

7. 享有"中国汽车之父"盛誉的是( )。

　　A. 饶斌　　　　　　B. 李书福　　　　　C. 魏建军　　　　　　D. 吕福源

8. 被一汽人尊称为"一汽的基辛格"的是( )。

　　A. 饶斌　　　　　　B. 李书福　　　　　C. 魏建军　　　　　　D. 吕福源

9. 下列人物当选为中国工程院院士的是( )。

　　A. 吕福源　　　　　B. 耿昭杰　　　　　C. 郭孔辉　　　　　　D. 陆吉安

10. 被称为"中国玻璃大王"的是( )。

　　A. 魏建军　　　　　B. 李书福　　　　　C. 曹德旺　　　　　　D. 李斌

11. 被称为"中国汽车企业家标杆"的是( )。

　　A. 吕福源　　　　　B. 耿昭杰　　　　　C. 郭孔辉　　　　　　D. 陆吉安

12. 获得2021年中国汽车"饶斌奖"的是( )。

　　A. 魏建军　　　　　B. 李书福　　　　　C. 曹德旺　　　　　　D. 李斌

二、简述题

1. 谁被称为"中国汽车之父"？简述其事迹。

2. 谁被称为"一汽的基辛格"？简述其事迹。

3. 谁被称为"中国汽车企业家标杆"？简述其事迹。

4. 谁获得2021年中国汽车工业"饶斌奖"？简述其事迹。

5. 谁被称为"中国玻璃大王"？简述其事迹。

第六章 汽车运动与赛事

汽车运动，是指汽车在封闭场地、道路或野外比赛速度、驾驶技术和性能的一种体育运动项目。汽车运动是集人、车为一体的综合较量，不只是车手的个人技艺、意志和胆量的竞争，也体现了人类对自然的征服能力。

汽车运动既为汽车厂家提供了一个苛刻的产品质量试验场，也为汽车爱好者带来一种刺激和美的享受。汽车运动推动了世界汽车工业的科技进步和快速发展。汽车运动的成绩在一定程度上会影响汽车生产厂家的产品市场占有率，所以各国的大汽车厂商都非常重视参与汽车运动。

第一节 汽车运动

一、汽车运动的起源

汽车运动是速度与技术的比赛。回顾汽车发展的历史，每次汽车运动都推动着汽车技术的发展，每一次汽车速度记录的改写都是汽车技术发展的里程碑。

法国对汽车运动的产生和发展做出了巨大贡献，是汽车运动的摇篮。世界上最早的汽车运动比赛是在1887年4月20日，由法国《汽车》杂志社主办。不过参赛的只有一个人，名叫乔尔基·布顿，他驾驶四人座的蒸汽汽车沿巴黎塞纳河畔到努伊伊。1888年，法国《汽车》杂志社再次举办了汽车比赛，路程从努伊伊到凡尔赛，全长20千米。驾驶迪温牌三轮汽车的布顿获得冠军，亚军是一名驾驶赛尔波罗蒸汽汽车的车手。

1894年6月11日，法国《小报纸》(Le Petit Journal)杂志在巴黎举办了第一次汽车比赛，路线是从巴黎到莱茵，然后又返回巴黎，赛程不到130千米。参加比赛的车辆一共有102辆，其中包括30辆汽油车、7辆酒精车、28辆蒸汽汽车、4辆电动车。最后只有9辆车到达终点，朱尔斯·阿尔伯特·德·迪昂驾驶着迪翁(De Dion)蒸汽车第一个到达终点，车速24千米/时。但是这个比赛，与其说是比赛，不如说是一场为了展示新式动力驱动车辆的操纵能力和安全性的表演赛。而朱尔斯·阿尔伯特因为他的车辆采用蒸汽动力，且在行驶过程中需要一个专门的司炉(烧锅炉的工人)，所以最后官方赛会取消了他们第一名的成绩，最终使用汽油内燃机的标致和潘哈德两家车厂平分了冠军。后来，这一天被国际汽车运动联合会确定为汽车运动的诞生日。

世界上最早使用汽油汽车进行的长距离汽车公路赛是1895年6月11日由法国汽车俱乐部和《鲁·普奇·杰鲁瓦尔》报社联合举办的一场比赛，路程从巴黎到波尔多往返，全程达1178千米，参赛车辆总共有23辆，其中包括蒸汽车和汽油车。有趣的是，获得比赛第一名的竟被取消了冠军头衔。这个人叫埃米尔·鲁瓦索(Emile Levassor)，因为比赛规定赛车上只许乘坐一人，而他的车上却乘坐了两人，所以失去获奖资格，结果落后很远的驾驶标致车的凯弗林赢得了冠军。此次比赛完成全程的有8辆汽油车和1辆蒸汽车，前7名全被汽油车垄断，汽油车大获全胜。此时，安德烈·米其林驾驶标致充气轮胎赛车也参加了比赛。

1900年6月14日举行的从巴黎至里昂的"格顿-贝纳特杯"汽车赛，是世界上最早的国际汽车锦标赛。这项由美国《纽约先驱报》的出版商格顿-贝纳特(Gordon-Bennett)创建的赛事后来每年举办一次，一共举办了6届。第一届比赛中来自法国、比利时、美国和德国的选手分别驾驶5辆汽车参加比赛，完成全程的只有2辆汽车，法国人法南德·夏伦获得这项锦标赛的首届冠军。

为了吸引更多的人参加汽车比赛，使比赛更刺激和更有挑战性，法国《汽车》杂志社于1905年6月在法国勒芒举行了第一次真正意义上的场地世界汽车大奖赛。比赛分两天完成，每天沿勒芒的65km的三角形路线跑6圈，全程770km，共有德、意、法等国13种32辆汽车参赛，只有11辆汽车完成比赛。从此，汽车大奖赛成为世界体育舞台上一项非常重要的赛事，小城市勒芒也因此闻名于世。

1911年，摩纳哥首次举办了将欧洲10国各自的首都作为起点、以摩纳哥的蒙特卡洛为终点的汽车长途越野赛。这项比赛以Rally命名，译为"拉力"，此类长途越野赛被世人称为"拉力赛"。

二、汽车运动的管理机构

目前，全世界汽车运动的管理机构是国际汽车联合会(Fédération Internationale del'Automobile，FIA，简称"国际汽联")。

国际汽车运动联合会成立于1904年6月20日，当时由"法国汽车俱乐部(Automobile Club de France，ACF)"发起成立，成立时的名称为"国际汽车俱乐部协会(Association Internationale des Automobiles Clubs Reconnus，AIACR)"；1922年在协会内部成立了专门负责组织汽车赛事的"国际运动委员会(CSI)"；1946年6月20日，AIACR更名为"国际汽车联合会(Fédération Internationale de l'Automobile，FIA)"，而CSI依然存在至1978年才更名为"国际汽车运动联合会(Federation of lnternational of Sport Automobile，FISA)"；1993年，FIA重组，FISA机构取消。

国际汽车运动联合会(以下简称"国际汽联")总部原设在法国巴黎，2009年移至瑞士苏黎世，最高权力机构是世界汽车旅游理事会和世界汽车运动理事会。国际汽车联合会标志如图6-1所示。

国际汽联负责与汽车比赛有关的一切事宜，如道路安全、环境、弯道、机动性及车辆使用人员的保护等。国际汽联也是负责全世界赛车运动的组织，管理所有用4轮或4轮以上的陆地车辆进行的体育运动，如方程式-1、方程式-3000、弯道车、汽车拉力赛、卡丁车、赛车场比赛、丘陵赛、冰上赛车、太阳能电动车赛、老式汽车赛等。

中国汽车运动联合会(Federation of Automobile Sports of the Peoples Republic of China，FASC)，是全国性体育社团，是中华全国体育总会团体会员。其前身为中国摩托运动协会，1975年成立于北京，1983年加入国际汽车运动联合会。1993年5月，汽车运动项目从中国摩托运动协会分离，单独组成"中国汽车运动联合会"。中国汽车运动联合会标志如图6-2所示。

图6-1 国际汽车联合会标志

图6-2 中国汽车运动联合会标志

中国汽车运动联合会(以下简称"中国汽联"),是在国家体育总局的领导下,管理中国汽车运动、监督国际汽车运动联合会规章在中国实施的唯一合法组织,是非营利性的全国性体育社会团体,是国际汽联团体会员。中国汽联的职能是依据国家体育总局的有关规定和国际汽联的规章,统一组织、指导和协调中国汽车运动的开展,组织国内外重大比赛和开展国际交流,推动群众性普及活动和提高竞技水平,服务于中国的汽车产业,同时为发展中国的体育事业做出积极的贡献。

在中国汽联正式注册的汽车运动俱乐部有60多个,每年有1000多名车手获得中国汽联的赛车执照。中国汽联主办的主要比赛项目有全国汽车拉力锦标赛、全国汽车场地锦标赛、全国汽车短道拉力锦标赛、全国汽车场地越野锦标赛和全国卡丁车锦标赛等国内重大赛事;由中国汽联承办和主办的各种国际大型汽车比赛有一级方程式世界锦标赛中国大奖赛、世界拉力锦标赛中国拉力赛、亚太拉力锦标赛中国拉力赛、长距离越野拉力赛、国际汽车街道赛等。

第二节 汽车赛事

一、汽车比赛类别

根据汽车比赛的车型、场地、比赛方式和路线距离等,汽车比赛可作如下分类。

1. 按照车型的不同分类

按照车型的不同,可分为轿车、越野车、皮卡、卡车、老爷车等原厂车型的赛事;还有特制车辆的赛事,比如各种级别的方程式赛车、美国的印地赛车、NASCAR赛车、CART赛车、卡丁车以及耐力赛车等。

2. 按照比赛的场地和路面不同分类

按照比赛的场地和路面不同,可分为赛车场内的场地赛,封闭某段街区公路的街道赛,山区柏油路面和砂石路、雪地、沙漠等地段的拉力赛,泥地、山地、丛林等地段的越野赛等。

3. 按照比赛方式的不同分类

按照比赛方式的不同,可分为在同一赛车场内行驶相同圈数(即里程相同),比用时多少的计时赛;在同一赛车场内同一时间里,比行驶里程长短的耐力赛等。另外,有在较短的直道上比试加速性能的直线冲刺赛;有从山下出发,看谁最快到达山顶的爬山赛;有路线长达数千千米甚至一万多千米、贯穿多个国家和地区的拉力赛;还有出发和宿营地点相同而每天行驶的方向不同、全年有数个分站比赛的拉力锦标赛等。

二、世界著名汽车赛事

1. 一级方程式赛车世界锦标赛

一级方程式赛车世界锦标赛(FIA Formula 1 World Championship,简称F1)是当今世界最高水平的赛车比赛。Formula在中文中是规格、公式和方程式的意思,这里表示赛车的等级。

方程式汽车赛是汽车场地赛的一种。参加这种比赛的赛车必须依照国际汽联制定的车辆技术规定的方程式制造,因此称为方程式赛车。方程式汽车赛对赛车的车长、车宽、车重、发动机的功率排量、是否用增压器以及轮胎的尺寸等技术都做了严格的规定。例如F1赛车的参数为3.0升V10中置发动机、910~960马力、最高转速18000~20000r/min、后轮驱动、6—7挡半自动顺序变速箱、0~100km加速时间约2s、最高时速375km/h(2004年,蒙扎)、除燃油外赛车总质量为600kg、轮胎直径660mm。每辆F1赛车都是世界著名汽车厂家的精心杰作,一辆F1赛车的价值超过700万美元,甚至不亚于一架小型飞机的价值。

方程式赛车的级别又分多种,主要有一级方程式(简称F1)、二级方程式(又称F3000)、三级方程式(简称F3)、亚洲方程式、自由方程式、福特方程式、雷诺方程式、卡丁车方程式等。

F1比赛是赛车最高级别的比赛,要求在按照国际汽联的要求修建的专门赛道上进行,比赛的圈数要求覆盖305km的最少圈数。例如我国承办F1赛事的上海国际赛车场的单圈距离为5.451km,比赛圈数为56圈,总距离为305.066km。F1比赛现场如图6-3所示。

图6-3 F1比赛现场

F1比赛每年在世界各地举办20场左右的分站赛。例如2022年的分站赛共23场，首站比赛是3月18日至20日举办的巴林分站赛，最后一场比赛是11月18日至20日举办的阿布扎比分站赛。

所有参加F1大赛的车手，都是经过千挑万选的世界车坛的精英。每一位车手在跻身F1大赛前，都必须经过多个级次的选拔，例如小型车赛、三级方程式(F3)车赛等，堪称"过五关斩六将"，而要成为世界冠军，更非易事。他们必须身经百战，集赛车技术、天赋及斗志于一身。F1也需要驾照，那是一张由国际汽联颁发的"超级驾照"——FiA Super Licence，这张车手执照只发给在F3000、F3或CART系列赛事表现杰出的车手。通常一位车手要花8年的时间从小型卡丁车(Karting)逐步晋级到F1，但事实上仅有极少数人能够有能力与机会登上赛车金字塔的顶端。

F1比赛每个分站产生一名分站冠军，全年各分站成绩总积分最高的赛手成为当年度的F1世界冠军。F1的年度总冠军分为车手总冠军及车队总冠军。计分方式是采用积分制，车手与车队的积分都是累积的。车队积分则以两位车手积分累加。在每站比赛中，只有获得前10名的车手才能获得积分，第1名至第10名的积分分别是25、18、15、12、10、8、6、4、2、1分。

每个车队要有两辆车参加比赛，并指定赛车手代表车队驾车出赛。当赛车手出意外时，可以另外指定车手参赛。但任何车手和车队不可以随意缺赛。

排位赛是决定正式大奖赛的出发时的排位顺序。在正式比赛的前一天，在指定的一个小时中，每个车队的车手要在赛道上竞速，以单圈的最快成绩来排顺序，决定次日的出发排位顺序。这是十分科学的。排位赛持续一小时，每辆车最多允许跑12圈，赛车手在期间尽量跑出单圈最好成绩。

当比赛时间到时，首先开始暖胎圈，是为了确保车手的安全。如果此时车手的赛车熄火，则将在出发时排在最后；如果车手的赛车还在Pit(Pit指F1比赛中的维修站。比赛过程中必须视轮胎的磨耗及油耗的状态进入维修站换胎及加油，称为Pit Stop；一次的Pit Stop需要21个人来共同完成，通常花6～12s来为赛车加油及换胎)中，那车手将在Pit的入口处出发。这些车手原来的车位空缺。暖胎后，各车回到发车位，5盏发令灯一盏一盏地亮，全亮后，再当5盏灯一起熄灭时，方可起跑。如此时赛车还是熄火不能发动，将退出比赛。

比赛中车手的赛车如果发生意外，轻者可重新比赛；严重的，退出比赛。如赛车熄火，车手能在10s内重新发动，还可以继续比赛。当赛会认为事故或环境引起危险时，工作人员会舞动黄旗，此时一般不许超车。如果赛会认为事故或环境使不能正常比赛时，会出动保安车(Safety Car, SC)，由SC来领跑，直到赛会认为可以恢复比赛(允许由SC领跑到比赛结束)。若赛会认为比赛实在是无法进行下去，可以宣布停止比赛，延迟再赛。当领先的赛车反超慢车时，工作人员会舞动蓝旗，示意慢车赶快让路。

赛车在比赛中途可以进入Pit换胎或维修。进入Pit的时间计入比赛时间。当进入Pit后，为了保证工作人员安全，车速必须低于60km/h，否则将被处罚。每辆车都将进入自己的车队的Pit中，在Pit内不得超速，车手不得出赛车。

车手的最后成绩以赛车最先触到终点线(Finish line)的垂直平面的时间为准。此时工作人员舞动方格旗，车手过终点后可以绕场一圈庆贺。

在F1颁奖仪式上，演奏冠军车手注册国的国歌和车队注册国的国歌及颁奖后，喷洒香槟庆祝成为F1比赛颁奖仪式上的传统庆祝方式。

一级方程式赛车(F1)比赛是高科技、团队精神、车手智慧与勇气的集合体，是赛车中的顶级赛事，全年的统筹安排以及每站比赛的赛事组织、车队工作、电视转播等各个方面都要求井井有条。一级方程式赛车(F1)每年在世界各地的20多站比赛通常可以吸引200万以上的观众到现场观战，全球200多个国家5万多家电视台通过电视转播，观看的观众有500多亿人次。

2．汽车拉力赛

"拉力赛"一词取自英文"rally"，"rally"有集结的意思。拉力赛要求参赛车辆必须严格按照比赛规定的行驶路线，在规定的时间内，到达每一个封闭路段或维修区域等地点进行规定的比赛和规定时间的维修等。因为比赛不仅考验车手的水平，还要考验领航员的配合、车辆性能以及维修的力量，所以，对选手和车队都是一项无比复杂的综合性考验。拉力赛的赛段为各种临时封闭后的普通道路，包括山区和丘陵的盘山公路、泥泞路、冰雪路等，也有无法封闭的沙漠、草原等地段。

拉力赛采取间隔发车的形式，世界一级种子选手发车间隔为1min，其他选手为2min。参赛车辆均为各大汽车公司生产的原型车，但车辆必须经过不同程度的改装方可参赛。无限制改装的称为A组赛车，除了保留外形和原厂标志以外，几乎所有的部件都可以改装。有限制改装的称为N组赛车，只允许进行安全改装和有限的性能改装，发动机内部必须持有原车的标准。

国际上著名的拉力赛有世界拉力锦标赛、欧洲拉力锦标赛、亚洲拉力锦标赛、非洲拉力锦标赛、巴黎-达喀尔拉力赛等。

巴黎-达喀尔拉力赛(the paris dakar rally)简称为达喀尔拉力赛，是每年都举行的专业越野拉力赛。比赛对车手是否为职业选手并无限制，80%左右的参赛者都为业余选手。虽然该比赛名称为拉力赛，但事实上这是一个远离公路的耐力赛。比赛中需要经过的地形比普通拉力赛的地形要复杂且艰难得多，而且参赛车辆都为真正的越野车，而非普通拉力赛中的改装轿车。拉力赛的大部分赛段都是远离公路的，需要穿过沙丘、泥浆、草丛、岩石和沙漠。车辆每天行进的路程从由几千米到几百千米不等。

1977年，法国人泽利·萨宾(Thierry Sabine)在参加阿必尚(位于西非象牙海岸)-尼斯(法国南部港口)拉力赛时，在利比亚的沙漠中迷失了方向，但是他却奇迹般地战胜了沙漠的恶劣环境活了下来。回到法国后，他决心和世人一同分享这段奇妙的经历，于是他在1978年创立了横跨欧非的拉力赛线路，并于1978年末至1979年初举办第一届巴黎-达喀尔拉力赛。从此，这项从南欧贯穿北非、西非的赛事吸引着越来越多富有冒险心和勇敢的人们去探寻非洲茫茫沙漠里的奇妙景象。首届达喀尔拉力赛线路如图6-4所示。2022年达喀尔拉力赛线路如图6-5所示。

图6-4　首届达喀尔拉力赛线路

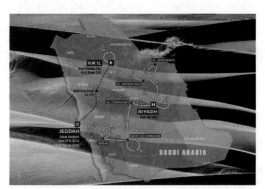
图6-5　2022年达喀尔拉力赛线路

这项比赛每年1月1日开幕，参赛车辆从法国首都巴黎出发，乘船渡过地中海，在利比亚登陆，然后穿越撒哈拉沙漠、非洲热带草原和热带雨林，途经10个国家，终点设在塞内加尔首都达喀尔，总行程有13 000多千米。赛事对参赛车辆不做限制，分汽车组、摩托车组、卡车组进行比赛。中国车队参加达喀尔拉力赛的画面如图6-6所示。

图6-6　中国车队参加达喀尔拉力赛

1979年至2007年(共29届)，达喀尔拉力赛都是从法国巴黎到非洲塞纳加尔的达喀尔市；2008年，由于战乱，赛事中断；2009年到2019年，达喀尔拉力赛移师到了南美的阿根廷和智利；2020年以后，达喀尔拉力赛来到了沙特阿拉伯，继续上演着人类与机械挑战自然极限的精彩比赛。每年1月1日举办的这项拉力赛，为世界上180多个国家和地区的电视、广播、报纸以及杂志广泛报道，受到全球5亿以上人的热切关注。

2022年，第44届达喀尔汽车拉力赛于1月2日从沙特阿拉伯的吉达启程，经过哈伊勒、利雅得后，于1月14日重返吉达，全长8375千米，其中特殊赛段4258千米。全球共计409个车组、1065人参加了本届比赛，其中包括中国的6个车组、9名车手。

吉利汽车壳牌润滑油车队赛手韩魏、廖岷驾驶322号赛车参加了2020年达喀尔拉力赛，在汽车组总成绩榜上位列第10名，创造了中国车手在达喀尔拉力赛上的历史最好成绩。

3．勒芒24小时耐力赛

耐力赛(grand touring)也称GT赛，是汽车场地比赛的一种，是在规定赛道上进行长时间连续行驶的耐久性汽车比赛。比赛车辆分旅行车和运动原型车两类，并根据发动机的工作容积分为若干级别。较著名的耐力赛有法国勒芒24小时耐力赛、日本铃鹿8小时耐力赛。

勒芒位于法国巴黎西南约200千米，是一个人口约20万的小城。这个小城能够闻名于世主要是因为自1923年开始，每年6月份(1936年、1940—1948年未举行)都要在这里举行24h世界汽车耐力锦标赛。比赛一般从第一天下午的4点开始一直持续到次日的下午4点，历经24小时。勒芒大赛对车手是个极大的考验，比赛规定每辆赛车只准3名车手轮番驾驶，每人连续驾驶时间不超过4小时，主车手总驾驶时间不超过14小时。在赛道上有一段长约6km的直道，赛车在这段直道上的时速可高达390km，在24h的比赛中，车手们要在这段直道上高速行驶6h，对赛车的性能和车手的耐力都是极大的考验。

由于勒芒耐力赛是全球各种耐力赛时间最长的比赛，而且选手驾车在同一环形赛道上要不停地转上300多圈，比赛显得单调、乏味。不论是车手、维修人员还是观众，在下半夜的时候都会显得疲惫不堪。大多数观众是带着宿营车或帐篷前来观战的。赛场周围还有设施齐备的餐饮、娱乐和休闲场所及销售仿制的各大车队服装、帽子的铺位，让车迷们在这里如同过节一样。观众可以在餐厅里一边吃着可口的食物，一边观看窗外时速300km以上的赛车飞驰而过，这也是赛车界里独一无二的情景。

4．卡丁车赛

卡丁车(karting)是指有车厢或无车厢的微型汽车，车轮独立持久地接触地面，后两轮驱动前两轮导向。卡丁车是诸多赛车种类中的微型赛车，外形小巧，结构简单，许多著名的F1赛车手都是从卡丁车起步的，它是进入F1方程式赛车的"摇篮"，在欧洲也被称为"迷你方程式"。

卡丁车运动最早起源于东欧，20世纪50年代末60年代初在欧美大陆逐渐普及并迅速推广。在最早的时候，卡丁车是一些父母设计出来供子女在后花园或大型停车场玩耍的玩具，最初由剪草机改装而成，其设备及发动机均非常简单。渐渐地，卡丁车在性能及场地安全方面不断地改良及转型，再加上可供标准比赛用的场地纷纷落成，基于其入门技术及费用要求不是很高，所以迅速发展为一项老幼皆宜的运动项目，世界各地大大小小国际性赛事更是应运而生。其中，最具代表性的赛事是全欧洲卡丁车锦标赛和日本世界杯锦标赛。由于卡丁车的重心非常低，易于操控，卡丁车赛可算是赛车运动中最安全的。

卡丁车赛是汽车场地比赛项目的一种，按"国际卡丁车运动规则"的规定，卡丁车按其使用的发动机分为方程式卡丁车和国际A、B、C、E等5个等级，并且可细分为11种类型的比赛。比赛中使用的卡丁车为4轮单座位微型赛车，使用轻钢管结构，操纵简单，无车体外壳，装配100mL、125mL或250mL排量的汽油发动机卡丁车的重心低，在曲折的环形路线上行驶，比赛速度感强。

5．世界房车锦标赛

世界房车锦标赛（World Touring Car Championship，WTCC)是国际汽联于2005年推出的一项全球性汽车赛事。WTCC的赛车是以市场销售的汽车为基础而改造的，赛事规定参赛的车辆为Super2000级别，即搭载的发动机排量不超过2000mL。但自2007年起，除了汽油发动机之外，柴油发动机(带有涡轮)也光鲜登场，并且混合燃料(Flex Fuel)的赛车也得以参战，因此在汽车赛事领域，WTCC在环保上走在时代的最前端。

WTCC采用分站赛形式，每场分站赛两个回合，每回合比赛距离为50km左右，每场比赛前后车手和赛车都要进行称重，质量不足的将配以压舱物，以保证每部赛车和赛手质量相等。第一回合的前8名在第二回合发车时顺序将颠倒，并且前一站成绩的前4名将被分别负重40kg、30kg、20kg和10kg。最后成绩取前八，分别获得10、8、6、5、4、3、2、1的积分。每站比赛只能由一部车参赛，一台发动机至少使用两站，轮胎则由国际汽联指定轮胎赞助商统一提供。WTCC特殊的比赛规则和计分方法使整个赛事风云变幻，难以预测，每年的车手和车队总冠军常常要到最后一站比赛才见分晓，这也是每年数以亿计的观众关注和喜爱WTCC的原因之一。

6．FIA-GT世界锦标赛

FIA-GT世界锦标赛于1997年正式开赛，是欧洲最大型的跑车赛，更是全球超级跑车制造厂商的必争之地,开办以来一直受到世界广大赛车爱好者的关注。法拉利、三菱、克莱斯勒、玛莎拉蒂、兰博基尼、保时捷等来自"名门贵族"拥有优良血统与高科技资源的9家超级跑车制造厂,所精心打造的超级兵器都是FIA-GT世界锦标赛的"座上宾";再加上七十多位来自世界各国驾驶技术一流的赛车手,在11个国家各具有不同挑战性的国际赛道上,以最快速度全力完成比赛,所以该项赛事对于超级跑车市场极具号召力。

在FIA-GT世界锦标赛中,每场比赛的赛程以500km或3h为限,比赛车辆采用动态起跑方式。参赛车必须以量产车为基础经过专业改装制造而成,每一辆赛车至少由两名或最多三名车手联手参赛,每位车手最多只能持续驾驶赛程总距离的55%。赛事途中参赛车手与赛车必须几次经历进入维修站,与车队技术人员一起努力共同来完成加油、换胎、换手的工作,也唯有紧密的团队合作才有机会击败强劲的竞争对手,在每一站赛事中完成这项艰巨的任务。而在2007赛季,比赛的时间方面有所改变。除了斯帕24h大赛以外,整个比赛的时间缩短为两天,而且比赛的长度也减为2h,同时规定每一辆赛车必须在比赛中两次进站。比赛时间的改变大大降低了参赛的费用。

为使比赛更加精彩,赛事组委会不断修订并完善新的比赛规则,以保证比赛的公平性和刺激性。按照比赛规定,每一轮比赛获胜的赛车都将在下一轮比赛中负载相应的附加车载质量,第1名加重25kg、第2名加重20kg、第3名加重15kg、第4名加重10kg、第5名加重5kg,并以累积100kg为上限,所加的额外配重在下一次完赛且成绩在第6名之外方可减重,第7名减重5kg、第8名减重10kg、第9名减重15kg、第10名减重20kg、第11名及以后减重25kg,每次减重以25kg为限。这一规定对于排名暂时落后的赛车非常有利。

7. 澳大利亚V8国际超级房车赛

澳大利亚V8国际超级房车赛是世界顶级房车大赛,起源于1961年,至今已有60多年历史。它是生命力与创造力的展现,是汽车工业文明与汽车时尚文化的结晶。V8国际超级房车赛经国际汽联授权批准,由澳大利亚V8赛事组织AVESCO(澳大利亚V8超级房车赛公司)在澳大利亚国内和国际两方面管理和运作,并成功地推动其发展。

V8国际超级房车赛在每年的3月到12月举行13轮比赛,每个分站赛一般为3天(少数分站赛有4天的),包括周五的练习排位赛,周六的前10名争夺赛、第一场决赛,周日的第二、第三场决赛。两天的决赛积分多者为冠军。比赛一般选择F1赛道进行场地赛,也适合进行街道赛。赛事期间,主办方组织丰富多彩的娱乐休闲节目,使赛事成为一个名副其实的赛车嘉年华。

8. 美国纳斯卡大赛(NASCAR)

美国纳斯卡大奖赛也称为全国运动汽车竞赛协会(National Association for Stock Car

Auto Racing，NASCAR)，是美国最大、最受认可的赛车竞速团体。由NASCAR认可的三大竞速系列是Sprint杯、全国系列和野营世界卡车系列。美国人将NASCAR称为自己的F1。

作为发源于美国东南部的地方娱乐项目，NASCAR在美国已成长为收视率第二受欢迎的职业体育运动，仅次于国家美式足球联盟。在国际上，150多个国家和地区转播NASCAR赛事。它在美国出席人数最多的前20种体育竞技项目中排名第17位，并且有7千5百万运动迷。这些运动迷创造超过3亿美元的许可产品年度销售额，而且这些运动迷被认为是在所有运动里最有品牌忠诚度的。就是因为这样，财富500强榜上有名的公司比起其他执行机构更愿意花钱赞助NASCAR。

三、世界著名的赛车手

1. 埃尔顿·塞纳

埃尔顿·塞纳以其勇敢、智慧，在赛场上奔驰10年，创造出了不平凡的成绩，被公认为赛车史上最具天赋的车手之一，被人们称为"赛车王子"。

1960年3月21日，塞纳出生在巴西圣保罗。在塞纳4岁的时候，父亲送给了塞纳一辆小卡丁车。

在塞纳9岁的时候，他拥有了自己人生中第一辆专业的卡丁车。那是辆搭载着100mL排量发动机的赛用卡丁车，最高时速可达100km/h。塞纳用这辆新车参加了他的第一场卡丁车比赛。

塞纳从13岁开始作为正式的卡丁车手参赛。21岁之前，塞纳一直在卡丁车赛场中打拼，他获得了非常多的荣誉。1979年，塞纳在世界卡丁车锦标赛和南美卡丁车锦标赛中都赢得国际组亚军，并在圣马力诺大奖赛和巴西国家杯中夺得国际组冠军。此外，他还在瑞士大奖赛和意大利大奖赛中收获亚军，卡丁车冠军杯赛中排名第10。

1980年，塞纳赢得了南美卡丁车锦标赛和巴西国家杯的国际组冠军。此外，他在比利时Nivelles举行的世界卡丁车比赛135cc组别中获得第2名。

而在那场比赛的观众席上，一个名叫迈克尔·舒马赫的11岁男孩，正在注视着塞纳。多年以后，舒马赫回忆道："那是我第一次在赛道上看到埃尔顿，他驾驶的线路，他的驾驶方式，令人赏心悦目。"

塞纳决定在进入F1之前先在F3中证明自己，他参加了1983年的英国F3锦标赛，整个赛季20场比赛中，塞纳15次首发并赢得了13场胜利，最终夺得了年度总冠军。

20世纪80年代末至90年代初是塞纳赛车生涯的辉煌时期，161场F1大奖赛，3次世界冠军，41个单站冠军，80次登上领奖台，空前的65次首发记录。

1984年摩纳哥站，这是塞纳加入F1的第一年，塞纳获得了亚军，第一次站上了F1领奖台。在1984年的这个赛季，塞纳总共拿到了13个积分，在所有车手中排名第9。

1985年4月22日，在葡萄牙大奖赛中，塞纳沉着地驾驶赛车冒雨飞驰，最终以领先于第2名1分30秒的绝对优势取得冠军。这是塞纳参加一级方程式大赛的第一场胜利，"雨中塞纳"之名彻底被奠定。

1994年的圣马力诺大奖赛上，当塞纳在第7圈绕过弯道时，他的赛车以大约307千米/时的速度冲出赛道，并以大约233千米/时的速度撞上了混凝土挡土墙。撞车后的两分钟内，塞纳被从他的赛车中救出并送往医院，不治身亡，终年34岁。

2．迈克尔·舒马赫

迈克尔·舒马赫是当今F1成绩最辉煌的赛车手，到2006年为止，他共7次获得年度车手世界冠军，是迄今为止获胜次数最多的F1赛车手。

舒马赫1969年1月3日生于德国，他的父亲是一名砖瓦匠，同时还管理着一个卡丁车场，母亲在卡丁车场旁边开了一家快餐店，独特的条件让舒马赫从小就对卡丁车有着浓厚的兴趣，并且展现出来很高的赛车天赋。

6岁时，舒马赫便拿下了当地卡丁车比赛的冠军，14岁的舒马赫开始参加正规的卡丁车比赛。舒马赫在15岁和16岁分别参加了德国青少年卡丁车比赛，并且连续两年拿到冠军。梅赛德斯奔驰车场因舒马赫优异的表现而注意他，开始培养舒马赫成为专业的赛车手，从卡丁车转向更高级别的方程式。

1991年，开始尝试F1的舒马赫还未加入任何一支队伍，于是经纪人带着舒马赫加入了乔丹车队，他在乔丹车队首次参加了F1大奖赛。1992年，他在比利时获得了第一个分站冠军，并在那个赛季总成绩获得了第3名。

1994年，他第一次夺得世界冠军(舒马赫的偶像塞纳在那次比赛中遇难)，并于次年卫冕成功。1996年，他加盟法拉利车队。1999年赛季对于舒马赫来说是令人失望的，在积分第二、力争为法拉利车队夺得20年来第一个车手总冠军的舒马赫却在英国银石赛道撞断了腿，他也因此休息了3个月。2000年，舒马赫为法拉利车队夺得车队和车手双料冠军，成为三届世界一级方程式冠军车手，也是法拉利车队21年来的首个冠军车手。2001年，舒马赫再次为法拉利车队夺得车队与车手双料冠军。

到2005年初，舒马赫共参加了211场F1比赛，获得83个分站冠军，137次登上颁奖台，他的F1总积分高达1186分，并创纪录地获得7次年度车手冠军(1994年、1995年、2000年、2001年、2002年、2003年、2004年)，成为F1历史上第一位七冠王，是当今赛车世界当之无愧的王者。

2006年9月，舒马赫在第5次夺得了意大利大奖赛冠军后宣布在本赛季结束后离开F1车坛，结束了自己16年辉煌的职业赛车生涯。

2009年12月23日，舒马赫宣布复出，加盟梅赛德斯GP车队。2010年初，舒马赫正式宣布复出，加盟前身为布朗车队的梅赛德斯车队。2011年，舒马赫携手维特尔为德国队作战。2012年10月4日，舒马赫宣布再次退役。

2013年12月29日，舒马赫在法国阿尔卑斯山区滑雪时发生事故，头部撞到岩石，严重受创。2018年12月，在遭遇滑雪事故5年后，车王舒马赫从昏迷中苏醒。虽然语言交流尚存在困难，但情况已经有了非常大的改观，已经无须通过插管维持生命。2019年9月12日，舒马赫在前往巴黎某医院接受干细胞治疗后，已经神志清醒。

四、我国的优秀赛车手

1．卢宁军

卢宁军，籍贯为河南焦作，1957年出生于南京市，1974年参加中国人民解放军，成为一名空降兵战士。1982年，卢宁军由空降兵转入新组建的中国特种警察部队，担任特警科研小组组长，指导汽车特种驾驶。1985年，卢宁军投身于中国的职业汽车比赛活动，是我国第一代职业赛车手，被国内媒体和同行誉为"中国车王"。

1985年至1996年，卢宁军先后7次到英国学习专业赛车驾驶技术，并得到世界冠军科林·麦克雷(Colin McRare)的指导。卢宁军7次代表"555中国拉力车队"参加香港-北京汽车拉力赛，并获得1986年、1993年N组冠军。

1992年，卢宁军参加巴黎—莫斯科—北京的越野拉力赛；1997年至1999年，参加全国汽车拉力锦标赛及亚太拉力锦标赛；1997年至1999年的三年中，卢宁军5次夺得全国汽车拉力锦标赛个人分站冠军，两次夺得年度个人总冠军；1997年至1998年，卢宁军率领车队两次夺得全国汽车拉力锦标赛年度车队总冠军。1998年在亚太拉力锦标赛(中国站)的比赛中，再夺N组冠军、N4组冠军，被赛会授予"最佳华人车手奖"。2000年至2002年，4次夺得全国锦标赛个人分站冠军，1次夺得年度个人总冠军。

2003年，卢宁军驾驶郑州日产帕拉丁赛车第一次参加巴黎—达喀尔汽车拉力赛，未完成比赛。第二年，再次出征参加比赛的卢宁军与团队团结合作，克服艰难险阻并成功完成全部比赛，使五星红旗飘扬在达喀尔拉力赛庆功会的现场，为祖国争得了荣誉。卢宁军一共7次参加这项世界一流的越野拉力赛，充分展示了中国赛车手的精神风貌。

2. 周冠宇

周冠宇，1999年5月30日出生在上海，是世界汽车比赛中的一颗新星。

2007年，在中国F1第一人马青骅的启蒙指导下，周冠宇开始接触卡丁车。2008年，开始参加全国卡丁车锦标赛，首年参赛便获得NCJ-A组年度季军。2009年，获得全国卡丁车锦标赛NCJ-A组年度冠军。2010年，周冠宇参加全国卡丁车锦标赛晋级NCJ-B组，并最终取得年度冠军。同年，他以8战8胜的纪录赢得了8个卡丁车赛事的冠军，并获得"最具潜力车手奖""最佳新人奖"的荣誉。

2012年，周冠宇移居英国深造学习，并加入Team Strawberry Racing继续参加卡丁车赛事，开始了在欧洲的卡丁车生涯。他在该年度欧洲卡丁车锦标赛14-17岁组法国站的比赛中夺冠，成为该赛事有史以来首位在13岁便获得分站冠军的车手。

2013年，14岁的周冠宇被F1车队相中，加盟了法拉利车手学院，正式开始方程式赛车生涯。同年，周冠宇接连揽下Rotax、ABKC和S1 Rotax少年组的欧洲系列赛冠军头衔，相继获得全美洲锦标赛、全英锦标赛以及欧洲锦标赛14～17岁组别年度总冠军，并在世界总决赛成绩单中名列季军。

2014年6月，周冠宇正式签约法拉利青年车手学院，成为亚洲第一位签约F1顶级厂商车队青训系统的职业车手。

2015年，周冠宇夺得意大利F4比赛年度亚军。

2016年4月，在法国保罗·里卡德这条传奇赛道举办的欧洲F3揭幕战上，中国方程式赛车运动员周冠宇在第二回合收获季军，他也是我国首位在洲际级别F3赛事中获得积分并登上领奖台的方程式赛车运动员。

2017年7月9日，2017赛季国际汽联F3欧锦赛年度第五站在德国纽伦堡结束，第一回合周冠宇获得季军。

2018年5月15日，18岁的周冠宇一马当先，赢下国际汽联F3欧锦赛波城站首回合冠军。这位年轻的F3"三年级生"成为首位在这一级别单座赛事中夺冠的中国车手。

2019年1月，周冠宇加入雷诺运动员学院并成为雷诺F1车队的发展车手。赛季的二级方程式(F2)，作为新人的周冠宇5次登上领奖台并获得1次杆位，最终车手总排名第7，荣膺"年度最佳新人奖"；5月11日至12日进行的F2西班牙站比赛中，雷诺运动学院车手周冠宇首回合获得第三名，成为首位登上F2领奖台的中国车手。

2020年2月12日，雷诺F1车队在2020赛季的启动仪式上宣布，来自中国的年轻车手周冠宇在新赛季升任车队的试车手；8月1日晚，F2英国站首回合正赛结束，中国车手周冠宇再创纪录，最终获得第2名的他成为首位夺得F2亚军的中国车手；9月27日，周冠宇获得2020赛季国际汽联F2锦标赛俄罗斯索契站比赛第二回合冠军，创造了中国赛车手参加世界赛车比赛的历史。

  2021年2月6日,周冠宇获得2021赛季国际汽联亚洲三级方程式锦标赛第二站第四回亚军,并荣登积分榜第三位;2月15日,获得2021赛季国际汽联亚洲三级方程式锦标赛第四站第十回合亚军、第十一回合亚军;2月20日,在2021国际汽联亚洲F3锦标赛的比赛中,周冠宇在总共15回合的比赛中夺得4胜,5次创造最快单圈纪录,并以总分257分夺得2021赛季亚洲F3锦标赛车手总冠军,收获18个超级驾照积分;5月21日,在F2摩纳哥站第一回合冲刺赛中,周冠宇取得冠军;11月16日,F1阿尔法•罗密欧车队宣布,周冠宇和车队签约,将作为正赛二号车手,出战2022赛季F1世界锦标赛。至此,周冠宇成为F1正赛车手中的中国第一人,也是首位获得正式资格参加F1全年比赛的中国车手;12月12日,周冠宇获2021赛季F2阿布扎比站第二回合冲刺赛冠军,获2021赛季F2阿布扎比站第三回合亚军,最终锁定2021年度车手季军。

  2022年3月20日,在F1新赛季揭幕站——巴林站比赛中,首次参加比赛的周冠宇获得了第10名,成为获得F1比赛积分的中国第一人,刷新了中国人参加赛车比赛的历史。赛后周冠宇激动地说:"这将是一个我永生难忘的周末,对于我的祖国来说也有着重要的意义。"

复习思考题

一、单项选择题

1. (　　)是汽车运动的摇篮。
 A. 德国　　　　　　B. 英国　　　　　　C. 法国　　　　　　D. 美国
2. (　　)被国际汽车运动联合会确定为汽车运动的诞生日。
 A. 1887年4月20日　　B. 1894年6月11日　　C. 1895年6月11日　　D. 1900年6月14日
3. 全世界汽车运动的管理机构是(　　)。
 A. 国际汽车俱乐部协会　　　　　　B. 国际汽车运动协会
 C. 国际汽车运动联合会　　　　　　D. 国际汽车赛事联合会
4. 我国汽车运动的管理机构是(　　)。
 A. 中国汽车俱乐部协会　　　　　　B. 中国汽车运动协会
 C. 中国汽车运动联合会　　　　　　D. 中国汽车赛事联合会
5. (　　)是赛车最高级别的比赛。
 A. F1　　　　　　B. F2　　　　　　C. F3　　　　　　D. F4

6. 在F1颁奖仪式上，演奏( )。

A. 冠军车手注册国的国歌

B. 冠军车队注册国的国歌

C. 冠军车队的队歌

D. 冠军车手注册国和冠军车队注册国的国歌

7. 中国车手( )是获得F1比赛积分的第一人。

A. 卢宁军　　　　　B. 韩寒　　　　　C. 周冠宇　　　　　D. 韩魏

8. 中国车手在巴黎-达喀尔汽车拉力赛中的最好成绩是( )。

A. 第1名　　　　　B. 第6名　　　　　C. 第8名　　　　　D. 第10名

二、简述题

1. 简述汽车比赛的类别。

2. 简述F1比赛规则。

3. 谁被称为"赛车王子"？简述其事迹。

4. 谁被称为"中国车王"？简述其事迹。

5. 谁是F1正赛车手的中国第一人？简述其事迹。

第七章 汽车展览

第一节 汽车展会

汽车展会是由政府机构、专业协会或主流媒体等组织,在专业展馆或会场中心举办的汽车产品展示展销会或汽车行业经贸交易会、博览会等。

汽车展会是汽车制造商宣传品牌、展示最新汽车科技、发布新车的最佳场所,通过车展可以看到全球汽车行业发展的前景和未来的走向。车展是展示汽车企业品牌文化、最新研发成果的一个平台,有些车展的影响力越来越大,对全世界汽车工业发展起到推动和促进作用。而有些车展更具本土特色,成为当地车迷和购车者心仪的文化消费场所。

车展不仅给主办方带来了丰厚利润,也推动了举办地经济的发展,起到扩大交流、提高城市知名度和形象的作用。举办汽车展会涉及旅游、住宿、餐饮、广告、印刷及铁路、公路、民航等20多个行业,展会主办方与相关行业之间的总体收入比为1:6~1:8,即主办方收入1元钱,相关行业总体收入就有6~8元,由此可见"车展效应"的魅力。

一、世界著名的汽车展会

目前,世界上著名的国际车展有巴黎车展、法兰克福车展、日内瓦车展、北美国际车展和东京车展等。上述车展无论是在参展商的规模和级别、汽车展品的档次、首次亮相的新车和概念车的数量,还是在场馆面积、配套设施的先进性和主办方的服务质量等方面,都堪称世界一流,因此成为世界公认的五大车展。

1. 巴黎车展

作为浪漫之都的巴黎,它的车展如同时装,总能给人争奇斗艳的感觉。巴黎车展起源于1898年的国际汽车沙龙会,每年一届,直至1976年,此后每两年举办一届。在每年的9月底至10月初举行。巴黎车展与法兰克福车展交替举办,成为当年欧洲汽车业共同的节日。

1898年第一届的巴黎车展有一项非常有意思的规定,那就是但凡想要参展的车辆必须首先能够仅依靠自身的动力完成从巴黎到凡尔赛的往返,以证明这些车辆是真正可以行驶的汽车,而非摆在那里供人观赏的空壳。最终有232辆车完成了巴黎到凡尔赛的往返路程而参加展出,大约有14万游客参观了车展。

1998年10月,巴黎车展恰逢100周年,欧洲车迷期待很久的巴黎"百年世纪车展"以"世纪名车大游行"的方式,让展车行驶在大街上供人观赏。

2018年,巴黎车展主办方举行"传奇之路"特展,以纪念车展创办120周年。广汽传祺作为唯一参展的中国厂商,在本届巴黎车展上,展出了旗下全新GS5车型(见图7-1)。

图7-1 传祺汽车在2018年巴黎车展上

2020年和2021年,由于全球新型冠状病毒肺炎疫情的影响,巴黎车展被迫取消。

2022年,巴黎车展于10月17日至23日在巴黎举行,并以"巴黎汽车周"命名,在与上届车展相隔四年后正式回归。

巴黎车展是最具历史和文化感的车展,也是概念车云集的海洋,各款新奇古怪的概念车常常使观众眼前一亮,各个汽车厂商将企业发展的历史和品牌崛起历程展示给观众,新车、概念车、赛车、改装车、特型车，让人目不暇接。

2．法兰克福车展

法兰克福车展的官方名称是Internationale Automobil-Ausstellung(国际汽车展会，IAA)。

1897年9月30日，有一场小规模的车展在德国柏林一个名叫Bristol的酒店里举行。当时一共展出了8辆汽车，虽然规模不大，但已然引来关注。随后，人们对汽车的需求越来越大，车展也逐渐走上正轨。

柏林车展在1905—1907年每年都会举办两届。

1908年，由于第一次世界大战的影响，柏林车展停止举办，直到13年后才继续举办。

1921年，柏林车展以"舒适"为主题重新开展，这时参加车展的生产商已达到67家。

1931年，第22届IAA车展在经济大萧条还未完全过去的情况下，依然吸引了29万参观者，且迎来了历史上首台前驱车型。

1939年，在第29届IAA车展上，大众甲壳虫闪亮登场，这也是第二次世界大战前的最后一次IAA车展。随后，车展再次受到战争影响而停滞。

1951年，战后的汽车界慢慢复苏，德国车展在战后首次开张，这次的车展举办地点选在了法兰克福，也开启了法兰克福车展的历史大门。半年之后，第二次车展在柏林举办，并再次吸引了多达29万参观者。从此以后，德国彻底将车展迁至法兰克福，正式改为每两年一次，即每逢单数年举办一次(与每逢双数年举办的巴黎车展在时间上交错)。法兰克福车展的展览场地面积达22万m^2，展出的车辆主要有轿车、跑车、商用车、改装车及汽车零部件等。此外，为配合车展，德国还举行不同规模的老爷车展览。

1991年开始，车展为了解决场地不足的问题，将乘用车和商用车分成两个展览：单数年于法兰克福展示乘用车，双数年于汉诺威展示商用车。第一届专注于乘用车的IAA车展，迎来了来自43个国家的1271个展商和超过93万名参观者。

1992年，IAA商用车展首次在德国的汉诺威举办，迎来了29个国家的1284个展商和28.7万名参观者。

2021年开始，法兰克福车展再次更换举办地址，改为在慕尼黑举办。中国长城汽车公司推出魏牌摩卡(Coffee 01)PHEV等车型在2021慕尼黑国际车展上亮相(见图7-2)，展示出了中国自主汽车品牌的风采。

法兰克福车展是世界上历史最长、展出面积最大、参展商最多、参观人数最多的车展，其特点是展品数量庞大和全面，素有"汽车奥运会"之称。

图7-2 魏牌汽车在2021年慕尼黑国际车展上

3. 日内瓦车展

日内瓦车展创始于1924年,从1931年起,在瑞士日内瓦举办,一般在每年的3月举行,是欧洲唯一的每年举办一次的车展。

图7-3 北汽ARCFOX电动车在2019年日内瓦车展上

日内瓦车展以其悠久的历史和众多首次推出的概念车和新车型而闻名,是各大汽车商首次推出新产品的主要展出平台。与其他车展相比,日内瓦车展是人文气息浓厚、极具特色的车展。作为五大车展举办地中唯一没有自己汽车工业的国家,瑞士仍是世界最大的汽车消费市场之一。日内瓦车展在关注高档次、高水平的同时,还非常强调"公平、中立",被业内人士视为最佳的行业聚会场所。瑞士中立的国家形象也赋予了日内瓦国际车展公平的形象,全球各大汽车生产商都愿意在这里展示他们的最新成果,而那些非主流派的独立的汽车设计室也在这里找到了展示的机会，在展厅里不会出现品牌分配过分不均的情况。因此，五大车展中唯一不是汽车生产大国主办的日内瓦车展更具有世界性。

在2019年日内瓦车展上，北汽作为中国唯一的参展厂商，旗下高端电动车品牌ARCFOX带来全新一代ARCFOX车型参加了展出(见图7-3)。

受新冠肺炎疫情的影响，2020—2022年，日内瓦车展已经停止举办三届。

4．北美国际车展

北美国际车展(North American International Auto Show，NAIAS)是美国创办历史最长、规模最大的车展之一。北美国际车展的含金量之高，不仅在于观众人气旺盛，更在于对汽车行业的辐射影响，例如北美国际车展每年总能出现四五十辆新车，因此北美车展被誉为"全球汽车风向标"。

1900年11月，纽约美国汽车俱乐部召开了第一届世界汽车博览会；1907年，车展转迁到底特律汽车城，当时会场设在贝乐斯啤酒花园，小小的展示区中参加的厂商只有17家，车辆不过33辆。

1957年，欧洲车厂终于远渡重洋而来，车展上首次出现了沃尔沃、奔驰、保时捷的身影，获得了美国民众的高度重视，底特律车展的品牌形象正式树起。

从1965年起，展览移师底特律科博会议展览中心。科博会展中心拥有世界上最大的单层展厅。

1989年，底特律车展更名为北美国际车展，每年1月举办。

2019年，广汽传祺连续第5次参加北美国际车展，并推出了Enverge概念车(见图7-4)。该款概念车是该届展会上为数不多的概念车之一，成为北美国际车展最受注目的热点。

图7-4　传祺Enverge概念车在2019年北美国际车展上

2020年和2021年，北美国际车展停办了两届。2022年北美车展于9月14日至25日在底特律举办，并推出了全新的展会标志。

5. 东京车展

创办于1954年的东京车展是五大车展中历史最短的车展。东京车展逢单数年秋季举办，是亚洲最大的车展，被誉为"亚洲汽车风向标"。

东京车展的举办地点位于东京附近的千叶县幕张国际展览中心，展出的展品主要有整车及零部件。

2019年第46届东京车展的主题是"打开未来"(open future)，虽然只有17个参展的厂商，但自动化、智能化是每个品牌着重强调的方向，新能源概念车是这届车展的主要角色（见图7-5）。

图7-5　2019年东京车展上的概念车

2021年，受疫情影响，又由于刚刚举办完东京奥运会，东京车展停止举办一届。

二、我国著名的汽车展会

我国从1980年开始举办国际汽车展览会，时至今日，北京国际汽车展览会、上海国际汽车工业展览会、中国(广州)国际汽车展览会、成都国际汽车展览会等，都已成为我国具有广泛影响和深受瞩目的汽车展会。

1. 北京国际汽车展览会

北京国际汽车展览会(以下简称"北京车展")是由中国机械工业联合会、中国机械工业集团公司、中国国际贸易促进会和中国汽车工业协会共同主办的，创办于1990年，每两年举办一次(逢双数年举办)，被称为"中国汽车工业风向标"。

北京车展始终坚持"展品精、品牌全、国际化"的办展理念和特色。北京是中国的首都，又是中国最大的汽车市场之一。地缘区域特有的政治、文化影响和人文色彩，以及极具特质的汽车文化氛围，造就了北京车展的独特魅力。至今，在展会规模、展品品质、展车数量、全球首发车、概念车数量、观众人数、媒体记者人数、媒体报道的深度和广度、社会各界的关注度等方面位于国内专业展览会的前列。北京国际车展已超越了一个展会的意义，成为中国汽车行业具有国际影响力的象征符号。

2020年，在疫情席卷全球，全行业倍受冲击的背景下，作为2020年全球唯一的顶级国际汽车展览会，北京车展以"智领未来"为主题，聚焦电动化、智能化、网联化的融合发展，展示新能源、人工智能、移动互联等新技术所带来的行业变革，描绘了人们对新出行方式和汽车新生活的美好愿景。

2020年，北京车展有中国国际展览中心(天竺)新馆和中国国际展览中心(静安庄)两个展区，总展出面积达到20万m^2，共展示车辆785台，其中全球首发车82台(其中跨国公司全球首发车14台)、概念车36台、新能源车160台(其中中国车企新能源车147台)。

2020年，北京车展的最大亮点是中国一汽重磅推出红旗H9+(见图7-6)、红旗HS7+两款新高尚至尊定制产品，为这面中国汽车工业的旗帜增添了新的光彩。

图7-6　红旗H9+在2020年北京车展上首发

2022年，受疫情影响，北京车展已延期。

2．上海国际汽车工业展览会

上海国际汽车工业展览会(简称"上海车展"，是中国最权威、国际上最具影响力的汽车大展之一，每两年举办一届(逢单数年举办)。

上海国际汽车工业展览会创办于1985年，是中国最早的专业国际汽车展览会。2004年6月，上海国际汽车工业展览会顺利通过了国际博览联盟(UFI)的认证，成为中国第一个被UFI认可的汽车展。

从2003年起，除上海市国际贸易促进委员会外，车展主办单位增加了权威性行业组织和拥有举办国家级大型汽车展经验的中国汽车工业协会和中国国际贸易促进委员会汽车行业分会，三家主办单位精诚合作，为上海车展从区域性车展发展成为全国性乃至国际汽车大展奠定了坚实的基础,确立了上海车展的地位和权威性。

以"拥抱变化"为主题的第19届上海车展于2021年4月19日至28日在上海的国家会展中心举办。这是自新冠疫情以来2021年全球第一个如期举办的国际A级车展,受到了来自行业各界的高度关注,极高含金量的展示内容和全球性的战略属性,为世界汽车工业发挥出了顶级车展的领军作用;充分彰显了中国成功抗击疫情后经济全面复苏与增长,提振了全球车市信心。

2021年上海车展共有1000多家知名汽车展商,展出总面积36万m^2;展出整车1310辆,其中全球首发车128辆,共接待观众81万人次。各大汽车厂商共举行了138场新闻发布会,共有10 913名中外记者竞相报道了车展盛况。展会同期共举办了近20场论坛、峰会、研讨会以及技术交流活动,聚焦碳中和、新能源、自动驾驶、软件定义汽车等众多热点话题,通过全球视角深度剖析产业未来发展方向。

2021年上海车展上,无论是中国传统车企的高端品牌,还是造车新势力,甚至是国际传统豪华车企,推出的新能源车型已然有全部新车的一半以上。中国新能源汽车的市场化已经成为世界的焦点,海外车企更是持续扩大在华投入。在新能源汽车领域,中国企业的先发优势得到了充分彰显,国际巨头正积极拥抱新能源汽车产业的转型浪潮。

2021年上海车展上的亮点纷呈,如一汽发布红旗牌S9量产国产跑车(见图7-7)、恒大集团携9款恒驰新车亮相、敞篷版五菱宏光迷你EV闪亮登场、长城汽车同时推出坦克700和坦克800等,都展现了自主汽车品牌的最新风貌。

图7-7　红旗S9在2021年上海车展上首发

3．中国(广州)国际汽车展览会

中国(广州)国际汽车展览会(简称"广州车展")创办于2003年,由中国对外贸易中心、中国机械工业联合会、中国汽车工业协会、中国国际贸易促进委员会汽车行业分会联合主办,广州展联展览服务有限公司承办的高品质、国际化、综合性大型车展。广州车展以"新科技、新生活"为主题,每年一届,固定于11月份在中国进出口商品交易会展馆举办。

广州车展的主办单位既有政府支持,又有国内行业权威的参与,奠定了广州车展的组织基础;广州车展的承办单位既有中国第一展"广交会"下属的专业展览公司——中国对外贸易广州展览公司,又有国内组织车展的权威机构——中国国际贸易促进委员会汽车行业分会,还有国内汽车行业巨擘——广汽集团,以及其他专业协会的共同配合,组成了广州车展权威高效的组织体系。

2021年11月19日至28日,第19届广州国际汽车展览会在中国进出口商品交易会琶洲展馆举办,秉承"新科技、新生活"的主题,向业界传递绿色科技新理念,携手打造美好潮流新生活。这届展会的展区面积达到22万m^2,展车总数达到1020辆。其中,全球首发车辆54辆(跨国公司首发车辆7辆)、概念车28辆(国际知名品牌9辆)、新能源汽车241辆(国外品牌88辆)。

2021年广州车展的最大热点是独立展区——"玩·车国度"(见图7-8)。在1万平方米的展区内,集合了10个沉浸式体验场景,超过百台各式稀有展车,是一场宏大的专属改装车盛会。

图7-8　2021年广州车展"玩·车国度"展区

4．成都国际汽车展览会

作为西部地区规模最大、规格最高的汽车年度盛会,自1998年创办以来,成都国际汽车展览会(简称"成都车展")不断锐意进取,坚持创新发展,历经23年成长蜕变,现已从众多区域性车展中脱颖而出,稳居中国四大A级车展之列。

成都车展的主办单位是成都市人民政府和中国国际贸易促进委员会汽车行业分会,承办单位是成都世纪城会展集团有限公司、汉诺威米兰展览(上海)有限公司和中国国际贸易促进委员会四川省委员会。

成都车展的展出范围包括乘用车(轿车、跑车、SUV、MPV、改装车、概念车等)、商用车(大中型客车、轻型客车、公交车等)、汽车零部件、汽车售后相关产品等,还有汽车专业媒体、俱乐部、协会和服务等商家的汽车技术展示等。

成都车展与其他行业展会最大的不同就是,一边把车展当成城市节日,一边把车展当成城市名片。每一次成都车展都是成都人热爱汽车、热爱生活的真实写照,也是成都人敢于消费、愿意消费的有力表现。

2021年,第24届成都国际车展的主题是"潮动蓉城,乐驾不凡",展出面积达20万m^2,参展品牌有126个,展出车辆有1600余辆,展会首日活动达61场,揭幕首发车型为70款,其中全球首发新车23款,全国首发新车30款,共产生订单37730辆,共实现成交额65.16亿元。

在2021年成都车展上首发的自主品牌汽车有长城集团的坦克400和坦克500以及欧拉好猫GT木兰版、上汽集团的牛·魔王和全新荣威i5 GT、吉利集团的博越X、比亚迪集团的海豚(见图7-9)等,由上汽集团、阿里巴巴集团以及浦东新区共同推出的高端汽车品牌智己L7天使轮版也在成都车展上首发上市。

图7-9 比亚迪海豚在2021年成都车展上首发

第二节 汽车博物馆

汽车博物馆是由政府、汽车企业等组织设立的展示和传播汽车文化的非营利性机构,是保藏汽车文物,传播汽车文化,丰富人们旅游、消费和娱乐生活的场所。

一、国外的汽车博物馆

1．奔驰博物馆

奔驰公司的"心脏"部位——辛德芬根的汽车设计中心位于德国的斯图加特。该设计中心的设计人员超过了8000人。在斯图加特，有两个陈列和展示古董奔驰的场所：一个是面向大众的奔驰博物馆；另一个是展示古董车的奔驰经典车中心。

奔驰旧博物馆历史悠久，创建于1936年。我们现在看到的奔驰博物馆是2006年建成的。新建的奔驰博物馆外观(见图7-10)为不规则的三棱圆柱形，共分9层，面积达到16 500m^2，陈列展示185款汽车。在这座具有独特风格的建筑里，观众可了解到从第一辆奔驰车(见图7-11)到传奇的银箭赛车，它会带给人们一次难忘的穿越时空之旅，呈现一个汽车工业巨人的一幅幅历史画卷。博物馆的一个重要特色就是无线传输系统的应用。参观者无论采取什么路线，红外传输系统都会提供参观者观看车辆的介绍。博物馆开放式的设计风格使得参观者可以自由移动、驻足和思考。无论参观者站在博物馆的哪一点，都会发现藏品的全新视角。奔驰汽车博物馆已不仅仅是收藏汽车，它更是奔驰传统的彻底展现，人们在这里看到的不仅是历史，更是奔驰公司的过去、现在和未来。

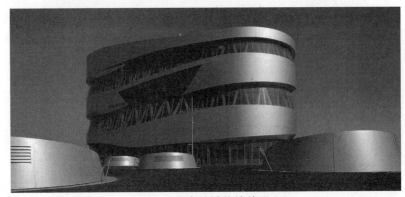

图7-10　奔驰博物馆外观

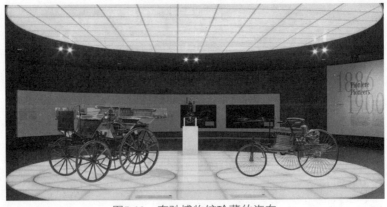

图7-11　奔驰博物馆珍藏的汽车

奔驰经典车中心是一个经营性机构，主要从事古董车收集、修复和销售。工作人员把从全世界收集来的、有价值的老奔驰修复一新后再卖给那些喜欢奔驰的收藏家。奔驰经典车中心里的古董奔驰要比奔驰博物馆里的更具有商业价值。在其大厅里展示的古董奔驰相对"普通"，一般售价在10万欧元左右。一辆当年大批量生产的1960年的奔驰300D，售价约为8万欧元。

2．大众汽车城主题公园

1996年，大众集团在沃尔夫斯堡市公司总部附近，利用德国中部运河边原先的储煤场，开辟出空地兴建大众汽车城主题公园，并作为2000年汉威世博会的展场对外开放。大众汽车城主题公园是一项涉及建筑设计、规划设计、景观设计的综合项目，主体建筑有康采恩广场、汽车塔楼、顾客中心和汽车品牌馆等(见图7-12)。设计这样的项目不仅仅是创造一种企业形象，更重要的是通过这种形象传达企业信息和文化。

图7-12　大众汽车城主题公园

康采恩广场位于公园南端，与运河平行，并设有餐馆、咖啡厅、电影院及儿童世界等多功能活动空间。

两幢42m高的圆柱形玻璃塔楼可存放800辆大众新车，它们与椭圆形的顾客中心相连接，每隔40s就有自动升降装置从20层高的塔楼里取出一辆车，并送至顾客中心，盼望已久的顾客从销售人员的手中接过新车的钥匙。建筑师把这两座透明的汽车塔楼比喻为汽车城公园里"撞击心灵的玻璃发动机"。汽车公园中的两幢玻璃塔就传达了这种信息，它们象征着技术进步、透明度和向上的冲劲。

8个独立的汽车品牌馆用来展示大众集团属下8个主要品牌车，如大众、奥迪、斯柯达、赛尔特、兰博基尼和宾利等。与康采恩广场和汽车塔楼相比，8个汽车品牌馆则显得小巧且富于个性，外部造型及内部展厅设计充分反映了各个汽车品牌的特殊品质。例如宾利馆体现英国人不张扬、注重内涵的绅士风度，该馆的主体结构隐藏在一个圆形的小山下面，从外部只能看到该馆的入口，但当人们走进展馆，就会感到其典雅高贵的英国风情；

与其相反，兰博基尼馆表现了意大利人热情奔放的个性，为突出跑车的巨大动力，展馆的外形宛若从天上掉下来的黑色石块，深陷地里，黑色的立方体又如装着野兽的笼子；在大众品牌馆里，人们就看不到一辆汽车，这个透明的玻璃立方体里有一球形结构的360度环绕影院，里面放映由德国影视明星参加摄制的反映安全性能的童话故事短片。与此类似，奥迪品牌馆则展示奥迪轿车用户的家居陈设，以反映品牌的普及性以及奥迪卓越纯朴的生活品质。

大众汽车城主题公园不仅仅展示最新款式的汽车，还借助建筑师、景观设计师、艺术家、科技人员的智慧来塑造公司的品牌形象，大众集团公司想借此向人们展示公司的全球战略和雄厚的实力。

3. 亨利·福特博物馆

位于美国底特律市区北部皮奎特大街的福特皮奎特工厂，只有一座不大的三层厂房。这是福特公司在美国开设的第一家工厂，也是改变世界、创造出美国中产阶级的福特T型车诞生地。现在，这里已经变成了一个博物馆(见图7-13)，向世人展示着汽车工业的历史足迹。

图7-13 亨利·福特博物馆

福特博物馆是美国最大的室内与室外历史博物馆，建于1929年。福特博物馆包括汽车及汽车工业的演变，为驾车人服务的路边商业及娱乐设施的发展，消遣性驾驶，汽车广告对文化的影响，汽车设计的美学影响以及如何使你的汽车具有自己的风格等六大主题。馆内陈列了交通运输业的相关展品，共有100多万件陈列品，2600万份文件，涉及工业革命、交通工具、发电机械、日用工具、美国人生活变迁，甚至家居摆设等多个方面。

福特博物馆除了展出了创造汽车辉煌历史的T型车外，还收藏着多款作为总统座驾的林肯轿车，如罗斯福乘坐的1939年款林肯轿车(第一辆总统座驾)、艾森豪威尔乘坐的1950年款林肯轿车、肯尼迪遇刺时乘坐的1961年款林肯大陆敞篷车和里根乘坐的1972年款林肯轿车等，彰显福特汽车在汽车发展进程中的地位。

4．丰田博物馆

位于日本名古屋东部30千米的丰田市是日本爱知县(日本的县是一级行政区，与都、府、道平级)的城市之一，原名为举母市，自从1938年丰田汽车公司设置在此地以来，改名为丰田市，并以汽车产业作为发展核心。丰田市现有人口35万，其中丰田汽车公司的人员及其家属占60%。

丰田汽车公司将12家日本国内的工厂全部设置在爱知县内，其中的7家工厂在丰田市，剩下的则安排在邻近的市镇。丰田汽车公司在丰田市占有的土地面积已上升为900万m²。由于面积太大，为方便公司内部行动，丰田配置了内部公共汽车。

冠有丰田公司标志的建筑物在丰田市内随处可见，丰田市政厅、丰田鞍池纪念馆、丰田纪念医院、丰田运动中心、丰田消费合作社……它们都是为丰田汽车公司的职员提供福利及卫生建造的设施，同时也向市民开放。

位于名古屋长久手市高速公路旁的丰田博物馆每年吸引大批世界各地的游客前来参观。丰田博物馆是1989年丰田汽车公司为了庆祝成立50周年而设立的，整个博物馆内总共收藏了120多部汽车，诉说着汽车100多年的发展变化。丰田博物馆外观如图7-14所示。

图7-14 丰田博物馆外观

丰田博物馆不仅展示丰田产品，还收集保存了世界各国的经典名车，系统地介绍了100多年来高速发展的汽车文明。博物馆中展出的每辆车都经过了精心的保养和翻新，哪怕是已经有100多年历史的"老爷车"也跟新车一样光彩夺目。丰田博物馆有一个特定区域，通过展示人们的生活与文化之间的关联来讲述日本汽车普及的历史进程，整个展区将车和生活周边产品很好地结合了起来。丰田博物馆内还设有一个图书阅览室，收藏了9000

余册各国的图书资料，同时还为汽车史研究专家五十岚平达建立了一个特别阅览室——"五十岚文库"，向读者公开其多年的珍藏。

丰田博物馆中的一个亮点就是对现代汽车制造之中的每一个全自动流程都有展示，并且还可以真实演示。每一个流程的展示模块外面都会有一个电子按钮，只要游客按下，机器就开始进行操作。

二、我国的汽车博物馆

1. 长春汽车博物馆

长春汽车博物馆坐落于长春汽车文化园(见图7-15)内。长春汽车文化园是由中国第一汽车集团公司、长春净月经济开发区、长春万达房地产开发集团有限责任公司等合作建设的以汽车为主题，集汽车综合展示、商业服务、科普教育、文化交流、休闲娱乐为一体的多层次汽车主题旅游景区。

长春汽车文化园划分为汽车文化馆藏区、名品新车展销区、试乘试驾体验区、全面配套服务区、园林景观休闲区、专业赛车娱乐区等六大功能区。园区主建筑物建筑面积约为50000m^2，可同时展出商务汽车和家庭用汽车1500辆；毗邻畔月湖建筑的10家计5000m^2的汽车独立门店，临街而立，窗舞荷风，靓车美景，相得益彰。

长春汽车博物馆建筑面积近9000m^2，是融汽车历史、人物、技术和创意为一体的专业博物馆，整体建筑采用钢结构，设计上将汽车元素与现代建筑设计相融合，外观像一个车轮。

图7-15　长春汽车文化园

长春汽车博物馆于2007年7月15日正式开馆，作为一汽集团汽车工业旅游的一部分，长春汽车博物馆是全国首批工业旅游示范点。长春汽车博物馆分为三层展示区：第一层为各类实物车型展示，第二层为各类资料展示，第三层为二手车拍卖中心。长春汽车博物馆把珍藏的汽车展品和收藏品公开陈列，展示中国汽车制造史上的多个"第一"，如第一辆解放牌卡车、第一辆东风牌轿车(见图7-16)、第一辆红旗牌轿车以及新中国几代领导人乘坐和使用的各类轿车等。长春汽车博物馆收藏的珍贵藏品还有纸质档案资料3万余卷(包括各个时期党中央、中央人民政府、重工业部、机械工业部对一汽建设所下发的文件、干部任免令等)，微缩卷片2万张(主要是一汽各个时期的技术档案)，软胶片82盒4万余张和反映一汽产品开发的各种图纸资料、荣誉档案近千件，其中就包括毛泽东主席为一汽亲笔题写的"第一汽车制造厂奠基纪念"的复印件。

图7-16 新中国第一辆东风牌轿车

2. 北京汽车博物馆

北京汽车博物馆于2011年建成开放，是中国国家公益性汽车主题博物馆。北京汽车博物馆是北京国际汽车博览中心的标志性建筑和核心设施，建筑面积约为4.9万m^2，设有汽车博览、主题展览、汽车科普、汽车娱乐、学术交流等功能展示区。北京汽车博物馆建筑造型创意为一只明亮的"眼睛"，寓意博物馆放眼世界、面向未来的理念。北京汽车博物馆俯瞰图如图7-17所示。

图7-17 北京汽车博物馆俯瞰图

北京汽车博物馆展览和陈列面积共为10235m²，自上而下依据历史、技术和未来的主线，设有创造馆、进步馆、未来馆和中国汽车工业经典藏品车展。五层创造馆重点展示了世界汽车的发展史和中国汽车工业的发展历程，以及汽车类型多元化的发展状况。四层进步馆介绍汽车的内部结构、工程技术、安全性能和设计生产的相关内容，通过互动体验的方式展现科技在汽车工业发展中起到的推动作用，引领观众进入汽车科技的世界。三层未来馆则反映新技术发展、生态与环境问题、能源及相关政策、健康的心理与生活方式等相关话题，并提出可能的解决之道，探讨汽车未来发展方向。二层中国汽车工业经典藏品车展区再现了中华人民共和国成立初期中国汽车工业在摸索中发展的激情岁月。一层设有旅游纪念品售卖、餐厅及观众服务区域；还设有国际交流、会议、培训等展览辅助区域，以及临展大厅、会议厅、新闻发布厅、多功能厅等设施。

北京汽车博物馆跨越国家与品牌的界限，以开放的眼光、包容的胸怀，展现世界汽车从无到有的百年发展历史，以及中国汽车工业的起步、发展与壮大，揭示汽车工业对人类文明和社会发展的伟大贡献与影响。

3．上海汽车博物馆

上海汽车博物馆(见图7-18)坐落于上海国际汽车城汽车博览公园内，于2007年1月18日正式向公众开放。

图7-18　上海汽车博物馆外观

与世界其他知名汽车博物馆不同，上海汽车博物馆并未代表单一品牌或厂商，而以客观的视角，集历史博览馆、现代科技馆、古董车收藏馆与品牌文化展示的不同特点，以汽车为载体，表达行业特征，体现汽车对人类社会的深远影响。上海汽车博物馆目前珍藏展示经典古董车90余款，汇集国内外知名品牌20余个，跨越汽车历史百余年。

馆内共有三层，设有历史馆、珍藏馆、探索馆等功能区域。历史馆将汽车发展历程中各个重要阶段整合为序馆、探索与诞生、实用与量产、流线与速度、多样与精彩、运动与驾驶、节能与电子、中国汽车工业等8个主题展厅，通过精选的20余部经典代表车辆以及重要事件介绍，展示世界汽车发展的历程。珍藏馆展品涵盖百年间出品的近40款珍贵古董车、国内独一无二的加油机系列、国内最齐全的古董车模型系列等。

探索馆专门面向青少年进行汽车科普教育，有汽车零部件演示、汽车设计与制造互动游戏、汽车模拟驾驶、卡雷拉赛车等展项，在汽车构造、动力、安全、舒适以及汽车未来等方面，为参观者进行了系统而又丰富的阐述。

复习思考题

一、单项选择题

1. ( )是世界上举办最早的车展。
   A. 日内瓦车展　　　B. 巴黎车展　　　C. 法兰克福车展　　　D. 北美车展
2. 素有"汽车奥运会"之称的是( )。
   A. 东京车展　　　　B. 巴黎车展　　　C. 法兰克福车展　　　D. 北美车展
3. ( )是欧洲唯一每年都举办的车展。
   A. 日内瓦车展　　　B. 巴黎车展　　　C. 法兰克福车展　　　D. 北美车展
4. 被称为"中国汽车工业发展风向标"的是( )。
   A. 北京车展　　　　B. 上海车展　　　C. 广州车展　　　　　D. 成都车展
5. ( )是我国目前规模最大的车展。
   A. 北京车展　　　　B. 上海车展　　　C. 广州车展　　　　　D. 成都车展
6. 汽车博物馆都是( )。
   A. 营利性机构　　　B. 非营利性机构　C. 政府设立的机构　　D. 企业设立的机构
7. 长春汽车博物馆的外观像( )。
   A. 汽车　　　　　　B. 方向盘　　　　C. 发动机　　　　　　D. 车轮
8. 北京汽车博物馆的建筑造型像( )。
   A. 车轮　　　　　　B. 方向盘　　　　C. 眼睛　　　　　　　D. 手臂

二、简述题

1. 简要说明车展的作用。
2. 简要说明汽车博物馆的作用。
3. 长春汽车博物馆的珍藏文物有哪些？
4. 上海汽车博物馆的主题展厅有哪些？

第八章 汽车时尚

时尚，在辞海中是"时兴的风尚"的意思，而汽车时尚是指随着汽车的发展而衍生出来的与汽车密切相关的组织、行业或职业以及消费、娱乐等生活方式或行为模式。

汽车时尚包括三类：一是为消费者服务的组织或经营场所，如汽车俱乐部、汽车会所、汽车旅馆、汽车餐厅、汽车美容等；二是某种职业、消费方式和娱乐形式，如汽车主题电影、汽车影院等；三是宣传形式和媒体，如汽车广告、汽车传播媒体、汽车网站和微信公众号等。下面简要介绍几种。

第一节 汽车俱乐部和汽车会所

1. 汽车俱乐部

汽车俱乐部是为了满足驾车人对各种与汽车相关的服务的需求和汽车爱好者对汽车的不同兴趣爱好而成立的一种民间团体和组织。广义的汽车俱乐部包括从事汽车比赛的俱乐部、从事汽车旅游和文化活动的俱乐部、从事为驾车人提供服务的俱乐部等。狭义的汽车俱乐部是为普通驾车人提供各种汽车服务的俱乐部。汽车俱乐部的业务包括现场故障排除、救援服务、保养、修理、代办保险与理赔、车辆租赁等，这些服务面向所有会员和非会员，每项服务都有明确的收费标准和对会员免费或优惠的额度。

以汽车品牌命名的汽车俱乐部主要有两类：一类是由汽车厂家设立，主要为购买该品牌汽车的客户提供各种汽车服务；一类是由使用同一品牌的车主组织起来的，也称为车友会。车友会通常有自己的会标，并装饰在自己的爱车上，会内定期举行聚会、节庆、旅游和比赛等活动。汽车厂商及其从事经销、配件、维修的合作企业一般也会支持本品牌俱乐部的活动，为俱乐部会员提供一些优惠。

1897年，英国成立了世界上最早的汽车协会——皇家汽车俱乐部，即现在的RAC(Royal Automobile Club)前身，随后1902年美国AAA汽车俱乐部、1904年FIA国际汽车联合会、1905年ACI意大利汽车俱乐部等相继诞生。

创立于1930年的名爵汽车俱乐部(MG Car Club)，是全球规模最大的单一汽车品牌俱乐部，其收藏有大量名爵汽车相关的文字资料、照片、奖杯、相关纪念品和衍生品，它的总部所在地阿宾登(名爵汽车公司原址)是全球名爵车迷心中的圣地。据美国探索频道顶级名车录的一个报道显示，全球有数以亿计的汽车迷，这些车迷组成了大大小小数十万个车迷俱乐部，其中车迷分布范围最广，规模最大的车迷俱乐部要首推名爵车迷俱乐部，俱乐部总数近千余个，总人数超过百万。名爵汽车俱乐部每年都会为广大名爵车迷精心准备一道狂欢盛宴——MG银石赛道赛事。这是从1950年开始一直延续至今的名爵汽车俱乐部的年度盛会，每年7月10日至12日，名爵车主、车迷和普通观众都会到现场助兴，不仅车主们在赛道上大展身手，还有老爷车巡展、音乐节等，是一场车主们的集体狂欢。中国的名爵车迷组织的活动如图8-1所示。

图8-1　中国的名爵车迷组织的活动

1995年，中国成立了第一家汽车俱乐部——大陆汽车俱乐部(China Automobile Association，CAA)。大陆汽车俱乐部以全国汽车道路救援为起点，建立全国综合性的汽车服务管理平台。2003年CAA大陆汽车俱乐部成为澳大利亚保险集团IAG(Insurance Australia Group)的全资子公司。2006年，CAA全国道路救援网络覆盖全国23个省、4个直辖市、561个城市，现在已经发展全国网络合作伙伴1880家，全国道路服务网络覆盖全国1～5级城市的95%以上。大陆汽车俱乐部除了开展救援服务这一核心业务外，还深入发展汽车后市场，为会员及合作伙伴提供更多的选择便利和多元化的服务。现在大陆汽车俱乐部已有的服务包括救援服务、保险服务、车检代缴费用服务、技术咨询及趣味讲座等，丰富了服务范围。

除了救援型，我国的汽车俱乐部还有租赁业务型(如新概念汽车俱乐部)、赛车型(如上海大众333赛车俱乐部)及众多品牌俱乐部和车友会。

2．汽车会所

汽车会所是以营利为目的而整合高端汽车护理与汽车休闲文化于一体的经营场所，是汽车俱乐部的一种形式。

汽车会所有两大特征：一是以车为媒介，即以高端车辆作为沟通会员、创造商业价值的桥梁；二是以人为尊，即汽车会所服务的核心是人。汽车会所高端美容、汽车休闲文化等软硬件设计均以人为中心，为高端车主提供汽车之外的大量增值服务和精神文化服务，这也是汽车会所软硬件价值构建的指导思想。

汽车会所实行会员制，以高价值的会费收益产生赢利回报。汽车会所通常提供的服务包括两个方面：一是为高端汽车提供美容(含漆面修复)护理、星级精洗等直观的服务内容和物质消费项目；二是通过特定的汽车文化空间，为高端消费群体提供精神方面的服务项目，如提供尊贵的消费体验、具有排他性的私密空间、搭建高端会员之间的社交平台和创造高端会员的精神归属感等。

随着汽车的普及，汽车会所已从为高端品牌服务逐渐向普通汽车品牌服务转化，具体的服务项目也逐渐拓展为快修、大修、钣金、油漆、装饰、改装、音响、电器、贴膜、玻璃修复，还有保险、救援等所有的售后服务内容，精神方面的服务也具有了更大的文化包容性，包括茶文化、咖啡文化、红酒文化、汽车文化、赛车文化、改装文化、斯诺克等运动文化以及高尔夫文化等。

第二节 汽车旅馆

汽车旅馆源自英文的motel，是motor和hotel的合成词。

汽车旅馆与一般旅馆最大的不同是汽车旅馆提供的停车位与房间相连。汽车旅馆多位于高速公路交汇道附近，但也有位于市区的，便于以汽车或机车作为旅行工具的旅客投宿。

1952年，美国人凯蒙·威尔逊开设了第一家汽车旅馆，这种自助式的廉价汽车旅馆一问世就受到了驾车旅游者的热烈欢迎。特别是法国雅高集团的"一级方程式"廉价汽车旅馆，自1985年开张后，在短短的15年里就在全球开设了100家分店，取得了巨大的成功。

廉价汽车旅馆采用标准化的建造模式，内部省掉了一切顾客不需要的设施和豪华装饰，减少成本费用，以最低的价格向驾车的商务旅行者和度假家庭提供廉价的住宿服务。开车旅行、住廉价汽车旅馆如今已成为西方人的一种生活习惯。据有关数字显示，西方国家90%以上的驾车旅游者喜欢投宿汽车旅馆。

汽车旅馆因住宿价格低廉，所以旅馆的设施简单得多，前期投资并不大。国外的汽车旅馆一般只有客人登记住店和结账离店时才有服务人员为旅客提供当面服务。旅馆也没有设施豪华的餐厅、休息室等，客房一般较小，没有书桌、文具、装饰品，没有壁橱和衣橱，只有床、几个行李架和一个柱式衣架等基本设施。小小的汽车旅馆虽然不能完全给人们宾至如归的感觉，但提供的设施已经可以满足大多数人的旅行需要，非常便捷与经济。

近年来，汽车旅馆的服务和设施更加完备，除了可以提供住宿服务外，还提供餐饮、计算机网络、加油或充电、汽车修理、旅游产品销售等服务，经营模式与传统的酒店越来越接近。

第三节 汽车餐厅

汽车餐厅包括汽车文化主题餐厅和汽车穿梭餐厅。

1. 汽车文化(主题)餐厅

汽车文化(主题)餐厅是以汽车文化为餐饮概念，用餐环境的氛围及装饰布局都围绕着汽车文化主题，将汽车文化与餐饮、建筑、音乐等文化和艺术融合在一起的餐饮场所。汽车文化餐厅的类型有以某个汽车品牌为主题的餐厅、以汽车为主要装修元素的餐厅、传播汽车文化的餐厅和融合多种文化体验的餐厅等。汽车文化餐厅为顾客提供一个具有浓厚汽车文化氛围的环境，使就餐者在享受美味的同时，还能耳濡目染地受到汽车文化的熏陶。此外，各种各样的具有汽车品牌特征或实物造型的食物，也能增加顾客的新奇感和兴趣。

成立于2013年的车之谷汽车文化餐厅位于新中国第一辆汽车的诞生地长春市。一进餐厅大门，顾客就会看到展示着国内外汽车标志的背景墙，展览台上还陈列着各种品牌的汽车模型，如图8-2所示。顾客进入餐厅就如同来到汽车的海洋，在品尝美味的同时又能享受到名车的视觉冲击。车之谷汽车餐厅所有包房都是以汽车品牌来命名的，如"奔驰""宝马"等，最大的房间被命名为"一汽大众"，可容纳18位客人同时就餐。

图8-2 车之谷汽车餐厅的车标和车模展示

1886德国汽车餐厅是近几年在餐饮界比较受人瞩目、已成为网红打卡点并在上海、杭州、深圳等地开设了多家的汽车文化餐厅。这家餐厅的名称取自汽车的诞生元年(1886年)和汽车的诞生地(德国),提醒顾客在享受汽车带给人类生活变化的同时,不要忘记汽车以及现代工业的先驱们不断寻求创新突破的创新精神。来到这家餐厅,随处可见的是汽车元素,扑面而来的是汽车工业气息,让顾客沉浸在一个充满底蕴的就餐氛围中。将不同豪华跑车化身为360度旋转的吊顶时钟,是1886德国汽车餐厅最为经典的标志,例如挂在深圳益田假日广场店的是一辆法拉利(见图8-3),其他城市分店悬挂的还有保时捷、兰博基尼、宾利等。店内的大多装置都由1886德国汽车餐厅自主设计或研发并拥有着多项专利,例如老爷车车头切割改装的沙发座椅、发动机吧台、螺丝帽桌椅、活塞吊顶等。1886德国汽车餐厅用汽车文化搭配多元化的产品形态,以音乐、精酿等为顾客带来不同于单纯味蕾刺激的体验。

图8-3 1886德国汽车餐厅的吊顶时钟

位于香港铜锣湾的FIAT CAFFE是以意大利菲亚特品牌为主题的汽车主题餐厅。餐厅以意大利国旗元素——红色、白色和绿色为主色调，就餐座位被设计成菲亚特汽车造型，给就餐的顾客仿佛置身于菲亚特汽车之中的感觉；咖啡拉花是菲亚特汽车标志图案，让顾客感受到菲亚特提供的全方位的服务。餐厅内供应的食物一直坚定地走意大利路线，从意大利咖啡到意式三明治再到葡萄酒，无一例外全部都是意大利出品。在顾客享受美食的同时，餐厅内还循环播放菲亚特汽车的试车片段，给顾客和车迷们带来为之心醉的视觉冲击。

2．汽车穿梭餐厅

汽车穿梭餐厅的本质是快餐店，是以汽车驾驶员为主要服务对象的餐厅。汽车餐厅方便快捷，驾驶员不用下车便能完成点餐、付费、收取食物。2002年，肯德基在北京开设了国内第一家汽车穿梭餐厅。目前在我国的省会等大城市，肯德基、麦当劳的汽车穿梭餐厅已经很普遍。

2021年，深圳交警联合肯德基汽车穿梭餐厅共同建立了"穿梭式交通安全主题餐厅"，对原有的汽车餐厅升级，营造360°沉浸式的交通主题氛围，让就餐的驾驶人感受到丰富的交通安全元素，还面向深圳交警星级用户推出限量"畅行大神卡"，让市民在享用美食的同时，收获干货满满的交通知识。

第四节 | 汽车主题电影

汽车改变了人们的行进速度，使"日行千里"成为现实；而电影作为全新的艺术形式，改变着人们的精神世界。汽车与电影，这两个19世纪最伟大的发明，对人类的生活产生了巨大的影响，而它们自诞生以来总是联系在一起。从黑白画面到彩色画面，再到现在的数字电影，汽车自始至终都在屏幕上占据一席之地。

1．人物传记类电影

在众多以汽车为题材的人物传记类电影中，其主角通常是在汽车业界具有一定影响力的人物。影片通过介绍他们的成长和奋斗的经历，激发起人们在曲折的人生道路中勇于克服困难、勇于超越自我的斗志。例如，2003年上映的意大利电影(故事片)《激情与梦想：法拉利的故事》(见图8-4)，记录了恩佐·法拉利从小对于速度的痴迷，以及长大后如何制造赛车，再到他驰骋赛场的过程，直至记录到他的去世。虽说这是一条单线故事，但整体节奏却控制得极为出色。故事中，一个只有10岁的孩子，为了自己的梦想而奋斗，最终实现了自己的梦想，造就了历史，造就了传奇，也使自己变成了英雄。虽然这位英雄已离我们而去，但他创造的传奇，他创造的法拉利，却永远在我们身边。又如，2011年上映的英国电影《永远的车神》(见图8-5)讲述的是车神塞纳的故事。作为纪录片，它由曾经保留下来的影片加上人物采访构成，这就使得它与其他电影有着完全不一样的感觉。其中受访对象不仅有塞纳生前好友、家人，还有塞纳在赛车场上的竞争对手。影片的最后介绍了塞纳在圣马力诺的伊莫拉赛道发生事故的原委。虽然每个观众都会伴随着悲痛的心情看完此片，但也会从内心深处被这个"车神"不惧风险、勇于挑战的精神所震撼，也对如何看待人与汽车、速度与安全等话题产生深深的思索。

图8-4 《法拉利的故事》电影海报

图8-5 《永远的车神》电影海报

2．以赛车为主体框架的电影

以赛车为主体框架，表现正义终究战胜邪恶的商业片(故事片)是最能吸引电影观众的。例如，美国系列电影《速度与激情》自从2001年上映第一部以来，至今已上映到第九部，第十部即将在2023年上映。每部《速度与激情》电影都强调汽车的工艺和美感。影片中有大量的紧张和刺激的汽车追逐，主要角色的高超车技令人瞠目结舌。反映这类题材的国内外汽车电影还有《疯狂的麦克斯》《极速60秒》《生死时速》《勒芒》《极速风流》《极速车王》《死亡飞车》《的士速递》《头文字D》等。

3．科幻动画系列汽车电影

真正以汽车作为电影主角的是美国科幻动画系列电影《变形金刚》，这部电影表现了人们对未来汽车的幻想。影片中有一百多位汽车人，其中擎天柱是汽车人的领袖，他能够充分了解敌人的状况和击退敌人，拥有强大的战斗力，所以很多地球人对他十分信赖。《变形金刚》成为各大汽车厂商展示新车的大平台。

汽车进入电影，作为一种新的汽车营销的方式，是汽车营销发展的产物，两者是相辅相成的，汽车品牌随着电影走进了更多人的内心。例如，英国电影007系列、美国电影

《碟中谍》系列中出现的都是带有特殊装置的宝马、奔驰、阿斯顿·马丁等名车；在《疯狂金龟车》《金龟车闯天下》等影片中，大众的甲壳虫是电影的主角；Mini Cooper在《偷天换日》电影中戏份十足；在《高楼大劫案》中，用黄金打造而成的法拉利跑车也是超出了人们的想象……

国产电影中也不乏汽车题材的电影，例如，由作家、赛车手韩寒担任导演，沈腾主演的《飞驰人生》，讲述的是一个赛车手在挫折中奋起、在逆境中成长的故事，电影中的台词"我没有想赢，我只是不想输"可以激发起人们努力拼搏、永不认输的斗志；在短片剧集《我和我的家乡》中，长城汽车的多种车型纷纷亮相，使观众在感受祖国和家乡发生天翻地覆的变化的同时，也对国产的长城汽车产生了浓厚的兴趣。

汽车是人们现代生活中不可缺少的交通工具。随着汽车普遍进入家庭，在反映现代题材的电影中，汽车无论是作为主角，还是作为道具，无论是讲述汽车业界人物的事迹，还是表现与汽车密切相关的活动，都成为电影情节中不可缺少的重要元素。但是如何处理人与社会、人与汽车的关系才是汽车电影的真正的核心内容，弘扬和促进汽车文化的发展才是汽车电影真正的主题。

第五节 汽车影院

汽车影院，即观众坐在各自的汽车里通过调频收听和观看露天电影，这是随着汽车工业高度发达后所衍生的汽车文化娱乐方式之一。20世纪30年代，美国人理查德在自家后院的大树上钉上一张床单，当作幕布，在幕布后放置了一台收音机充当音响，然后在汽车顶棚上支起1928年产的柯达放映机，世界上第一座汽车电影院就此诞生了。1932年8月6日，理查德向美国专利办公室申请汽车影院专利，次年6月6日，理查德汽车影院开张。

对个人自由的尊重是汽车电影院最大的魅力所在，观众可以在完全私人的空间里享受高质量、超大映画及车内音响、环音所带来的震撼体验。除此之外，汽车影院还不像一般的电影院有很多的限制，人们可以坐在自己的车里看电影，可以随心所欲表达个人的情绪，而完全不用顾虑周边的环境；也可以在自己的车里吃喝玩乐，而不用担心影响别人。汽车影院在服务上也自有它的一番特色，例如，汽车影院的电影一般是循环播放的，只要不累，看完这部还可以接着看下一部。看到精彩片断时，观众不再是报以热烈的掌声，而是汽车喇叭齐鸣，气势非凡。汽车影院的魅力与特色不止于此，那是一种与自然交融的和谐之美。这里会将记忆带到过去，又好像将人带入另外一个世界。除了工作人员，这里几乎看不到其他人的身影，不论外面是如何的天寒地冻，观众都可以悠闲地喝着热茶。而到了夏天,有知了在鸣叫,有微微凉风在吹拂,还有那些清凉心静的冷饮与你陪伴。可以说,汽车电影院给予观众的不仅是视觉上的快感,更是享受身心自由、特色服务以及浪漫氛围的全方位体验。

第六节 汽车广告

广告是为了某种特定的需要,通过一定形式的媒介,并消耗一定的费用,公开而广泛地向公众传递信息的宣传手段。广告,顾名思义,就是广而告之,即向社会广大公众告知某件事物。广告就其含义来说,有广义和狭义之分。广义广告是指不以营利为目的的广告,如政府公告,政党、宗教、教育、文化、市政、社会团体等方面的启事、声明和公益广告等;狭义广告是指以营利为目的的广告,通常指的是商业广告(或称经济广告),它是工商企业为推销商品或提供服务,以付费方式,通过广告媒体向消费者或用户传播商品或服务信息的手段。商品广告就是这样的经济广告。

汽车广告属于商品广告,是指汽车企业利用某种媒介,向广大消费者宣传其产品用途、产品质量,展示企业形象的商业行为。

有据可查的最早汽车广告出现在1898年8月13日的《科学美国人》杂志中,是一家位于美国俄亥俄州克利夫兰市名为The Winton Motor Carriage Co.的汽车制造商刊登的广告(见图8-6),其文案中写着"DISPENSE WITH A HORSE. THE WINTON MOTOR CARRIAGE"。翻译过来就是"让骡子和马都歇了吧。温顿牌汽车"。因为在汽车出现的早期,它的主要竞争对手还是马车,所以汽车制造商要做大量工作说服人们放弃传统马车,改用汽车。

根据有关资料记载,出现在1911年上海《申报》中的一则汽车广告是我国的第一个汽车广告,如图8-7所示。

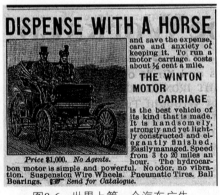

图8-6 世界上第一个汽车广告

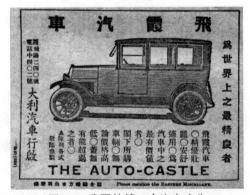

图8-7 我国的第一个汽车广告

1931年8月13日,上海《民国日报》刊登的"民生"牌汽车广告(见图8-8),是我国第一个国产汽车的广告。

图8-8 我国的第一个国产汽车广告

随着社会的不断进步和发展,作为广告载体的媒介花样频出,且种类繁多。传统的媒介主要是报纸、杂志、邮递、海报、传单、招贴、日历、户外广告、橱窗布置、实物等形式,而现代媒体如广播、电视、电子显示屏、计算机网络等成为汽车广告的主要形式。由于汽车特殊的商品特性,不同的媒体在展示汽车商品特性方面有着不同的效果。例如,广告牌可以突出整车独有的高档商品非凡之气势,电视可以表现其与众不同的车型和动力性能,报纸、期刊则能够详细介绍车辆的油耗、发动机排量和相关配置等。

汽车广告的内容是根据汽车技术的进步和普及程度与时俱进的。我国的汽车广告从内容的变化和发展来看,经历如下几个阶段:第一阶段,以介绍汽车的技术性能和突出汽车产品功能为主;第二阶段,通过汽车广告传递不同的汽车产品适应不同的生活方式;第三阶段,将汽车产品的功能和消费者的情感需求相结合;第四阶段,在满足消费者需求的基础上,强调传播人与汽车的和谐关系和绿色交通理念。

无论汽车广告采用哪种媒介和采用哪种表现形式,但最能让受众印象深刻的其实不是令人眼花缭乱、给人的视觉和听觉带来震撼的广告视听画面,而是体现汽车特点和汽车企业志向的汽车广告宣传语。一句好的广告词不仅要容易被记忆,还要体现产品的特点。便于记忆,才能让自己的品牌广为传播;体现产品特点,才能吸引目标人群消费。所以,广告宣传语是广告内容的核心。

在众多的国内外汽车广告中,丰田汽车的广告宣传语"车到山前必有路,有路必有丰田车"最为经典。这则广告成功地改用了"山重水复疑无路,柳暗花明又一村"的古诗,文字简明,但内涵丰富:一是表明了丰田汽车的质量之高,广告词没有直接宣传产品的质量，而是用销量之大来表明，销量之大也不是用数量直接表明，而是用路的多来间接表明；二是表明了丰田汽车的适应性强，"有路必有丰田车"，隐含着不管什么路，丰田车都可以纵横驰骋，往来自如；三是表现出很强的自信心，两个"必有"，语气坚定，给人可以信赖的感觉。

Jeep汽车的广告词是"There is only one Jeep"，翻译成中文就是"不是所有的越野车都叫吉普"，强调了Jeep是汽车品牌，而不是一种汽车类型，在纠正人们的错误理解的同时，突出了自身的品牌价值。

沃尔沃是目前唯一一个全部产品都配置主动安全系统的品牌，沃尔沃汽车的广告词是"关爱生命，享受生活"，突出了沃尔沃汽车注重汽车安全性的产品特点。

最注重汽车广告作用并最早使用多种形式进行广告宣传的汽车公司当属雪铁龙汽车公司。雪铁龙汽车的创始人安德烈·雪铁龙不仅是汽车行业的传奇人物，也让汽车广告融入了浪漫的气息，独树一帜的广告策略让他足以栖身于广告天才之列。雪铁龙是世界上少数几个最先认识到20世纪将是汽车世纪的人，也是少数预见到传播将是20世纪另一个主旋律的人，更是一个将两者完美结合的广告天才。

第七节 汽车传播媒体

1. 汽车杂志和报纸

汽车杂志和报纸等各类出版物(印刷物)是传统的汽车文化的传播媒体。这类传播媒体通常包括学术类、科普类和消费时尚类。汽车杂志和报纸的内容和形式随着社会经济的发展、汽车文化和专业知识的普及、汽车消费观念及需求的变化而不断发展和变化。汽车对于家庭而言是一种高值、耐用，且结构和性能比较复杂、种类繁多的消费品。汽车消费者尤其是首次购买的用户，都希望在汽车购买、使用、维护等方面得到专业指导。而汽车杂志和报纸由于其具有文字和图片内容丰富的特点，能够为读者提供专业性强、数量多、新鲜又有深度的内容，自然就成为消费者购车、用车的向导。

《中国汽车报》是我国目前最具权威性的经济类汽车产业报，它隶属于人民日报社，成立于1984年。《中国汽车报》以"汽车社会的舆论领袖"为己任，以专业、权威、深刻的报道风格为特长，在中国汽车业界和汽车用户中具有广泛的影响力和渗透力。人民日报社旗下还有《汽车族》《汽车与运动》《家用汽车》《商用汽车新闻》《摩托车趋势》等杂志，均是具有知名度和影响力的汽车杂志。

2. 广播和电视类汽车栏目

广播和电视等电子媒体是现代化的汽车文化的传播载体，具有辐射广、速度快、渗透力和冲击力强等特征，是汽车广告的主要媒体。利用广播和电视开设的各类汽车类节目，是传播汽车文化、服务于汽车消费者和爱好者的具有广泛受众基础的传媒平台。

我国的大中城市的地方广播电台都开设了交通、汽车导购、汽车咨询等方面的为汽车驾驶员、消费者和爱好者服务的专题节目。这种调频节目具有时效性强的优点，播报的汽车方面的信息与当地汽车相关的经营和消费活动密切联系，对于传播汽车文化具有现实的意义。

中央电视台财经频道推出的《车风尚》电视节目，通过外景新闻和演播室访谈等综合的节目形式，为观众呈现一流的汽车资讯、权威的报道、深度的采访，网罗全球的汽车动向，聚焦热门的汽车话题，是我国权威的专业汽车传媒平台。

中央电视台体育频道推出的《赛车时代》是以报道、推广赛车运动，弘扬、传播汽车文化为宗旨的一栏节目，分别从车坛焦点、赛事追踪、行业动态、人车趣闻等多方面对赛车运动和汽车文化的动向进行全方位报道，是最受汽车赛事运动从业者和爱好者关注的汽车电视节目。

《汽车派》是旅游卫视于2005年推出的一档汽车文化类电视节目。节目面向爱车、懂车和注重精神和文化享受的受众人群，强调节目的文化品位、视觉享受和知识含量，突出节目的欣赏性甚至收藏价值，淡化实用和时效等简单功能，超越了产品层面的浅显介绍而上升到品牌层面的文化欣赏，是一档具有很高文化品位的汽车电视节目。

《我爱我车》是北京地区最具有影响力的汽车电视节目。它以引导理性汽车消费和安全驾驶、文明行车方面为主体内容，依托生活频道广泛的覆盖范围和强大的影响力，从独特的视角，采用丰富的表现方式，为爱车人士及汽车厂商提供更周到的服务。对于观众，它是一档集知识、文化、娱乐为一体的汽车专栏节目；对于企业，它是一个进入并扩大市场份额的助推器，是一条联系消费者的纽带。

第八节 汽车网站

自从1991年8月6日诞生了由互联网之父蒂姆·伯纳斯·李创建的世界上第一个网站——万维网以来，计算机网站已经成为当今社会应用最广泛、信息最丰富、传播速度最快的数字媒体，"上网"已经成为人们从事各种活动和生活的必不可少的日常行为。虽然对于汽车网站是何时诞生的无法考证，但是汽车网站在促进全球范围内汽车业的发展和传播汽车文化等方面，具有其他媒体无法比拟的优势和生命力。汽车网站已经成为汽车行业或企业、汽车消费者和爱好者从事管理与经营，发布和获得信息，进行汽车交易，传播和学习汽车文化的重要工具。

汽车网站种类繁多，我国的汽车网站主要包括汽车行业协会或企业网站、综合类门户网站中的汽车专题网站、专门的汽车网络营销网站、传播汽车文化的网站等。

中国汽车工业协会网站是中国汽车工业协会的官方网站，其首页如图8-9所示。网站的协会概况专栏的主要内容是协会简介、协会章程、组织机构、主要职责、协会荣誉等；统计数据专栏是发布最具权威性的关于汽车行业的发展成果的统计数据；行业政策专栏的主要内容是国家有关行政管理部门、地方政府等单位发布的最新的汽车政策以及政策的解读；标准法规专栏的内容是发布汽车国际标准、国家标准和行业标准等；行业动态专栏包括政府资讯、行业新闻、企业新闻、产品资讯、市场环境、车市动态、展会信息等。

图8-9　中国汽车工业协会官方网站首页

几乎每一个汽车企业都建立了自己的企业网站，网站内容一般包括企业概况(发展历程、企业文化、资质荣誉等)、企业新闻(企业动态、公告信息等)、品牌与产品、销售与服务等专栏。

搜狐、网易、新浪、凤凰网等综合类门户网站都设有汽车专题网站，主要内容是介绍在售的所有国内外汽车品牌的全面信息，报道汽车行业最新政策，介绍汽车行业和企业的最新动态，发布汽车经销企业信息等。搜狐网的汽车专栏页面如图8-10所示。

图8-10　搜狐网的汽车专栏页面

汽车之家、易车网、太平洋汽车网、瓜子二手车等汽车互联网服务平台是专门的汽车网络营销网站，主要功能是提供汽车报价、导购、评测、用车、玩车等多方面的资讯，并营造一个互动的车友交流空间。汽车之家网站页面如图8-11所示。

图8-11　汽车之家网站页面

还有一些需要注册后登录的会员制网站，如汽车文化网在传播汽车文化，提供最新汽车报价、汽车图片、汽车价格大全，以及最精彩的汽车新闻、行情、评测、导购内容等方面，深受消费者关注；又如玩车之家是汽车改装的经营者和爱好者获取最新咨询、进行深入交流与互动的网络平台，也是特色显著、浏览量和会员数量都比较大的网站。玩车之家网站页面如图8-12所示。

图8-12　玩车之家网站页面

近几年，随着智能手机的普及，汽车App(Application的缩写，主要指安装在智能手机上的软件)已经成为人们获得汽车资讯和买车、用车、二手车交易等最实用的掌上工具，汽车软件App实际就是手机上的汽车网站。例如，"交管12123"是公安部交通管理局推出的全国交通安全管理的综合服务平台，集机动车业务、驾驶证业务、违法处理业务、学习教育业务和便民服务等于一体，是汽车用户最实用的手机软件。又如，"中华网汽车""车管家"等实用性App，一般涵盖汽车新闻、汽车行情、汽车评测、汽车导购、汽车保养和修理、停车场信息、汽车救援、汽车代驾等内容，是受汽车消费者喜欢的专业的手机汽车服务应用软件。

复习思考题

1. 简述汽车时尚的类别。
2. 简要说明汽车俱乐部的功能。
3. 简要说明汽车影院的优点。
4. 简要说明汽车广告的作用。
5. 简要介绍你所熟悉的某个汽车网站。

第九章 汽车与社会

第一节 汽车对社会的影响

一、汽车的作用

汽车作为现代化的交通工具之一,在一个国家和地区的社会经济发展和人们的生产生活中都具有重要作用。

1. 汽车是最普遍的交通工具和消费资料

现在人们出行的交通工具主要由汽车、火车、飞机、轮船等组成,它们各自在交通结构中发挥着重要的作用。而汽车所具有的普遍性和灵活性是其他现代交通工具无法比拟的。

(1) 普遍性强。在现代社会中,用来完成人员和货物空间位移的现代化交通工具主要有汽车、轨道列车(传统意义上的火车、高速铁路列车、地铁列车、有轨电车等)、飞机、轮船等,而汽车是唯一的既可作为公共交通工具又可以作为家庭代步工具使用的交通工具。从客货运输量来分析,虽然单位汽车完成的数量是所有交通工具中最小的,但由于汽车保有量大、分布范围广，汽车完成的交通运输量占我国运输量的绝大部分比重。例如，2021年，全国的货物运输总量为529.7亿吨，公路(汽车)运输完成的货物运输总量为391.4亿吨；全国的旅客运输总量为83亿人次，公路(汽车)运输完成的旅客运输总量为50.9亿人次(见图9-1)。由此可见，汽车在交通运输中的巨大作用。

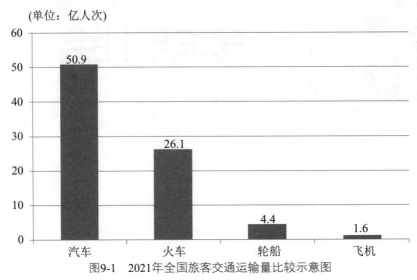

图9-1　2021年全国旅客交通运输量比较示意图

(2) 灵活性好。火车、飞机、轮船均属于线性交通工具，火车只能沿铁路运行，飞机只能沿航线飞行，轮船只能沿江河、湖海航行，而汽车属于地面上的交通工具，可以在道路上行驶，也可以在原野、沙漠、山地等自然地面上行驶。汽车既可以通向各个城镇，又可以通向广大的农村，实现"门对门、户对户"的直达交通；既是生产运输手段和公共交通工具，又是人们的代步工具和生活消费品。

(3) 消费需求巨大。随着我国小康社会的全面建成，汽车的消费资料属性已成为绝对的商品属性，汽车消费已是我国城乡居民最主要的消费增长点之一。国家统计局发布的《2021年国民经济和社会发展统计公报》中的统计结果显示，2021年我国的汽车销售量为2627.5万辆，汽车类消费品零售总额为43 787亿元，占社会消费品零售总额的9.9%，反映出我国居民在汽车类商品上的消费购买力。我国的私人汽车保有量为26 246万辆，对汽车后市场[①]的消费需求同样潜力巨大。

2. 创造巨大的产值和财富

2021年，我国的汽车产量为2652.8万辆，汽车生产总值超过8万亿元，占GDP比重已接近10%；出口汽车212万辆，出口金额为2227亿元。上述数据都表明汽车产业在国民经

---

① 汽车后市场是指汽车销售以后，围绕汽车使用过程中的各种服务，它涵盖了消费者买车后所需要的一切服务。

济发展中的重要地位，汽车产业已经成为我国国民经济的重要支柱产业之一。

3．影响面广

(1) 可以拉动上下游产业发展。汽车工业对相关产业的影响不仅表现在生产过程中，也表现在使用过程中。汽车行业产业链长、辐射面广，与其相关的上下游产业极多，其上游涉及钢铁、机械、橡胶、石化、电子、纺织等行业，下游涉及保险、金融、销售、维修、加油站等行业。可见，汽车行业不仅涉及原材料工业、设备制造业、配套产品业、公路建设业、能源工业等第二产业，还涉及销售业、服务业和交通运输业等第三产业，辐射范围非常广泛。据联合国工业发展署的研究资料显示，上游产业与汽车工业及下游产业的效益比例为7：1：10。

(2) 提供广阔就业机会的产业。传统的汽车工业和服务业以及伴随着汽车的发展和普及而诞生的汽车相关新兴产业和职业所提供的就业机会不仅数量较大，而且技术含量也较高。据统计，我国的汽车及相关产业就业人数占全国就业总数的1/6左右。国家信息中心分析认为，汽车产业(包括零部件企业在内)和相关产业的就业比例关系是1：7，即汽车产业每增加1个就业岗位，就会带动相关产业增加7个就业岗位。按照《中国汽车工业(中英文版)》的推算，从全产业链带动就业人数的角度，汽车业是第一制造产业。

4．推动科技发展

汽车是高新技术的结晶，汽车工业所涉及的新技术范围之广、数量之多，是其他产业难以相比的。想要发展新材料、新设备、新型配套产品，均需要应用和发展新技术。电子技术、信息技术在汽车上获得越来越广泛的应用，目前，传统燃油汽车电子产品占整车成本的比重为50%左右，而新能源汽车中的电子产品占整车成本的比重在80%以上。

5．推进社会进步

汽车是改变世界的机器，它既改变了生产，也改变了生活。汽车的普及为人类社会生活创造了许多新生事物，汽车艺术、汽车广告、汽车模特、汽车模型收藏、汽车展会、汽车赛事运动、汽车驾驶培训、汽车旅游、汽车旅馆、汽车社区、卫星城、乡间别墅等已渗透到人们的日常生活之中，改造着人们生活方式和传统观念，进而改变城市结构、乡村结构和就业结构，改变人们的区域概念、住地选择、消费结构、商业模式、生活方式和休闲方式，改变人们的社会关系、沟通方式、活动节奏、知识结构以及文化习俗。汽车的使用是个性权利的延伸和个人主动性的象征，汽车创造了崭新的价值观念和生活内容，整个社会的文化理念、心理素质、道德因素都发生了巨大变化。汽车的发展与普及促进了城市的发展，缩小了城乡差别，改善了人们的生活品质，提高了人们的生活质量，对推进社会进步发挥了显著的作用。

二、汽车的危害

汽车是一把"双刃剑",在带给人们舒适和便捷的同时,也给社会带来了负面的影响,尤其是在一些大中型城市,随着汽车保有量的增加,汽车的生产、销售、使用、报废等使得环境危害和城市的空气污染日益严重。汽车工业发展和技术革新的进程,也是人们不断解决这些负面问题的历程。

1. 汽车对环境的污染

(1) 汽车尾气对空气的污染。燃油汽车使用的汽(柴)油主要由碳和氢组成,汽(柴)油正常燃烧时生成二氧化碳、水蒸气和过量的氧等物质。但由于燃料中含有其他杂质和添加剂,且燃料常常不能完全燃烧,而排出一些有害物质。

研究表明,汽车尾气成分非常复杂,有100种以上,可分为气体(一氧化碳、碳氢化合物、氮氧化物和醛类等)和颗粒物(碳黑、焦油和重金属等)两大类。由于汽车废气的排放主要在地面上方0.3米至2米,正好是人体的呼吸范围,对人体健康的损害非常严重:一氧化碳会阻碍人体的血液吸收和氧气输送,影响人体造血机能,随时可能诱发心绞痛、冠心病等疾病;碳氢化合物会形成毒性很强的光化学烟雾,伤害人体,并会产生致癌物质;氮氧化物会使人中毒,其毒性比一氧化碳还强,它损坏人的眼睛和肺,并形成光化学烟雾,是产生酸雨的主要物质,可使植物由绿色变为褐色直至大面积死亡。

光化学烟雾在世界各地都造成了严重的危害。1943年,美国洛杉矶市发生了世界上最早的光化学烟雾事件。此后,人们对洛杉矶烟雾经过反复的调查研究,直到1958年才发现是由洛杉矶市250万辆汽车排放的尾气污染而造成。这些汽车每天消耗约1600吨汽油,向大气排放1000多吨碳氢化合物、400多吨氮氧化物。这些气体受阳光作用,酿成了危害人类健康的光化学烟雾事件。1970年,美国加利福尼亚州发生大规模的光化学烟雾事件,农作物的损失达到2500万美元。

1971年,日本东京发生较严重的光化学烟雾事件,导致一些学生中毒昏迷。与此同时,日本的其他城市也发生了类似的事件。此后,日本的一些大城市连续不断出现光化学烟雾事件。日本环保部门对东京几个主要污染场所排放的污染物进行调查发现,汽车排放的一氧化碳、碳氢化合物、氮氧化物这三种污染物占总排放量的80%,使人们进一步认识到,汽车排放的尾气是产生光化学烟雾的罪魁祸首。

1997年夏季,拥有80万辆汽车的智利首都圣地亚哥也发生光化学烟雾事件。北美、欧洲、澳大利亚等地区也先后出现这种烟雾。由此可见,光化学烟雾已经对人类生存和城市环境构成了严重威胁。

德国科学家的一项研究表明，儿童患癌与汽车尾气造成的空气污染有密切关系，孕妇吸入这些废气，其胎儿出世后更容易患上癌症。汽车尾气中的铅一般分布于地面以上1米左右的地带，正好是青少年的呼吸带。德国波恩大学的一个科研小组指出，对于儿童来说，汽车尾气中的一氧化碳和丁二烯是致癌的元凶。他们发现，在公共汽车站周围300米的区域，这些致癌物质特别集中。法国专家对南锡、里尔、里昂和巴黎四大城市280例儿童急性白血病病例进行的一项调查也表明，生活在汽车修理行或者加油站附近的儿童，比其他地方的儿童患上白血病的概率大4倍。

(2) 汽车材料对车内空气的污染。车内空气污染的成因主要有汽车零部件和车内装饰材料中所含有害物质的释放、车外污染物进入车内以及汽车自身排放的污染物进入车内环境等。

汽车零部件和车内装饰材料中所含有害物质的释放，主要指汽车使用的塑料和橡胶部件、织物、油漆涂料、保温材料、黏合剂等材料中含有的有机溶剂、添加剂等挥发性成分，在汽车使用过程中释放到车内环境，造成车内空气污染。污染物主要有苯、甲苯、甲醛、碳氢化合物等。

如果车身密封不严，外界环境的污染物将进入车内，造成车内空气污染。污染物主要有碳氢化合物、一氧化碳、二氧化硫、氮氧化物、颗粒物等。

汽车自身排放的污染物进入车内环境，包括通过排气管、曲轴箱、燃油蒸发等途径排放的污染物，或汽车空调长期使用后风道内积累的污染物对车内空气造成污染。污染物主要有碳氢化合物、一氧化碳、氮氧化物、微生物、苯、烯烃、芳香烃等。

(3) 汽车对水体和土壤的污染。在汽车制造过程中，其使用的各种原材料(如钢铁、有色金属、橡胶和燃油等)的生产，除了对大气产生污染外，还对水体和土壤造成严重的污染，也产生了大量的工业垃圾。

在汽车行驶过程中，沿线公路的土壤含铅量明显上升。在汽车的维修和报废过程中，会产生大量的废弃物，例如各种工作液料、替换或报废的固体形态的汽车零件、电子产品等，即使一部分被回收处理，但由于受到回收处理技术和方法的限制，很大一部分汽车废弃物都被排放到水体或深埋在土壤里，像废弃的工作液料、废旧电池等，由于其物理和化学特性等难以降解，对土壤和水体的破坏甚至达到成百上千年，而被污染的水体和土壤对人类的危害是永久性的。

2．汽车的噪声污染

汽车噪声是汽车的第二大公害。汽车噪声随着汽车发动机功率、汽车速度及汽车流量的增加而增大，约占城市噪声的75%。汽车噪声源大致可分为发动机噪声与整车噪声。发动机噪声与发动机转速有关,而整车噪声与车速有关。与发动机转速有关的噪声源主要有进气噪声、排气噪声、风扇噪声和发动机表面辐射噪声,以及由发动机带动旋转的各种发动机附件的噪声。与车速有关的噪声包括传动噪声、轮胎噪声、车体产生的空气动力噪声等。此外,汽车防盗器的误鸣也构成了汽车噪声的一部分。

噪声不仅能引起人体的生理改变和损伤,而且能对人心理、生活和工作产生不利的影响。噪声甚至会影响人的睡眠、谈话、学习、工作和情绪等。人们长期生活在85~90分贝的噪声环境下,就会得"噪声病"。汽车噪声一方面对环境产生噪声污染,使人心情不安、烦躁,身体疲倦,工作效率下降,人的听力减弱、视觉动(功)能下降、神经衰弱、血压变化和胃肠道出现消化功能障碍,干扰人的语言交流和通信联络,影响人们的工作和生活;另一方面使驾驶人员反应时间加长,从而影响行车安全。

3. 汽车交通事故

有人将汽车称为"19世纪诞生的杀伤武器"。汽车作为高速便捷的交通工具,在行驶中如果控制不当,就容易撞上行人、障碍物或其他车辆,造成车内外人员的伤亡。在汽车诞生的100年间,全球由于发生汽车交通事故而造成的死亡人数高达4000万人,相当于第一次世界大战中死亡人数的两倍,超过了第二次世界大战的死亡人数。

根据世界卫生组织2018年的报告,全世界平均24秒钟就有1人因道路交通事故而死亡,每年总计135万人在汽车交通事故中丧生。

2019年,我国汽车交通事故发生数为159 335起,汽车交通事故死亡人数为43 413人,汽车交通事故受伤人数为157 157人,汽车交通事故直接财产损失为111 420.6万元。

汽车交通事故造成的人类伤亡带来的不仅仅是人的肉体伤害,更多的是给人带来的精神伤害,还会产生大量的法律纠纷和社会矛盾。

4. 汽车普及带来的社会矛盾

我们国家正处于汽车进入家庭的快速发展时期,但与汽车的生产、流通、使用和报废等整个汽车产品寿命周期相关的管理法规还不完善,各个品牌的汽车质量和销售服务质量参差不齐,各个地区和各个城市的道路设施条件和管理水平等发展还不平衡,汽车使用者安全和文明行车的水平还不高,汽车的普及必然会带来汽车消费者与汽车生产或相关经营者的矛盾、汽车消费者或使用者与汽车管理者的矛盾、汽车使用者之间或汽车使用者与其他交通参与者之间的矛盾等。

汽车消费者与汽车生产或经营者的矛盾主要是汽车产品质量纠纷。近几年,随着我国汽车保有量的增多,在汽车买卖和使用过程中产生的质量问题纠纷已经成为"3·15"活动的热点问题。汽车质量纠纷一般包括买卖合同纠纷、汽车产品质量纠纷、损害赔偿纠纷等。汽车出现质量问题后，消费者与汽车销售商之间关于修车、换车、退车、损害赔偿等处理意见不一致时产生的纠纷，如果不能通过协商调解或行政部门仲裁的方法得到解决，往往要走法律诉讼渠道，这种动用社会法律资源、浪费双方时间的纠纷解决方法是成本最高的，也把汽车的购销或服务的双方完全对立了起来，对汽车品牌和汽车相关经营者都会带来一定的负面影响。

受客观环境和经济发展水平的制约以及生产周期等条件的影响，道路和交通管理设施的增长速度往往会滞后于汽车保有量的增长速度，所以，交通拥堵日益严重是我国很多大城市面临的现实问题，汽车相关管理部门不得不实施汽车的限制性政策和管理办法。例如北京、上海、广州等一线城市，纷纷出台了汽车摇号购买、汽车牌照拍卖、尾号限行等汽车相关政策，使很多具备汽车购买能力的消费者无法满足汽车的消费需求或增加了实现需求的成本。尾号限行使汽车的方便性受到影响，使汽车消费者或使用者不满，如果不能及时处理和化解，久而久之就会形成汽车消费者或使用者与汽车管理者之间的矛盾。

公安部的统计资料显示，2021年我国新增汽车驾驶人员2750万人，累计4.44亿人拥有汽车驾驶证。由于汽车驾驶人的职业、受教育程度、道德修养和法治意识、汽车驾驶技能和经验等方面存在着差异，行车擦碰、交通安全事故、违章行车或停车、不文明行车等现象屡见不鲜，汽车使用者之间、汽车使用者和其他交通参与者之间的纠纷在交通繁忙的地区和城市也是司空见惯。

第二节　汽车法规

一、汽车排放标准

为了治理环境污染，各国相继对大气中各种排放污染源提出控制要求，制定强制性排放标准，以控制汽车污染物的排放量。

美国和日本从20世纪60年代开始就对汽车排放进行控制，美国的排放法规要求更严格。美国于1994年开始执行极其严格的低污染汽车法规(low emission vehicle，LEV)。欧洲控制排放比美、日两国晚，而且标准要求较松，但是到1992年实施欧洲第1阶段(欧Ⅰ)排放法规后，开始推行日趋严格的排放标准。美国、日本和欧洲的汽车排放法规形成当今世界三大汽车排放法规体系。我国的汽车排放法规主要参照欧洲。

美国是世界上最早执行排放法规的国家,也是排放控制指标种类最多、排放法规最严格的国家。美国的汽车排放法规分为联邦排放法规即美国国家环境保护局(U.S. Environmental Protection Agency,EPA)排放法规和加利福尼亚州空气资源局(California Air Resources Board,CARB)排放法规。

日本从1966年起开始控制汽车排放污染,对新车进行4工况法控制一氧化碳(小于3%);1969年,检测更加严格,一氧化碳排放限制为2.5%;1971年,规定小型车一氧化碳排放小于1.5%,轻型车一氧化碳排放小于3%;1973年采用10工况法检测,增加碳氢化合物和氮氧化物作为排放控制指标;1986年,对柴油轿车排放进行控制,对在用汽车实施定期车检法规;1991年起,新车采用10.15工况法试验,一氧化碳排放限值不变;1993年,开始对所有柴油车排放进行控制。日本汽车排放法规限值有最高值和平均值两种:每一辆车的排放量不得超过最高值;每一季度测得的各辆车的平均值不得超过排放法规规定的平均值限值。

欧洲标准是由联合国欧洲经济委员会(the United Nations Economic Commission for Europe,ECE)的排放法规和欧洲经济共同体(European Economic Community,EEC)的排放指令共同联合加以实现的,欧洲经济共同体即现在的欧洲联盟(European Union,EU)。排放法规由ECE参与国自愿认可,排放指令是EEC或EU参与国强制实施的。欧洲标准相对于美国和日本的排放标准来说,测试要求比较宽泛,因此,欧洲标准也是大多数发展中国家沿用的汽车尾气排放体系。

我国于2000年1月1日开始实施《轻型汽车污染物排放限值及测量方法》(简称"国Ⅰ标准");2004年7月1日开始实施相当于欧洲第二阶段水平的国家第二阶段排放标准;2007年7月1日开始实施相当于欧洲第三阶段水平的国家第三阶段排放标准;2011年7月1日开始实施相当于欧洲第四阶段水平的国家第四阶段排放标准;2017年1月1日开始实施相当于欧洲第五阶段水平的国家第五阶段排放标准。

2016年12月23日,环境保护部(现为生态环境部)和国家质量监督检验检疫总局(现为国家市场监督管理总局)联合发布了《轻型汽车污染物排放限值及测量方法(中国第六阶段)》,即国Ⅵ标准。国Ⅵ标准的实施分为6a和6b两个阶段,即6a阶段的开始实施时间是从2020年7月1日,6b阶段的开始实施时间是2023年7月1日。6a阶段是由国Ⅴ标准到国Ⅵ标准的过渡阶段,6b阶段才是真正意义上的"中国第六阶段"排放标准。国Ⅵ标准与国Ⅴ标准、欧Ⅵ标准的排放限值的比较如表9-1所示。

表9-1 排放限值比较

排放物	欧Ⅵ标准	国Ⅴ标准	国Ⅵ标准(a阶段)	国Ⅵ标准(b阶段)
一氧化碳(毫克/千米)	1000	1000	700	500
非甲烷烃(毫克/千米)	68	68	68	35
氮氧化物(毫克/千米)	60	60	60	35
PM细颗粒物(毫克/千米)	4.5	4.5	4.5	3
PN颗粒物(个/千米)	—	—	6.0×10^{11}	6.0×10^{11}

国Ⅵ标准是最严格的排放标准之一，不仅排放限值要求更加严格(比国Ⅴ标准严格很多，部分项目甚至高于欧Ⅵ标准)，而且增加了部分测试项目，能更真实地反映汽车在实际使用过程中的排放水平。

二、汽车召回制度

所谓汽车召回(recall)制度，是指发现投放市场的汽车由于设计或制造方面的原因存在缺陷，不符合有关的法规、标准，有可能导致安全及环保问题，厂家必须及时向国家有关部门报告该产品存在的问题、造成问题的原因、改善措施等，提出召回申请，经批准后对在用车辆进行改造，以消除事故隐患。

汽车召回制度始于20世纪60年代的美国。美国律师拉尔夫发起运动，呼吁国会建立汽车安全法规，努力的结果就是《国家交通及机动车安全法》出台。该法律规定，汽车制造商有义务公开发表汽车召回的信息，必须将情况通报给用户和交通管理部门，进行免费修理。最早实行汽车召回制度的有美国、日本、加拿大、英国、澳大利亚等。美国早在1966年就开始对有缺陷的汽车进行召回。2021年，美国的轻型汽车的召回次数达到了406次，召回车辆总数为2160万辆。

日本从1969年开始实施汽车召回制度，1994年将召回制度写进《公路运输车辆法》，并在2002年做了进一步修改和完善。

韩国从1992年开始实施汽车召回制度，当年只召回了1100辆，无论是汽车厂家还是车主，对汽车召回的认识都不十分清楚。但随着政府对汽车安全的要求更加严格，车主权利意识的不断提高，召回数量在不断增加。这并不是说汽车质量下降了，而是说明公众的质量意识提高了。

我国2004年10月1日开始实施了《缺陷汽车产品召回管理规定》，这是我国颁布和实施的第一个汽车召回法规。

  2012年10月22日，国务院发布了《缺陷汽车产品召回管理条例》，并于2013年1月1日开始实施。《缺陷汽车产品召回管理条例》明确了召回启动程序，确认汽车产品存在缺陷的，应当立即停止生产、销售、进口缺陷汽车产品，并实施召回。《缺陷汽车产品召回管理条例》规定了召回实施程序，对实施召回的缺陷汽车产品，生产者应当及时采取修正或者补充标识、修理、更换、退货等措施消除缺陷，生产者应当按照国务院产品质量监督部门的规定提交召回阶段性报告和召回总结报告。

  2015年10月27日，国家质量监督检验检疫总局(现为国家市场监督管理总局)发布了《缺陷汽车产品召回管理条例实施办法》，并于2016年1月1日开始实施；2020年10月23日，国家市场监督管理总局发布了修订后的《缺陷汽车产品召回管理条例实施办法》。

  随着汽车工业技术的不断发展，任何汽车产品都会有需要改进的地方。许多被召回的汽车实际上并不存在行驶方面的安全隐患，召回是为了改进汽车的机动性能和配置，目的是让汽车的质量更好，让消费者更加满意。一次成功的召回丝毫不会对厂商及其产品的形象造成危害，相反，将有利于增强人们对厂商的信任度和忠诚度。由于有了召回法规，汽车市场得到进一步完善，消费者权益进一步受到了保护。

三、交通规则

  关于车辆是靠左侧道路行驶还是靠右侧道路行驶的规定是一个国家和地区最基本的交通规则。全世界约有70个国家和地区是车辆靠左侧道路行驶，例如英国、日本、新加坡等；而其他的大多数国家和地区都是车辆靠右侧道路行驶，例如中国、美国、法国、德国等。

  最早的交通规则起源于英国。在汽车出现之前，交通工具主要是马和马车，因为大多数人都使用右手进行操作，上下马时会习惯左脚踩马镫，所以靠道路左侧行驶可以方便上下马或马车。另外，骑士的佩剑一般在身体左侧，靠左侧道路行走更有利于防备来自马路对面的攻击。1835年，英国通过法律的形式确立靠左侧道路行驶的交通规则，当时的英国号称"日不落帝国"，因此，这项规定在其殖民地以及属地都是通用的，例如印度、新西兰等英联邦国家。

  车辆靠右侧道路行驶最早出现在18世纪的法国并逐渐形成惯例。那个时候，法国的驿站邮车和货车服务都很发达，甚至大型的邮车和货车都配备了多组双马，在动力充足的情况下，为了不与旁边经过的车辆相撞，车夫会坐在车的左前方或者骑左侧的马，方便在行驶过程中探看，靠右侧道路行驶更容易保证安全。不过也有例外，法国贵族骑马或者乘坐马车还是会靠左侧道路行驶，并且会强令走在左侧道路的路人让道以彰显贵族特权。但是这个情况在1789年法国大革命后逐渐消失了，新成立的共和国政府废除贵族特权，并规定任何车辆、马匹均靠右侧道路行驶。随着拿破仑帝国的节节胜利，大半个欧洲已经臣服法国，包括西班牙、德国、奥地利、意大利、比利时、俄国在内的很多国家，都将行路习惯改为"靠右走"，而没有被征服的地方如英国、葡萄牙、瑞典等继续通用靠左侧道路行驶规则。

"靠右走"的阵营在美国加入后渐渐占了上风。美国原是英国殖民地，在独立后，尤其是在法国大革命后开始划清与传统欧洲封建主义的界限。美国宾夕法尼亚州率先在1792年通过了"靠右走"的法案，其他各州纷纷跟从，在南北内战结束后，全美加入了"靠右走"阵营。

随着美国的加入和现代汽车的普及，"左改右"的风潮开始显现。首先为了追随美国而改变自己习惯的是加拿大，于1923年完成了全国"靠右走"的法案。英国也想加入"靠右走"阵营，于1960年提出改革议案，但是终因成本过高而中途放弃。瑞典"左改右"的决心很大，于1967年强行通过"靠右走"的法案，甚至通过军队维持秩序强制国民统一整改。

绝大部分国家参照美国、法国、德国等国的标准修改了本国传统标准，改成了车辆靠右侧道路行驶。现在靠右侧道路行驶成为世界主流。

鸦片战争爆发以后，我国的大部分经济和交通比较发达的城市都被外国列强所瓜分，交通管理也没有任何自主权。我国南方的省份和城市，上海、浙江和广东等地属英国势力范围，一律靠左行驶；而山东、河北等地受法德俄美等国的影响，靠右侧通行更为普及。抗日战争胜利后，美国的"左驾车"大量涌入中国，由于改装方向盘、变更车灯的费用极高，国民政府军事委员会就制定了《改进市区及公路交通管理办法》，统一实行靠右侧通行的交通规则，并于1946年1月1日正式实行。1949年中华人民共和国成立以后，沿袭了这一靠右侧通行的交通规则。

四、新中国道路交通管理的法治进程

自从1949年10月1日中华人民共和国成立至今，历经九次修改、完善，有关部门先后颁布了七部道路交通管理法规。如今，我国的道路交通管理法规已经逐步走上法治化的轨道。

1949年，我国的道路交通管理基本上是由交通部门负责。1950年2月，中央人民政府政务院通过了《中央人民政府交通部关于公路工作的决定》，确定了车辆管理、驾驶员管理和交通秩序管理的部门分工；中央及大行政区直属市的车辆行驶，市内的由市政府管理；长途汽车由公路机关管理；省及下属城市的车辆管理由省公路机关办理。

1950年3月20日，中央人民政府政务院批准公布了《汽车管理暂行办法》，7月15日公布了《汽车管理暂行办法实施细则》。这是中华人民共和国成立后，我国在公路交通管理方面的第一部交通法规，使得车辆管理、驾驶员管理和行车管理有法可依。《汽车管理暂行办法实施细则》自1950年7月颁布施行后，曾经两次修订，但施行以来仍不能满足客观需求。于是，根据1952年11月全国监理会议意见及"保障安全""简化手续"的原则，结合苏联与各地先进经验后，对该细则内容及附件再次修订补充，并于1953年7月1日实施。1960年7月31日，《汽车管理暂行办法》和《汽车管理暂行办法实施细则》废止。

1951年3月，中华人民共和国公安部颁发了《城市陆上交通管理暂行规则》，这是我国的第二部交通管理法规，在全国的城市道路交通管理法规发展方面迈出了一大步。

1955年10月，中华人民共和国公安部颁布实施了《城市交通规则》，这是我国第三部交通管理法规。《城市交通规则》的内容除了包括"非机动车驾驶人员醉酒后不准驾驶车辆""自行车、三轮车、兽力车夜晚行驶须燃灯"等新的规定外，第一次发布了三类28种城市交通标志，以及三种交通指挥棒的使用办法。1959年9月7日，根据工农业发展的新情况和保障交通运输安全的需要，交通部、水产部、农业部、农垦部、公安部发布试行了《城市交通规则补充规定》。《城市交通规则补充规定》明确指出，汽车驾驶员必须由车辆管理部门按照标准严格考试，合格后，发给实习驾驶执照，实习期为6个月，期满后，经车辆所属单位鉴定，报经车辆管理部门审定合格的，发给正式执照；没有驾驶执照的人员，严禁开车。1988年8月1日，《城市交通规则》及《城市交通规则补充规定》废止。

1960年，我国出台第四部道路交通管理法规——《机动车管理办法》，同年出台《公路交通规则》，对大客车驾驶员明确了须有"三万公里以上安全驾驶经历"的要求，并针对车辆挂牌审批和汽车检验进行了更加高效的管理规定。2004年5月1日，《机动车管理办法》废止。

1972年3月25日，公安部、交通部印发《城市和公路交通管理规则》，这是我国第五部交通管理法规。本规则明确指出机动车驾驶员必须符合"政治条件"，同时对礼让行人做出了明确规定，且严禁拼装汽车。

1986年，由于城乡机动车辆大幅度增长，交通事故也大幅度上升。当时，国家相关部门认为道路交通安全管理统一由公安部门管理更有利于交通安全管理工作,可以减少交通事故发生。1986年10月,国务院下发了《关于改革道路交通管理体制的通知》,确定了全国城乡道路交通由公安机关负责统一管理的体制,决定将原归交通部门管理的交通监理(车驾管业务)全部成建制地交给公安部门,道路交通安全管理职能从交通部转移到公安部,这是中国道路交通安全管理体制力度最大的一次改革。

1988年3月9日,国务院颁布了《中华人民共和国道路交通管理条例》,这是我国第六部交通管理法规,明确"本条例由各级公安机关负责实施""省、自治区、直辖市可以根据本条例制定实施办法",包括对"饮酒和醉酒"进行罚款、拘留、暂扣驾驶证的具体处罚规定。

以《中华人民共和国道路交通管理条例》为基础,1992年1月1日,国务院颁布施行了《道路交通事故处理办法》,这是中华人民共和国成立以来第一部较为完整的处理道路交通事故的行政法规,也是我国道路交通管理法制建设的又一个重要成果;1995年3月9日,公安部公布了《中华人民共和国高速公路交通管理办法》;2000年3月1日起,《机动车驾驶员交通违章记分办法》开始施行,道路交通安全管理体系不断完善。

2004年5月1日,我国第七部道路交通管理法规——《中华人民共和国道路交通安全法》出台,《中华人民共和国道路交通管理条例》《道路交通事故处理办法》废止。这是我国第一次以国家法律的形式对道路交通安全管理做出明确的规定,是我国道路交通法制建设历程中的一座里程碑,是我国道路交通事业全面走向法治时代的崭新开端。这一次,我国道路交通管理法规实现了第二次飞跃,从条例晋升为法律,实现法制化形态的完整转变。目前实施的《中华人民共和国道路交通安全法》共经历了2007年、2011年和2021年的三次修订。

根据《中华人民共和国道路交通安全法》及其实施条例,国家有关行政部门又先后颁布和实施了一系列的交通管理方面的法规。2008年5月27日,公安部发布了《机动车登记规定》,2021年对其进行了修订,新的《机动车登记规定》于2022年5月1日开始施行;2011年1月27日,国家质量监督检验检疫总局(现为国家市场监督管理总局)和中国国家标准化管理委员会联合发布了《车辆驾驶人员血液、呼气酒精含量阈值与检验标准》并于2011年7月1日开始施行,替代了2004年颁布实施的旧标准;2012年9月12日,公安部发布了《机动车驾驶证申领和使用规定》,2021年对其进行了修订,新的《机动车驾驶证申领和使用规定》于2022年4月1日开始施行;2021年12月17日,公安部发布了《道路交通安全违法行为记分管理办法》并于2022年4月1日开始施行,替代了2000年施行的《机动车驾驶员交通违章记分办法》。

复习思考题

一、单项选择题

1. 在我国目前的各种交通工具完成的旅客运量中，(　　)所占的比重最大。
   A. 火车　　　　　　B. 汽车　　　　　　C. 飞机　　　　　　D. 轮船

2. 可以实现"门到门、户到户"直达运输的交通工具是(　　)。
   A. 火车　　　　　　B. 汽车　　　　　　C. 飞机　　　　　　D. 轮船

3. 发生交通事故最频繁的交通工具是(　　)。
   A. 火车　　　　　　B. 汽车　　　　　　C. 飞机　　　　　　D. 轮船

4. 我国目前实施的是汽车排放(　　)号标准。
   A. Ⅳ　　　　　　　B. Ⅴ　　　　　　　C. Ⅵ　　　　　　　D. Ⅶ

5. 交通规则起源于(　　)。
   A. 中国　　　　　　B. 法国　　　　　　C. 德国　　　　　　D. 英国

6. (　　)施行靠左行驶的交通规则。
   A. 中国　　　　　　B. 法国　　　　　　C. 德国　　　　　　D. 中国香港

二、简述题

1. 燃油汽车的排放物质有哪些？
2. 简述燃油汽车尾气的危害。
3. 汽车普及带来的社会矛盾现象有哪些？
4. 简述我国汽车排放标准的演进过程。
5. 简述遵守《道路交通安全法》的重要意义。

第十章 汽车的未来

第一节 未来的汽车物质形态

一、未来汽车新能源

能源作为世界发展的推动力,在人类诞生与发展中伴随着历史的车轮和我们一路走来。人类历史的发展史就是能源利用的发展史。目前,最主要的能源来自石油,但石油不仅污染环境,还是不可再生能源,人类必须在油井枯竭之前开发出新能源。下面一起来看看哪些能源会成为石油的替代能源。

1. 电能

电动汽车是依靠电能驱动,实现低排放和零排放的车辆。按照汽车驱动原理,电动汽车分为纯电动汽车、混合动力汽车和燃料电池汽车。

1) 纯电动汽车

纯电动汽车,是指完全由电池(铅酸电池、镍镉电池、镍氢电池或锂离子电池)提供动力的汽车。纯电动汽车被认为是汽车工业的未来,其突出优点是实现了零排放,主要缺点是充电基础设施投入的社会成本高，充电站不能普及，电池价格昂贵且电池的充放电能力有待提高。

2) 混合动力汽车

在纯电动汽车开发过程中有利于市场化而产生的新车型，由于当前电动汽车用的电池性能还不理想，一次充电后汽车续航里程尚未达到传统汽车的水平，同时充电、维修等基础设施的建设需要资金，于是出现了混合动力电动汽车，即利用两种不同动力驱动的汽车。混合动力汽车的系统包括电动机、辅助动力及蓄能装置等。电动机可以是交流电动机，也可以是直流电动机；辅助动力可以由内燃机、外燃机、其他形式的热机以及燃料电池提供；蓄能装置可以是电池、超级电容、液压气动或飞轮等储能装置。

混合动力没有从根本上摆脱交通运输对石油资源的耗用问题，因此混合动力汽车是电动汽车发展过程中一段时间内的一种过渡技术。

3) 燃料电池汽车

燃料电池汽车是以燃料电池作为动力源的电动汽车。燃料电池汽车利用氢气和氧气在催化剂的作用下直接经电化学反应产生电能，具有能量转化效率高、排放无污染的特点。

氢能源来源广泛，但作为新能源在车辆上推广还有一定难度：一是提取氢能源的成本极高；二是需要对车辆进行较大的改造；三是大量提取氢能源的难度较大；四是需要广泛建造氢加注站点。业内专家认为，获得大量廉价的氢，是实现氢能源利用的根本。

2．生物质能源

生物质是指利用大气、水、土地等通过光合作用而产生的各种有机体，即一切有生命的可以生长的有机物质通称为生物质。生物质能源是繁多的，其中生物柴油是生物质能源中一种高品质的新型能源，已被国际汽车行业认同，可能是汽车近、中期即可使用的清洁能源。

生物柴油是指以油料作物、野生油料植物和工程微藻等水生植物油脂，以及动物油脂、餐饮垃圾油等为原料油，通过酯交换工艺制成的可代替石化柴油的再生性柴油燃料，是优质的石化柴油代用品。生物柴油与传统石化柴油相比，具有不含硫、排烟少、润滑性能好、使用安全等优势。目前全球生物柴油的主要应用领域是为汽车提供动力燃料。使用生物柴油的车辆无须改装，只要与普通柴油按照一定比例调和即可。

3．太阳能

太阳能是一种新能源，它取之不尽，用之不竭。太阳能汽车是将太阳光转化为电能，来驱动汽车行驶的。当阳光照射到车身上的太阳能电池板时，根据光电转换原理，立即产生直流电，供给直流电动机运转驱动汽车行驶。但这种只装有太阳能电池板的汽车在无光照射时,就会马上停止工作。要使太阳能汽车在阴天或夜间也能继续行驶,还要把太阳能电池板和蓄电池配合使用。当阳光照射时,太阳能电池板就产生电能,一部分提供给电动机,汽车便可行驶,另一部分供给蓄电池充电。这样,等到没有阳光时,蓄电池放电供电动机运转,让汽车行驶。因此,太阳能汽车是以太阳能和蓄电池为混合动力的电动汽车。这样的混合动力汽车在沙漠和草原上可以利用风力发电机与发动机组成混合动力,或者用风帆作为汽车的辅助动力。

二、未来汽车新材料

随着科学技术的不断发展,汽车的研发及生产阶段越来越多地采用新材料及新工艺,这也使得人们对汽车轻质化、低成本、智能化、经济性和可靠性的要求成为可能。

1. 陶瓷

陶瓷按材料及烧制工艺的不同通常分为传统陶瓷和特种陶瓷两大类。而特种陶瓷具有各种优异、独特的性能,应用在汽车上,对减轻车辆自身质量、提高发动机热效率、降低油耗、减少排气污染、提高易损件寿命、完善汽车智能性功能都具有积极意义。

采用特种陶瓷的涡轮增压器,比当今超耐热合金增压器具有更优越的耐热性,而比重只有金属涡轮的1/3。因此,特种陶瓷涡轮增压器可以补偿金属涡轮动态响应低的缺点。采用特种陶瓷的活塞销和活塞环等运动部件,由于质量减轻了,发动机效率得到提高。

陶瓷制动器是在碳纤维制动器的基础上制造而成的。一块碳纤维制动碟最初由碳纤维和树脂构成,它被机器压制成形,之后经过加热、碳化、加热、冷却等几道工序制成陶瓷制动器。陶瓷制动器的碳硅化合物表面的硬度接近钻石,碟片内的碳纤维结构使其耐冲击、耐腐蚀,让碟片极为耐磨。目前,此类技术除了在F1赛车中应用,在超级民用跑车中也涉及,例如奔驰的CL55 AMG。

近年来,在航天技术中广泛应用的陶瓷薄膜喷涂技术开始应用于汽车制造。这种技术的优点是隔热效果好,能承受高温和高压,工艺成熟,质量稳定。为达到低散热的目标,可对发动机燃室部件进行陶瓷喷涂,如活塞顶、缸套喷涂氧化锆。经过这种处理的发动机可以减少散热损失,减轻发动机自身质量,减小发动机尺寸,减少燃油消耗量。

2. 纳米材料

纳米材料及技术将成为第5次推动社会经济各领域快速发展的主导技术。纳米技术将在汽车的结构材料、节能、环保等方面获得广泛的应用。纳米陶瓷轴已经应用在奔驰等高级轿车上，使机械转速加快、质量减小、稳定性增强、使用寿命延长。

纳米汽油是一种利用现代最新纳米技术开发的汽油微乳化剂，纳米汽油可以降低油耗10%～20%，可降低废气中有害气体含量50%～80%。

纳米润滑剂是采用纳米技术改善润滑油分子结构的石油产品，它不对任何润滑油添加剂、稳定剂、处理剂、发动机增润剂或减磨剂等产生不良作用，只是在零件金属表面自动形成纯烃类单个原子厚度的一层薄膜。

纳米增强增韧塑料可以代替金属材料，被广泛用于汽车，以大幅度减轻汽车质量，达到节省燃料的目的。纳米增强增韧塑料可用于生产保险杠、座椅、翼子板、顶篷盖、车门、发动机盖、行李舱盖以及变速器箱体、齿轮传动装置等一些重要部件。抗紫外线老化塑料能够吸收和反射紫外线，比普通塑料的抗紫外线能力提高20倍以上，能有效延长使用寿命。无机纳米抗菌塑料加工简单，24小时接触杀菌率达90%，无副作用，可以用在车门把手、转向盘、座椅面料、储物盒等易污部件上。

3．复合材料

复合材料是一种多相材料，是由有机高分子、无机非金属和金属等原材料复合而成的。目前，玻璃纤维增强树脂复合材料和碳纤维增强树脂复合材料在汽车上已经获得成功应用。

玻璃纤维增强树脂复合材料耐腐蚀、绝缘性好，特别是有良好的可塑性，对模具要求较低，对制造车身大型覆盖件的模具加工工艺较简易，生产周期短，成本较低。在轿车和客车上，可采用玻璃纤维增强树脂复合材料制造轿车车身覆盖件、客车前后围覆盖件和货车驾驶室等零部件。

4．稀土材料

中国稀土资源丰富，居世界前列。中国的稀土储量占世界已探明的80%，为我国大力开发稀土材料提供了得天独厚的条件。

使用汽车废气净化催化剂是控制汽车废气排放、减少污染最有效的手段。含稀土的汽车废气净化催化剂价格低、热稳定性好、活性较高，使用寿命长，引起了人们的广泛关注。汽车废气净化稀土催化剂所用的稀土成分主要是氧化铈、氧化镧和氧化锆等。用于汽车废气净化催化剂的载体通常为蜂窝陶瓷，稀土还可以作为陶瓷载体的稳定剂和活性涂层材料等。

三、未来概念汽车

未来的汽车将不单纯以动力来论英雄,最酷的不是车有多快,而是有多么安全、多么环保、多么智能。未来汽车将是高新技术的载体,计算机技术、全球卫星定位技术、新型材料技术、智能化交通系统、因特网、电子商务等现代科技日渐充分地体现在汽车中,标志着汽车智能化控制时代的到来。未来汽车电子化将在"节能、环保、安全、舒适"等方面向集成化、智能化和网络化等方面进行更深层次的拓展,其技术将渗透汽车各个系统,甚至将交通环境与汽车技术紧密联系在一起。未来的汽车可能将不再被看成交通工具,而是长着轮子的人工智能体。

第二节 | 未来的汽车社会

狭义的汽车社会是个舶来概念。根据国外标准,每百户家庭拥有20辆车就达到了"汽车社会"的最低限度。其实,汽车社会还有更广阔的含义。广义的汽车社会是指随着时代的发展,汽车的生产资料属性的绝对地位已经被汽车的消费资料属性所代替;汽车不仅仅是人们的代步工具,人们认识汽车也不再局限于经济学的产业视角,随着汽车的普及,汽车社会有了自己的"社会分子基础",汽车的触角和影响力已经覆盖到文化、法律、道德、环境、交通、家庭等各个社会领域。

1. 未来的汽车社会是汽车普及率比较高的社会

汽车普及率是国际上评价一个国家或地区的汽车普及程度的指标,一般以每千人中拥有汽车的数量来表示,也可以用百分率来表示,还可以用每百户家庭拥有的汽车数量来表示。世界银行发布的《2019年全球20个主要国家千人汽车拥有量数据》显示,当时世界上汽车普及率最高的前10个国家依次是美国(837辆/千人)、澳大利亚(747辆/千人)、意大利(395辆/千人)、加拿大(670辆/千人)、日本(591辆/千人)、德国(589辆/千人)、英国(579辆/千人)、法国(569辆/千人)、马来西亚(433辆/千人)和俄罗斯(373辆/千人),我国以每千人拥有173辆汽车排在第17位。如果按照2021年我国的总人口数(141 260万人)和私家汽车保有量(26 246万辆)计算,汽车的普及率约为每千人拥有汽车186辆,距离汽车普及程度高的国家仍然有很大的差距。每千人拥有汽车至少达到500辆以上才能称得上成熟的汽车社会。很显然,单纯从汽车普及率这个指标来衡量,我国距离汽车社会还有一定的差距。

此外，我国的汽车普及还不均衡，在东南沿海经济发达地区和一些一线城市，车满为患、交通堵塞严重，一线城市不得不出台摇号购车、尾号限行等限制汽车快速增长的政策；而一些西部省会城市和广大二、三线城市，汽车普及程度还很低；热门旅游地区的道路每逢假期拥挤不堪，而不少中西部地区的高速公路上却是车辆稀少。汽车普及的不平衡是影响汽车普及率的因素之一，解决好汽车发展和普及不平衡的问题，是进入汽车社会的基础性工作。

2. 未来的汽车社会是汽车品牌竞争力比较强的社会

中国汽车整车制造厂累计约500家，在乘用车生产方面，一汽、东风、上汽、广汽、北汽集团和长安等六大汽车集团在我国汽车生产中处于领军地位，长城、吉利、比亚迪等民营汽车企业处于第二梯队，蔚来、理想和小鹏等新能源汽车企业是后起之秀。但是，我国道路上在用的汽车品牌大多是合资生产的国外品牌；某些自主品牌的汽车销售数量虽然比较大，但汽车产品的目标定位比较低，汽车销售价值量距离国外品牌存在不小的差距；国产汽车品牌基本放弃了在高端汽车市场上的竞争。

汽车出口能力也是反映一个国家或地区的汽车发展水平和竞争力水平的重要指标。2020年，全球各国汽车出口总额为6336亿美元，这使得汽车成为全球第二大出口产品，仅次于集成电路产品。德国的汽车出口额达到1223亿美元，占全球出口总额的19.3%，是世界汽车出口额最大的国家；日本以汽车出口额占全球出口总额的12.8%排名第二；排名第三的是美国，其汽车的出口额占市场份额的7.2%。而当年我国的汽车出口额为1090亿元，占全部商品出口总额179 326亿元的0.6%；按同期人民币对美元的平均汇率换算，约为158亿美元，占世界汽车出口总额的2.5%，这反映出汽车出口额占我国商品出口总额的结构比重非常低，与汽车出口强国还有很大的差距。

未来的汽车社会应该是国产汽车的集中度比较高、生产布局科学合理、自主汽车品牌具有较强的竞争优势、汽车出口能力比较强的社会。

3. 未来的汽车社会是城市交通设施比较完备的社会

公路是汽车的主要行驶环境，截至2021年末，我国的公路总里程已达到528万千米，其中高速公路总里程是16.9万千米，稳居世界第一位。城镇化率(城镇人口数占总人口数的比重)和城市道路网密度(城市道路里程数与城市土地面积的比值)是反映一个国家的城市化水平和城市交通设施完备程度的基础性指标，而我国的上述两个指标数值与世界汽车强国相比还存在不小的差距。例如，2021年我国的城镇化率为64.72%，在世界上排名第8位，而排名第一的日本的城市化率高达92%；我国36个主要城市的道路网密度平均为6.3千米/平方千米，国内排名第一位的深圳的路网密度为9.7千米/平方千米，而日本东京的道路网密度是19.04千米/平方千米。日本东京是世界上人口密度最大的城市，汽车保有量比我国的上海多400多万辆，但东京的交通顺畅是世界驰名的，其中一个重要原因就是东京的城市交通设施非常完备和交通管理水平比较高。未来的汽车社会不应该是汽车"一统天下"的社会，它只能是城市交通系统中的元素一个，各种交通方式布局合理，城市道路管理系统科学和有效，停车场、加油站、救援和维修系统完备等，交通顺畅、安全、高效是未来汽车社会的显著特征。

4. 未来的汽车社会是汽车消费观念更新速度比较快的社会

按照一般市场规律，当人均国内生产总值(GDP)处于800～3000美元时，汽车市场需求迅速上升；当人均GDP达到1000美元时汽车开始进入家庭；而人均GDP达到3000美元的时候，私人购车将出现爆发性增长。2021年，我国人均国内生产总值(GDP)为80 976元，按平均汇率计算，折合12 551美元；我国的汽车消费总额达到43 787亿元，占社会商品零售总额(440 823亿元)的9.9%，说明汽车消费已经成为我国居民主要的消费方向之一，是国家的经济发展水平和人民收入水平的共同提高的结果。

经济实力的变化必然推动消费观念的变化。2001年11月，东风汽车公司以9.8万元推出的富康牌轿车"新自由人"是当时第一个售价向下突破10万元关口的普通级轿车，非常令国人瞩目，价格是影响消费者购车决策的第一影响因素；而2020年红旗H9以30～40万元的价格上市时，汽车消费者的关注点不再是汽车价格，而是汽车的性能以及汽车品牌文化的价值，汽车消费观念也从主要追求满足消费者物质需求的交通工具功能转变成追求满足消费者精神需求的多样化、个性化功能。可以说，我国消费者已经为进入汽车社会做好了汽车消费观念不断更新、与时俱进的精神准备。

5. 未来的汽车社会是汽车管理法治化程度比较高的社会

在全面推进依法治国的国家宏观发展战略的大环境下，与汽车的生产、流通、消费、使用等有关的法治建设进程进入了快车道。国家逐渐完善了促进汽车发展、治理汽车公害、规范汽车使用等方面的法律法规和制度体系，并根据国内外社会经济发展的动态，坚持以人为本的思想，适时推出促进汽车发展、繁荣汽车市场、保护消费者权益的政策，为进入汽车社会创造良好的法律环境。未来的汽车社会应该是在汽车的发展规划、产业布局以及汽车的生产、流通、消费、使用等各种经济和社会活动中都有法可依、有法必依的社会。法治化程度高是未来的汽车社会的重要特征。

6. 未来的汽车社会是汽车文化普及和文明和谐的社会

在汽车文化普及和文明和谐方面，我国汽车使用者与一些汽车发达国家还存在着较大的差距，体现在交通意识和交通道德还没有建立起来，汽车使用者之间的矛盾、汽车与行人的矛盾、汽车与道路设施的矛盾，以及汽车与环境、资源和能源的矛盾等都比较突出和广泛。虽然我国人均汽车保有量比较低，但交通事故年死亡人数却居世界各国前列。很多大城市普遍存在的交通拥堵现象，并不是由于道路设施不完备，很大程度是由于汽车驾驶人不遵守交通法规、不文明驾驶等交通道德缺失。

建设汽车文化强国和文明和谐的汽车社会，需要政府部门、全社会和每个人的共同努力。政府和相关管理部门健全汽车相关的法律法规和制度体系，并严格执法、文明执法，发挥法治建设在建设汽车社会过程中的保障作用；全社会做好汽车文化和汽车文明的传播、教育和宣传工作，营造文明和谐的社会氛围；每一个汽车消费者和汽车驾驶人都要增强法治意识，提高道德修养水平，丰富汽车文化知识，努力做到合理消费、守法用车，使我国不仅是汽车的消费大国，还要成为人与汽车和谐、汽车与环境和谐、人与人更加和谐的汽车强国。

复习思考题

1. 简述在未来有哪些能源可以替代石油能源。
2. 简述未来的汽车社会的特征。

参考文献

[1] 高寒，赵春园. 汽车文化[M]. 北京：中国铁道出版社，2016.

[2] 曹红兵. 汽车文化[M]. 北京：机械工业出版社，2019.

[3] 莫明立，李穗平. 汽车文化[M]. 重庆：重庆大学出版社，2014.

[4] 马骁，帅石金，丁海春. 汽车文化[M]. 北京：清华大学出版社，2020.

[5] 张富建，邓忠华. 汽车文化[M]. 北京：人民邮电出版社，2017.

[6] 凌永成. 汽车文化[M]. 北京：清华大学出版社，2017.

[7] 陈燕. 汽车文化概论[M]. 北京：人民交通出版社，2018.

[8] 贺萍，董铸荣. 汽车文化[M]. 北京：商务印书馆，2018.

[9] 李艳菲. 汽车文化[M]. 广州：华南理工大学出版社，2010.

[10] 杨筱玲，梁辉. 汽车文化与概论[M]. 北京：人民交通出版社，2012.